SPORTASTROLOGIE

JOHN FRAWLEY

SPORTASTROLOGIE

Aus dem Englischen übersetzt von Volkhard Röseler

SkandroVerlag

Deutsche Erstausgabe 2008
Titel der englischen Originalausgabe „Sports Astrology“

www.skandro.com

Horoskopgrafik: John Frawley
Umschlaggestaltung: Kunstwerkstatt / Gabriela Funk

ISBN
ISBN 978-3-9810635-3-0

Inhalt

An den Leser

Der Zweck dieses Buches ist, Ihnen etwas beizubringen. Wenn Sie es lesen, werden Sie ein bisschen lernen - wenn Sie es durcharbeiten, werden Sie eine Menge lernen. Das Buch ist als Dialog zwischen Meister und Schüler entworfen. Ich ermuntere Sie, sich in die Position des Schülers hineinzuversetzen. Wann immer eine Frage gestellt wird, versuchen Sie diese erst selbst zu beantworten, bevor Sie weiterlesen. Deuten Sie die Horoskope lieber erst selbst, als einfach nur die vorgestellten Deutungen zu lesen. Auf diese Weise erarbeiten Sie sich Wissen.

Dies ist keine Enzyklopädie von Techniken. Ich sehe keinen Sinn darin, Ihnen eine Vielzahl von Methoden zu präsentieren, die in ihrer Mehrzahl nicht funktionieren. Vielmehr stelle ich Ihnen einige wenige vor, die ich erprobt und festgestellt habe, dass sie funktionieren - was ich wiederholt im englischen Fernsehen (in meiner täglichen Sendung *Frawley and the Fish,* außerdem in: *Odds on Sport, Predictions!, London Tonight, Under the Moon, Richard Littlejohn - Live and Direct*) sowie in Zeitschriften (*The Astrologer's Apprentice, FourFourTwo, Total Football, The Manchester United Magazine*) demonstriert habe. Der Kern des Buches ist die Methode, die ich für die Deutung von Sportwettkämpfen entwickelt habe, wobei ich das für den Beginn des Ereignisses erstellte Horoskop benutze. Die Methode funktioniert gut, aber es gibt noch Raum für Verbesserungen. Indem ich dieses Buch schreibe, habe ich die Hoffnung, dass jemand meine Methode aufgreifen und die Verbesserungen durchführen wird. Auf geht's!

Der Einfachheit halber werden hier die Ausdrücke „Herr von 1, Herr von 2 etc." benutzt. Sie stehen für: „Der Planet, der das Zeichen an der Spitze des ersten Hauses, zweiten Hauses und so weiter beherrscht". Befindet sich zum Beispiel die Spitze des zweiten Hauses in Krebs, wird der Mond, der Herrscher des Krebs', Herr von 2 sein.

Danksagungen

Es sind so viele Jahre vergangen, seitdem Olivia Barclay mich erstmals ermutigt hatte, dieses Buch zu schreiben, dass ich fürchte, meine Erinnerung reicht nicht weit genug zurück, um allen zu danken, bei denen ich mich bedanken möchte. Wie Signalfeuer scheinen Sandy und Pat Curran durch die Wolken, die meine Dankesschuld umhüllen, hindurch. Mit ihnen genoss ich lange Diskussionen über die Vorhersage von Sportereignissen - und Pats Versuche, mir den American Football zu erklären. Bei der Überbrückung des Atlantiks half mir auch Tom Callanan, der seine Baseball-Weisheit in Hülle und Fülle über mir ausschüttete, wenn ich ihn wieder und wieder fragte.

Mike Edwards führte mich in John Addeys Methode zur Vorhersage von Pferderennen ein. Und ich danke Tim Addey für seine warmherzige Unterstützung, als ich ihm vorschlug, über die Arbeit seines Vaters zu diskutieren. Frank Clifford war allzeit großzügig, mir die Ergebnisse aus seiner Datensammlung zur Verfügung zu stellen. Christian Borup und Patrick Casey sind Quellenverweisen für mich hinterhergejagt.

Tony Baldwin, Bernhard Bergbauer, Anne Coralie, Louise Hutson, Anne Sandu, Yoko Sugimura, Tony Tsousis und Yasha Yothi haben mir Horoskope für das Buch zur Verfügung gestellt und mich zum Austausch über diese angeregt. Ich bitte alle um Verzeihung, deren Namen ich auf dieser Liste ausgelassen habe. Nina Holly, Richard Redmond, Branka Stamenkovic und Carol Walsh haben das Manuskript durchkämmt und wertvolle Hinweise und Korrekturen vorgeschlagen. Die verbliebenen Fehler gehen allein auf meine Kappe.

Ich möchte Marybeth Beechen und Chad Henry für all ihre Bemühungen um die Weiterverbreitung und das bessere Verständnis der Wahren Astrologie danken.

Mein größter Dank muss, wie immer, an diejenige gehen, die mit mir durch die Monate der Schwangerschaft und die überaus lange Zeit der Arbeit gegangen ist. Ohne die Geduld, die Toleranz und die liebevolle Unterstützung meiner Frau Anna gäbe es keine *Sportastrologie*.

„Manche Leute glauben, dass Fußball eine Sache auf Leben und Tod ist.
Ich bin von dieser Haltung sehr enttäuscht.
Ich kann Ihnen versichern, dass er viel, viel wichtiger ist als das."

Bill Shankly

1

Er kommt an und die Reise beginnt

Ich saß am Eingang zu meiner Höhle und kochte ein paar Wurzeln, um mir die einfache Suppe zuzubereiten, die alles ist, was ein Meisterastrologe an vergänglicher Nahrung braucht und haben will, als ein Krächzen meines zahmen Rabens mich auf die baldige Ankunft eines bunt gekleideten Jünglings aufmerksam machte, den ich schon von weitem sehen konnte, wie er sein Maultier den sich bergan schlängelnden Feldweg hinauflenkte. Ich kalkulierte (mit Hilfe der Astro-Software Solar Fire 6), dass ich gerade genug Zeit hatte, meine Suppe zu essen, bevor er ankommen würde. Und so bestrich ich meine brennende Zunge mit einem Balsam aus Schafsmilch, als er, oben angekommen, abstieg.

„Meister“, begann er, „euer überragendes Können in der Vorhersage von Sportergebnissen ist Gegenstand von unaufhörlichem Staunen in jedem Land, durch das ich gereist bin.“

„Wie viel Staunen“, fragte ich.

„Jede Menge Staunen“, gab er zurück.

„Ist das alles?“

„Oh, das Staunen ist jenseits aller Maßstäbe. Staunen der ersten Magnitude.“

„Aha!“

„Ich möchte Eure Geheimnisse kennen lernen. Lehrt mich, oh Meister!“

„Mein Kind, weißt du, um was du da bittest? Bist du bereit, allen flüchtigen Vergnügungen dieser Welt abzuschwören?“

„Ja, das bin ich.“

„Bist du bereit, deinen Körper zu kasteien und Tage und Nächte in endloser Mühsal zu verbringen?“

„Ja, Meister, das bin ich.“

„Hast du eine Visa- oder Mastercard?“

Er stöberte in seiner Satteltasche, bis er eine Kreditkarte fand, die ich sofort Sedna gab, meinem Raben, der umgehend in die Höhle hüpfte, um die Transaktion vorzunehmen. Wir saßen in Schweigen und nervöser Schweiß formte sich auf seiner Oberlippe zu Perlen, bis Sedna wieder auftauchte, einen Zettel im Schnabel, den er dem Jungen gab, und seiner Karte, die er an mich weiterreichte.

„Die behalte ich", erklärte ich. „Es wird zweifellos weitere Ausgaben auf unserem Weg geben. Nun können wir anfangen."

Indem ich das sagte, schlug ich ihn mit demselben Stock, mit dem ich zuvor in meinem Herdfeuer herumgestochert hatte, heftig auf die Schultern. „Danke, Meister", sagte er und verbeugte sich tief.

„Er wird ein guter Schüler sein", dachte ich bei mir. „Am besten, ich bestelle noch mehr Stöcke." Ich gab die Karte zurück an Sedna.

„Sage mir, mein Junge", begann ich, „welche Sportart möchtest du vorhersagen?"

„Alle Sportarten, Meister. Ich kenne mich in allem aus, vom Fußball bis zum Rasenkegeln."

„Und was verstehst du unter Fußball?" Ich wollte ihn auf die Probe stellen.

„Darüber kann es unter den Liebhabern der Weisheit keinen Streit geben, Meister. Wie der Kreis die Vollkommenheit aller ebenen Figuren ist und daraus folgend die Kugel die Vollkommenheit aller festen Körper, so muss die Form von Fußball, welche die Heiden als „Soccer" kennen, die Vollkommenheit allen Sports darstellen. Und wirklich: Schon Josephus berichtet, wie Adam, nicht lange nach der Vertreibung aus dem Paradies, einen Fußball nach dem Bild der himmlischen Umlaufbahnen formte, um ein bisschen mit Seth herumzukicken. Es war erst in jüngerer Zeit, dass Johannes Kepler - seine Sicht der himmlischen Dinge waren durch böhmische Nebel getrübt - das immer weiter herabsinkende Universum nach einer unvollkommenen Gestalt formte, der Ellipse. Während engelsgleiche Wesen weiter das göttliche Spiel spielen, folgen die Bewohner der Finsternis Kepler und benutzen in ihren merkwürdigen regionalen Varianten skurril geformte Spielobjekte."

„Das siehst du richtig, Junge. Jeder Astrologe muss die Überlegenheit des kugelförmigen Spiels anerkennen. Doch trotz ihrer niederen Natur, können auch diese seltsamen Varianten des Sports vorhergesagt werden."

„Donnerwetter, Meister! Könnt ihr mir beibringen, wie man das macht?"

„Du achte darauf, dass deine Mastercard immer schön geladen ist und ich will dich alles lehren, was ich weiß. Lass uns also beginnen. Setze dich auf diesen Stein dort und bereite dich darauf vor, dir Notizen zu machen."

Ich pfiff und eine Yak-Kuh, die bislang friedlich an einer nahen Quelle gegrast hatte, kam herbeigetrottet. „Stell dich dorthin, Britney", bat ich sie. Ich nahm ein Stück Kreide aus meiner Tasche und schickte mich an, etwas auf ihre schwarze Flanke zu schreiben - womit ich meinen ersten Vortrag begann.

Zunächst mit einer weiteren Kontrollfrage: „Wo sollen wir mit unserer Untersuchung der Sportastrologie anfangen?"

Er sandte mir einen Blick von der Art: „Glaubt ihr, ich sei ein Grünschnabel?", herüber, bevor er antwortete: „Mit Stundenastrologie natürlich: dem besten Startpunkt für jedes Studium der Astrologie".

Ich lächelte, und zog ihm gleichzeitig eins mit meinem Stock über - als Vorsichtsmaßnahme. „Gut gemacht, mein Kind. Aber sei gewarnt. Mein ehrwürdiger Lehrer hat mir gesagt:

Ein Student, der versucht, einen Bereich der Stundenastrologie zu meistern, ohne alle Bereiche zu beherrschen, ist wie ein Yak, der auf einem Bein balanciert.

Es ist wichtig, dass du fundierte Kenntnisse in allen Anwendungen der Stundenastrologie hast."

Er stand auf und rannte zu seiner Satteltasche, wo er ein zerlesenes, blaues Buch zum Vorschein brachte, das ebenso abgenutzt aussah wie ein heißgeliebter Teddybär. „Dieses Buch habe ich tagsüber studiert und nachts meinen Kopf darauf ausgeruht. Tief habe ich aus seinem Brunnen getrunken, ausgiebig habe ich an seinem ächzenden Tisch geschlemmt, hoch bin ich mit seiner schwindelerregenden Thermik gestiegen, glücklich habe ich in seinen Schlammbädern geschwelgt..."

„Weniger ist mehr, lieber Junge. Was, bitte, ist das?"

„Das unsterbliche Meisterwerk *The Horary Textbook*, geschrieben von jenem prächtigen Kerl namens John Frawley und veröffentlicht bei Apprentice Books. Für nur 22 Britische Pfund ist es in jedem guten Buchladen zu haben.[1]"

„Da hast du gut gewählt. Hingebungsvolle Studien dieses Buches sollten jedem ein ausreichendes Verständnis der Stundenastrologie vermitteln. Nun sage mir in aller Kürze: Was ist Stundenastrologie?"

„Das ist die Frageastrologie. Das Horoskop wird für die Zeit und den Ort berechnet, an dem die Frage gestellt wird, und - um mit den Worten des großen Meisters der Stundenastrologie, William Lilly, zu sprechen - die Deutung erfolgt ‚augenblicklich'."

„Eine hinreichend genaue Definition für die meisten Fälle. Um genau zu sein, das Horoskop wird für die Zeit und den Ort erstellt, an dem der Astrologe die Frage versteht. Wenn der Astrologe an seiner eigenen Frage arbeitet, werden beide natürlich dieselben sein, an denen die Frage gestellt wurde. In der Sportastrologie trifft dies in der Mehrzahl der Fälle zu. Benutze das Häusersystem des Regiomontanus. Berücksichtige nur die Hauptaspekte und vernachlässige kosmischen Plunder wie Uranus, Neptun und den Zeichentrickhund.

Aber du weißt das alles, und wenn du dein Wissen über die Grundlagen auffrischen willst, kannst du ja nochmal in *The Horary Textbook* reinschauen. Wir können uns auf die Anwendung der Stundenastrologie im Sport konzentrieren."

„Wo fangen wir an, Meister?"

---

[1] Die deutsche Übersetzung ist unter dem Titel *Die wahre Stundenastrologie. Das Lehrbuch* im arte poetica Verlag, Bad Kreuznach, angekündigt.

„Mit den Fragen. Wir können in den Sport-Fragehoroskopen vier Arten von Fragen unterscheiden:

- o Wettkämpfe: *Werden wir das Spiel oder die Serie gewinnen?*
- o Titelkämpfe: *Wird der König seine Krone verlieren?*
- o Langzeitvorhersagen: *Wie wird es uns in dieser Saison ergehen?*
- o gegen den Buchmacher gewinnen: *Werde ich finanziell profitieren?*

Jede dieser Kategorien erfordert ein anderes Herangehen an das Horoskop. Mit den Wetthoroskopen warten wir, bis wir zu Kapitel 4 vorgedrungen sind. Die anderen Typen schauen wir uns jetzt an."

Ich rupfte eine Feder aus Sednas Schwanz, nahm ein Blatt der Bergpalme (*Baumus nützlichus*), die neben meiner Höhle wuchs, vom Boden auf und begann zu schreiben. Er schaute in neugierigem Schweigen zu, als ob ich eine Verordnung schriebe. „Nimm das", sagte ich und überreichte ihm das Blatt. „Gebrauche es als Arbeitsbogen, bis du dir die Methode eingeprägt hast."

STUNDENASTROLOGISCHE CHECKLISTE

- Berechne das Horoskop für die Zeit und den Ort der Frage
- Häuser nach Regiomontanus
- Nur sieben Planeten
- Nur Hauptaspekte

- Wähle die geeigneten Häuser aus
  Prüfe den Zustand dieser Häuser

- Finde die Häuserherrscher
  Prüfe:
  - o Stehen sie verbrannt, unter den Strahlen der Sonne, Cazimi oder in Opposition zur Sonne?
  - o Hausplatzierung
  - o Stehen sie in Konjunktion mit den Mondknoten?
  - o Geschwindigkeit und Bewegungsrichtung
  - o Aspekte
  - o Werden sie belagert?
  - o Stehen sie auf Regulus, Spica oder Algol?
  - o Befinden sie sich in den Häusern ihrer Freude?
  - o Essentielle Würden und Schwächen
  - o Rezeptionen zwischen den Herrschern: Dominiert einer den anderen?

- Wenn der Mond einer der Häuserherrscher ist:
  - o Wie viel Licht hat der Mond?
  - o Befindet er sich auf der Via combusta?

Er studierte es aufmerksam. „Wir fangen mit den Wettkampffragen an, denn die werden am häufigsten gestellt. Was ist unser erster Schritt?"

Wähle die geeigneten Häuser aus

Er las vom Arbeitsbogen ab: „Wähle die geeigneten Häuser aus."

„Wie machen wir das?", fragte ich.

„In einem Stundenhoroskop bekommt der Fragesteller das erste Haus."

„Ja, aber die fragende Person ist normalerweise nicht in das Match involviert. Der Fragesteller in einem Sport-Stundenhoroskop fragt gewöhnlich nach der Siegchance eines anderen."

„Hu, ich sehe das Problem. Aber können wir das erste Haus nicht für jemanden nehmen, mit dem sich der Fragesteller stark identifiziert?"

„Gut! Ja, wir müssen den Wir-Test machen."

„Benutzen sie so was nicht in der Leichtathletik?", kicherte er. Ich zerbrach einen Stock über seinem Kopf, obwohl Sedna seinen Kommentar höchst amüsant fand.

Nachdem sich das Gegacker des Vogels soweit gelegt hatte, dass ich mir wieder Gehör verschaffen konnte, fuhr ich fort: „Wir müssen herausfinden, ob der Fragesteller die Mannschaft, um die es geht, unterstützt. Ein nützlicher Weg, das herauszufinden, ist zu fragen, was der Fragesteller sagen würde, wenn diese Mannschaft gewänne. Würde es dann heißen: *Wir* haben gewonnen, oder aber: *Sie* haben gewonnen? Hieße es: *Wir* haben gewonnen, würden wir dieser Mannschaft das erste Haus geben. Die Gegner erhielten folglich das siebente Haus der ‚offenen Feinde' zugesprochen."

„Und was ist, wenn er sagt: *Sie* haben gewonnen? Bekommt die besagte Mannschaft dann das siebente Haus?"

„Nein, nicht unbedingt. Wenn die in Frage stehende Mannschaft nicht mit *wir* bezeichnet wird, müssen wir noch ein bisschen weiter forschen. Die Leute werfen nicht nur auf die Mannschaften ein interessiertes Auge, die sie unterstützen. Du, zum Beispiel, gibt es eine Mannschaft, die du hasst?"

„Ja!", rief er aus, „Madcaster Rovers!".

„Ich stimme dir zu. Welcher rechtschaffende Mensch, ja selbst welcher Halunke der übelsten Sorte könnte solch eine Mannschaft von Halsabschneidern, Verbrechern und Tunichtguten wie Madcaster Rovers unterstützen?"

Ermutigt durch meine Bestätigung, stand er auf, legte die Hände an seinen Mund und sandte den Ruf: „Madcaster, Buh!" gegen die umliegenden Berggipfel, die ihn als Echo an uns zurückgaben. Selbst Britney hob ihren Kopf, um dem Ganzen das Gebrüll ihrer Abscheu hinzuzufügen, darüber, dass so ein verdorbener Name wie Madcaster die reine himalayische Luft in diesem unserem Shangri-La[2] verpestet hat.

[2] Sagenumwobener Ort im Himalaya 1933 durch den Schriftsteller James Hilton im Westen eingeführt. Sein 1933 erschienener Roman *Lost Horizon* (auf Deutsch veröffentlicht unter den Titeln „Der verlorene Horizont" und

„Es gibt für Menschen viele Gründe wissen zu wollen, wie es einem Team, das sie hassen, in einem bestimmten Spiel ergeht. Vielleicht ist es der Lokalrivale ihrer eigenen Mannschaft oder es gibt einen seit langem gehegten Groll gegeneinander. Vielleicht könnte das Team aber auch, wenn es gewänne, der eigenen Mannschaft die Meisterschaft rauben oder sie zum Abstieg zwingen, obwohl beide Teams gar nicht gegeneinander spielen. Was immer auch die Motive sind: Der verhassten Mannschaft gibt man das siebente Haus und ihrem Gegner das erste."

„Weil das erste Haus das siebente vom siebenten ist, der Feind meines Feindes?"

„Das ist richtig. Es könnte aber auch sein, dass der Fragesteller kein persönliches Interesse an dem Spiel hat, wohl aber an einer Person, die eines hat. Die Frage: *Wird Chelsea gewinnen?* könnte sich in die Frage übersetzen lassen: *Wird die Mannschaft, der mein Sohn die Daumen drückt, gewinnen?* Das ist nicht gerade üblich, aber wenn diese Frage gestellt wird, können wir die Mannschaft als das *Wir* der anderen Person behandeln. Die Mannschaft meines Sohnes wäre zum Beispiel das fünfte Haus, ihr Gegner das siebente vom fünften, also das elfte Haus."

„Nehmen wir mal an, es handelt sich nicht um einen Mannschaftssport. Ein Tennismatch vielleicht."

„Es ist weniger gebräuchlich, für einen Einzelspieler den Wir-Test zu machen, aber es kommt vor. Ein australischer Fragesteller könnte einen australischen Spieler unterstützen und ein britischer dem Briten die Daumen halten."

„Gibt es irgendeinen Grund, ein Stundenhoroskop für einen britischen Tennisspieler zu deuten?"

„Nicht wirklich. Oder sagen wir es direkt: ‚Nein'. Du wirst damit normalerweise richtig liegen. Menschen finden unter Sportlern aus jedem erdenklichen Grund solche, die sie mögen, und solche, die sie nicht mögen. Solange der Fragesteller eine Vorliebe hat für diesen oder jenen, können wir das Stundenhoroskop deuten. Dabei muss es sich nicht um eine verzehrende Leidenschaft handeln: Eine deutliche Bevorzugung des einen gegenüber dem anderen reicht aus."

„Angenommen der Fragesteller unterstützt keine Mannschaft, hasst keine Mannschaft und hat keinerlei Interesse an irgendjemanden, der die Mannschaft unterstützt oder hasst. Was dann?"

„Dann könnten wir darüber rätseln, warum die Frage überhaupt gestellt wird. Vor allem, wenn die astrologische Beratung gegen Bezahlung erfolgt. Selbst bei einer Mannschaft, die der Fragesteller unterstützt, lautet die tatsächliche Frage oft: *Werde ich finanziell profitieren, wenn ich auf dieses Team wette?* Darüber müssen wir uns sehr klar sein. Wenn das Interesse eines Fragestellers ein möglicher finanzieller Gewinn ist, müssen wir das als eine Wettfrage und nicht als eine Wettkampffrage behandeln. Das ist eine wichtige Regel in der ganzen Stundenastrologie: Sei dir darüber im Klaren, was tatsächlich gefragt wird.

„Irgendwo in Tibet") spielt in einem abgelegenen Lama-Kloster am Shangri-Pass. (Anmerkung des Übersetzers - Anm. d. Üb.)

Deute die falsche Frage und du erhältst die falsche Antwort."

„Okay. Aber nehmen wir mal an, der Fragesteller versucht nicht, Geld zu gewinnen."

„Dann, mein Junge, haben wir ein Problem. Du wirst von der Empfehlung hören, dass du der Heimmannschaft oder der Mannschaft, die der Fragesteller erwähnt - oder zuerst erwähnt -, das erste Haus geben kannst. Gegen solche Empfehlungen ist nichts einzuwenden - außer, du willst wirklich die richtige Antwort aus dem Horoskop erhalten. Wenn der Fragesteller gegen beide Mannschaften neutral ist, haben wir keine Basis, um Häuser zuzuweisen."

„Also, was machen wir dann?"

„Nichts. Wir können die Frage nicht beantworten. Wir können gleichwohl in der Lage sein, eine Vorhersage aus dem Horoskop des Ereignisses zu machen. Wie das geht, wirst du in Kapitel 2 herausfinden."

„Und wie sieht es aus, wenn es sich nicht um einen Eins-gegen-Eins-Wettkampf handelt? Angenommen der Fragesteller fragt: *Wird mein Held das Golfturnier gewinnen?* Ein Spieler gegen viele andere. Heißt das auch erstes gegen siebentes Haus?"

„Findet der Junge mit seinen Fragen mal ein Ende?", wunderte ich mich. „Nein", gab ich zurück. „Das ist eine Frage vom Typ: ein Spieler gegen ein ganzes Teilnehmerfeld. Wir schauen uns später Methoden an, mit denen man so etwas deuten kann."[3]

Für einen friedlichen Augenblick dachte ich, ihm wären die Fragen ausgegangen, als er plötzlich so aufgeregt wurde, als hätte ihn eine Wespe gestochen. „Meister, Meister!", schrie er in seiner Verzweiflung, „wir sind geradewegs in die Auswahl der Häuser eingetaucht. Sollten wir nicht erst prüfen, ob die Frage nach den *Regeln der Deutungseinschränkungen* überhaupt beantwortet werden kann, bevor wir das tun? Das Horoskop könnte nicht gültig sein. Wir könnten nicht in der Lage sein, es zu deuten. Wir könnten es falsch machen!"

Ich gab Sedna einen Wink, in die Höhle zu fliegen und eine Bestellung für weitere Stöcke abzuschicken, während ich mir eine freundliche Antwort zurechtlegte. „Die Deutungseinschränkungen wurden entwickelt, um dem Astrologen eine Entschuldigung dafür zu verschaffen, dass er nicht jedes Horoskop, das seine Sicherheit gefährdet, beurteilen muss. Astrologie hört nicht einfach auf zu funktionieren! Wenn sie das täte, könnte der kleinste Bauer eine dieser Lücken des Schicksals nutzen, um sich zum Kaiser aufzuschwingen oder was immer ihm gerade gefallen würde. Hast du jemals jemanden sagen hören: ‚Das ist nicht gültig, das kann man nicht deuten', wenn es um ein Geburtshoroskop geht?"

„Nein, Meister." Seine Aufregung hatte sich gelegt.

„Die Beachtung dieser Regeln ist das Kennzeichen des Amateurs, des Dilettanten. Der Profi - solange er nicht gerade für einen übellaunigen König arbeitet -

---

[3] Siehe unten S. 54 - 68 und Kapitel 3.

braucht sie nicht. Es mag nicht dein Ziel sein, professioneller Astrologe zu werden, mein Junge, aber du kannst zumindest lernen, wie einer zu denken. Das ist unverzichtbar, wenn du einen professionellen Standard der Deutung erreichen möchtest."

„Ja, Meister."

„Und überhaupt", fuhr ich fort, meinen Worten Nachdruck verleihend, indem ich mit meinem Stock an seinen Schädel tippte,

„Es ist nichts falsch daran, falsch zu liegen.

Dinge falsch zu machen, ist höchst förderlich, sowohl weil du daraus lernst als auch - und das ist sogar noch wichtiger - weil es dich davor schützt, in hohem Bogen auf deinem astrologischen Hosenboden zu landen." Britney muhte zustimmend.

Er dachte eine Weile nach, um all das zu verdauen, was ich ihm erzählt hatte. „Nun denn, Meister, wir haben also unsere Häuser, welche gewöhnlich das erste und das siebente Haus sein werden."

„Ja."

„Was ist mit den anderen Häusern?"

„Ignoriere sie. Stundenastrologie ist einfach, und belasse es dabei. Ich habe so viele stundenastrologische Deutungen gesehen, die in einem Meer von Verwirrung versanken, weil der Astrologe versuchte, die Fans der Mannschaft, den Trainer, die Finanzen des Klubs und die Geliebte des Superstars im Horoskop auszumachen. Tu das nicht! Alles, was wir herausfinden wollen, ist: Wer wird gewinnen? Erstes Haus und siebentes Haus, das ist alles. Von dir wird nicht erwartet, dass du das Spiel kommentierst: Das Ergebnis alleine reicht aus."

„Wie sieht es mit dem Schiedsrichter aus? Der kann einen großen Einfluss auf das Spiel haben."

„Wird er ein Tor schießen oder im Baseball einen *Home Run* erzielen?"

„Nein, Meister."

„Also, lass ihn beiseite. Selbst wenn er Teil des Spiels ist, die Mannschaft muss weiterhin mehr vollbringen als ihr Gegner, um zu gewinnen. Die Verlierer mögen danach alle Schuld für ihre Niederlage beim Schiedsrichter, dem Wetter oder dem schlechten Zustand des Platzes suchen. Wir tun das nicht."

Schau dir die Häuser an

„Als erstes schauen wir uns die Häuser selbst danach an, ob sie von irgendetwas beeinflusst werden, zum Guten oder zum Schlechten. Gibt es da irgendwas in einem der von uns ausgewählten Häuser zu beachten? Erinnere dich dabei daran, dass ein Bereich von etwa fünf Grad vor der Hausspitze als zu diesem Haus dazugehörig angesehen wird - *vorausgesetzt, dieser Bereich liegt im selben Zeichen wie die Hausspitze.* Wenn der Aszendent bei 12° Widder liegt, steht ein Planet auf

8° im ersten, nicht im zwölften Haus. Liegt der Aszendent auf 1° Widder, dann steht ein Planet auf 29° Fische nicht im ersten, sondern immer noch im zwölften Haus."

„Trifft das im ersten Fall auch zu, wenn der Planet rückläufig ist, Meister?"

„Ja, selbst wenn er rückläufig ist. Gebrauche deinen gesunden Menschenverstand, um zu entscheiden, wo die Grenze ist: Sie wird irgendwo um die Fünf-Grad-Marke herum liegen. Wenn nichts in diesem Haus ist, können wir weitergehen. Wenn da aber etwas ist, müssen wir überlegen, ob es das Haus stärkt, schwächt oder aber keinen Einfluss hat."

„Meister, ihr sagt, wenn da nichts im Haus ist, können wir weitergehen. Wie sieht es aber mit *Aspekten zu den Hausspitzen* aus? Beeinflussen diese nicht die Häuser?"

„Das tun sie. Aber da wir auf Häuser schauen, die sich gegenüberliegen, wirft etwas, das die eine Hausspitze aspektiert, auch einen Aspekt auf die gegenüber liegende Hausspitze. Wenn Saturn im Quadrat zum Aszendenten liegt, steht er genauso im Quadrat zum Deszendenten. Diese Planeten werden ihren Einfluss auf beide Häuser gleichmäßig verteilen, also können wir Hausspitzenaspekte vernachlässigen. Der einzige Aspekt zu einer Hausspitze, der uns interessiert, ist die Konjunktion und die ist durch die Planeten in den Häusern abgedeckt."

„Wie sieht es mit der Opposition aus?"

„Wenn wir uns Häuser anschauen würden, die nicht gegenüber liegen, ja. Aber ein Planet in Konjunktion zur Spitze des ersten Hauses wird der des siebenten Hauses automatisch gegenüberliegen und umgekehrt. Arbeite mit der Konjunktion und ignoriere die Opposition."

„Ein Übeltäter im ersten Haus ist also eine Schwächung der ‚guten Jungs'. Ein Übeltäter im siebenten Haus eine Schwächung der ‚bösen Jungs'."

„Ja, aber was verstehst du unter einem Übeltäter?"

„Mars und Saturn."

„Nein!" Ich hob sein Kinn mit meinem Stock. Das ist ein wichtiger Punkt, deshalb brauchte ich jetzt seine volle Aufmerksamkeit: „Jeder Planet kann ein Übeltäter sein. Und Mars und Saturn können Wohltäter sein.

Jeder Planet mit essentiellen Würden ist ein Wohltäter, jeder Planet in seinem Exil oder Fall ist ein Übeltäter.

Egal, um welchen Planeten es sich handelt: Es sind seine Würden oder Schwächen, die ihn zum Wohltäter oder Übeltäter machen. Hast du das verstanden?"[4]

„Ich denke ja, Meister. Wenn sich Venus in der Jungfrau befindet, schwächt sie das Haus, in dem sie steht. Ist Saturn in Wassermann, hilft er dem Haus, in dem er steht. Ist das richtig?"

---

[4] Für weitere Erläuterungen siehe: *The Horary Textbook*, London 2005, S. 45.

„Ja, so ist es. Aber sei vorsichtig: Wir sprechen im Augenblick nicht über die beiden Planeten, die Herrn von 1 und 7 sind, sondern nur über die fünf anderen Planeten. Die Herren von 1 und 7 werden wir uns gleich anschauen."

„Ja, Meister. Nur die anderen fünf Planeten."

„Die Herren der Häuser 6, 8 und 12 werden als akzidentielle Übeltäter bezeichnet, weil sie diese unglücklichen Häuser beherrschen. In der Theorie schwächt ihre Platzierung in einem Haus dieses Haus. Aber das ist Theorie. In der Praxis können wir das in den Wettkampfhoroskopen außer Acht lassen. Diese Häuser spielen in solchen stundenastrologischen Fragen keine Rolle."

„Wie sieht es mit den *Mondknoten* aus, Meister?"

„Ihre Interpretation in diesen Stundenhoroskopen ist sehr einfach: Der nördliche Mondknoten in einem Haus hilft dem Haus, der südliche in einem Haus schwächt das Haus."

„Also, steht der nördliche Mondknoten im ersten Haus, ist das gut für unsere Mannschaft. Und wenn der südliche Mondknoten im siebenten Haus ist, schwächt er unsere Feinde. Also eine doppelt gute Nachricht!"

„Nein, mein Junge. Die Mondknoten liegen einander gegenüber. Ist der nördliche im ersten Haus, liegt der südliche immer im siebenten Haus. Beides zusammen ergibt nur ein Zeugnis, nicht zwei. Die Mondknotenachse begünstigt, je nachdem, die eine oder die andere Mannschaft."

„Und wenn die Mondknoten weder im ersten, noch im siebenten Haus liegen?"

„Dann sind sie unwichtig. Außer der Herr von 1 oder 7 steht in Konjunktion zu einem der Mondknoten. Nun, hier ist eine weitere wichtige Regel:

Je näher, desto stärker.

Je näher ein Planet an der Hausspitze steht, desto größer ist sein Einfluss. Nehmen wir an, ein Übeltäter steht im ersten Haus, gerade mal drei Grad von der Spitze entfernt, und ein anderer Übeltäter steht im siebenten Haus, aber 15 Grad von der Spitze entfernt. Welches Haus ist mehr geschwächt?"

„Das erste, Meister."

„Ja, gut. Und weiter:

Zeichengrenzen wirken wie Isolatoren.

Ein Planet, der im selben Haus, aber nicht im selben Zeichen wie die Hausspitze steht, beeinflusst das Haus - aber bei weitem nicht so stark wie ein Planet, der im Haus *und* im selben Zeichen wie dessen Spitze steht. Das gilt unabhängig davon, wie nah er der Hausspitze ist."

Er schaute unsicher. „Gebt mir ein Beispiel, Meister."

„Nehmen wir an, ich erstelle ein Fragehoroskop. Der Aszendent befindet sich bei 10° Waage und ein Wohltäter steht auf 29° Waage. Dann erstellst du ein

Fragehoroskop und der Aszendent liegt auf 28° Skorpion und ein Wohltäter steht auf 1° Schütze. Welchem ersten Haus ist mehr geholfen, deinem oder meinem?"

„Der Wohltäter in meinem Horoskop steht viel näher an der Hausspitze. Ihr habt mir gesagt, *je näher, desto stärker*. Aber auf der anderen Seite befindet sich in meinem Fragehoroskop eine Zeichengrenze zwischen dem Planeten und der Hausspitze. Und die wirkt wie eine Isolierung. Ich würde sagen, eurem ersten Haus ist mehr geholfen."

„Und damit hättest du recht. Obwohl der Wohltäter in meinem Horoskop so viel weiter von der Hausspitze entfernt ist, hat er mehr Einfluss als deiner, weil der in einem anderen Zeichen als die Hausspitze liegt. Obwohl auch dein Wohltäter noch Einfluss hat."

„Hilft der *Glückspunkt* dem Haus?"

„Nein. Ohnehin gilt:

Ignoriere die Arabischen Punkte.

Meiner Erfahrung nach haben sie keinerlei Bedeutung in dieser Art von Stundenhoroskopen - nicht einmal Punkte mit solch verführerischen Namen wie ‚Punkt des Sieges'. Die Arabischen Punkte - auch Lospunkte genannt - spielen in der Stundenastrologie eine weit geringere Rolle als in der Geburtsastrologie. Und in dieser speziellen Form der Stundenastrologie spielen sie überhaupt keine Rolle. Es ist ein weit verbreiteter Irrtum zu glauben, die Anwesenheit des Glückspunkts nütze einem Haus. Das stimmt nicht. Die Regel heißt: *Die Arabischen Punkte wirken nicht, auf sie wird eingewirkt.* Wie können sie also etwas Positives bewirken?"

„Ich verstehe. Sollte ich dem Dispositor eines Arabischen Punktes irgendeine Beachtung schenken? Ich weiß, dass der Dispositor eines Arabischen Punktes den Gegenstand darstellt, um den es geht - wie der Dispositor des Punktes für Operationen die Operation selbst symbolisiert."

„Das trifft zu. Aber du tust trotzdem besser daran, sie außen vor zu lassen. Wenn du pingelig sein willst, kannst du einen Blick auf den Dispositor des Glückspunkts werfen. Versteckt im Haus des Gegners, ist er ein schlechtes Zeichen, wenngleich ein kleineres. Es ist höchst unwahrscheinlich, dass sich dadurch die Deutung umkehrt."

„Wie sieht es mit den *Fixsternen* aus?"

„Die kannst du genauso mehr oder weniger vergessen. Die Fixsterne werden um so wichtiger, je weiter wir in der astrologischen Skala nach oben wandern. Die Stundenastrologie ist in dieser Skala ziemlich weit unten angesiedelt. Regulus wenige Grade von der Hausspitze entfernt, würde dieses Haus stärken. Antares an gleicher Stelle würde es negativ beeinflussen. Regulus steht derzeit bei 29° Löwe, Antares bei 9° Schütze. Die anderen kannst du ruhigen Gewissens beiseite lassen."

„Aber Meister, auf meine Checkliste habt ihr geschrieben: ‚Stehen sie auf Regulus, Spica oder Antares?' Nun sagt ihr, dass Regulus und Antares die einzigen Fixsterne sind, die es wert sind, berücksichtigt zu werden."

Der Junge ist gescheit. „Regulus und Antares sind die einzigen, die in diesen Fragehoroskopen einen spürbaren Effekt auf die Häuser haben. Regulus, Spica und Algol sind wiederum die Einzigen, die einen signifikanten Effekt auf Planeten ausüben. Später werde ich dir darüber mehr erzählen."

Finde die Häuserherrscher

„Wir haben uns nun die Bedingungen der Häuser angesehen. Genauso häufig passiert in beiden nichts, wie das Gegenteil der Fall ist. Der nächste Schritt ist zu schauen, wo die Häuserherrscher stehen. Wie machen wir das?"

„Das ist der Planet, der das Zeichen an der Spitze des betreffenden Hauses beherrscht. Also ist der Herrscher des Zeichens an der Spitze des ersten Hauses der Herr von 1 und stellt die Mannschaft des Fragestellers dar. Der Herrscher des Zeichens an der Spitze des siebenten Hauses ist der Herr von 7 und steht für den Gegner."

„Ja, es gibt nur einen Signifikator pro Mannschaft und das ist der Herrscher über das Haus der Mannschaft. Gebrauche niemals - sonst wirst du Schmerzen erleiden, die man spürt, wenn man von wilden Yaks bei lebendigem Leib gefressen wird -, gebrauche *niemals* einen im Haus platzierten Planeten als Signifikator oder Co-Signifikator, nur weil er da steht. Planeten im Haus beeinflussen das Haus zum Guten oder Schlechten, aber sie repräsentieren nicht die Dinge des Hauses. Nicht mal, wenn du dir das von ihnen wünschen solltest."

„Was ist mit dem *Mond,* Meister? Ist er der Co-Signifikator des Fragestellers?"

„Sieht man von dem Fall ab, dass der Fragesteller tatsächlich selbst am Spiel teilnimmt, ist er persönlich nicht in die Frage involviert, selbst wenn wir seine Mannschaft als *wir* bezeichnen. Also: Nein, wir geben dem Fragesteller nicht den Mond als Co-Signifikator. Genauso ist es in Stundenhoroskopen für andere Fragestellungen: Wenn die Frage über jemanden anderes gestellt wird, wird dieser anderen Person nicht der Mond zugeteilt. Bei: *Wo ist meine Katze?*, erhalte ich den Mond als Co-Signifikator. Lautet die Frage: *Wo ist die Katze meiner Tochter?*, erhält meine Tochter nicht den Mond zugesprochen."

„Und wenn der Fragesteller im Spiel mitspielt?"

„Dann wäre es besser, er stellte keine stundenastrologische Frage über den Ausgang des Spiels! Welche Chance hätte er zu gewinnen - wenn das seine Absicht sein sollte. Aber selbst dann würde der Mond nur eine klitzekleine Rolle spielen. Wir würden sicher nicht seine Stärke untersuchen, um zu einer Deutung zu gelangen. In diesen Horoskopen liegt das ganze Augenmerk ausschließlich auf den beiden Hauptsignifikatoren. Die anderen Planeten mögen sich hinter der Bühne herumtummeln. Aber wir würden ihnen keine Aufmerksamkeit schenken - außer sie stehen im Kontakt mit unseren Hauptsignifikatoren oder den beiden entscheidenden Häusern. Der Mond spielt manchmal eine Rolle, wenn wir uns den ‚Gang der Ereignisse' anschauen. Aber wir müssten schon sehr wenige Argumente für die Deutung haben, damit das ins Gewicht fiele."

Akzidentielle Würden der Herrscher

„Haben wir unsere Signifikatoren ausgewählt, müssen wir sie gegeneinander abwägen, um zu sehen, wer gewinnt. In Wettkampfhoroskopen gilt:

Akzidentielle Würden sind viel wichtiger als essentielle Würden.

Es ist wie in einem Stundenhoroskop zu einem Gerichtsfall: Die essentiellen Würden zeigen, wer im Recht ist - was nichts darüber aussagt, ob diese Person den Fall gewinnt oder nicht. Genauso ist es in einem Wettkampfhoroskop: Essentielle Würden könnten zeigen, wer besser spielt. Aber ob diese Partei dann auch das Spiel gewinnt, steht auf einem anderen Blatt."

„Ich verstehe die Grundidee, die hinter den akzidentiellen Würden steht, Meister. Sind alle akzidentiellen Faktoren in diesen Horoskopen gleich wichtig?"

„Nein. Schau zunächst, ob einer der Signifikatoren **verbrannt** ist. Das heißt, ob er innerhalb von achteinhalb Grad Umkreis um die Sonne und im selben Zeichen wie diese steht."

„Wenn er also drei Grad von der Sonne entfernt ist, aber in einem anderen Zeichen steht, dann ist er nicht verbrannt."

„Genau. Deshalb habe ich gesagt ‚*und* im selben Zeichen'. Gib Acht. Mit ein bisschen Übung wirst du verbrannte Planeten erkennen, sobald du einen Blick auf ein Horoskop wirfst. Du wirst nicht nach ihnen suchen müssen. Eine Verbrennung ist die gravierendste Schwächung, die ein Planet haben kann. Wenn wir also einen unserer Signifikatoren verbrannt finden, können wir die Arbeit fast schon beenden: Diese Mannschaft wird verlieren."

„Beenden wir sie also dort, Meister?"

„Nein. Obwohl es sehr unwahrscheinlich ist, dass der Signifikator der anderen Mannschaft sich in einem vergleichbar schlechten Zustand befindet, müssen wir das überprüfen. In ein oder zwei Sekunden."

„Was ist, wenn beide Planeten verbrannt sind?

„Das ist ein sehr seltenes ‚Was ist?'. Aber es kommt vor. In einem Sport, in dem es ein Unentschieden geben kann, wären zwei verbrannte Signifikatoren ein Hinweis auf ein Remis. Muss aber einer gewinnen, erinnere dich:

- je näher, desto stärker. Der Planet, der näher zur Sonne steht, ist stärker geschwächt.
- applikative Aspekte sind hier schlechter als separative. Der Planet, der sich der Sonne nähert, ist stärker geschwächt als derjenige, welcher sich von ihr entfernt.

Auch Rezeptionen mit der Sonne können wichtig sein, wenn man eine Verbrennung deutet. Ein verbrannter Planet, der in seinem eigenen Zeichen oder in dem seiner Erhöhung steht, ist in keiner Weise geschwächt. Das funktioniert etwa so wie eine gegenseitige Rezeption zwischen dem Planeten und der Sonne. Ein Planet, der verbrannt ist und in seinem Exil oder Fall steht, ist - soweit das überhaupt möglich ist - noch stärker geschädigt als er dies gewöhnlich durch eine Verbrennung schon wäre. Er wird durch eine Sonne geschwächt, die ihn, wie die negative Rezeption zeigt, hasst. Wirklich schlechte Nachrichten!"

„Ich habe gehört, dass Mars durch eine Verbrennung nicht berührt wird."

„Das habe ich auch gehört. Aber das ist nicht wahr. Mars wird durch die Verbrennung ebenso beeinflusst wie jeder andere Planet. Um dir ein kleines Beispiel dazu zu geben: Der Gewinner eines Pferderennens wurde im Horoskop durch einen verbrannten Mars symbolisiert. Der Gewinner hieß *Surfeit of Sun* (Übermaß an Sonne). Wenn Mars nicht durch die Verbrennung geschwächt gewesen wäre, hätte er nicht unter einem Übermaß leiden können."

„Wie sieht es mit **Unter den Strahlen der Sonne** aus?"

„Erst die Definition, bitte?"

„Ein Planet, der nicht verbrannt ist, aber weniger als siebzehneinhalb Grad von der Sonne entfernt steht."

„Das ist richtig. Anders als bei der Verbrennung, muss der Planet nicht im selben Zeichen wie die Sonne stehen. Es ist eine viel kleinere Schädigung. Sie schwächt den Planeten ein bisschen, aber die meisten Horoskope werden stärkere Zeugnisse haben als dieses. Wie bei der Verbrennung, machen die Entfernung zur Sonne sowie Applikation oder Separation einen Unterschied."

„Angenommen ein Planet ist *sub radiis...*"

Das brachte ihm einen Schlag mit dem Stock ein. „Jetzt gib hier nicht an, Junge. ‚Unter den Strahlen der Sonne' reicht völlig aus. Was wolltest du noch dazu sagen...?"

„Nehmen wir an, ein Planet steht unter den Strahlen der Sonne, Meister, und ist dabei, in den Bereich der Verbrennung einzutreten?"

„Gute Frage, Junge. In einer Wettkampffrage wird der Übergang in die Verbrennung nicht von Bedeutung sein. Das Ereignis, zu dem die Frage gestellt wird, ist zu kurzfristig. Wird die stundenastrologische Frage zu einer langfristigen Angelegenheit gestellt, wie zum Beispiel: *Wie wird sich meine Mannschaft in dieser Saison schlagen?*, dann ist dieser Wechsel wichtig. Wie würden wir ihn deuten?"

„Eurer Mannschaft geht es im Moment nicht gut, aber sie ist dabei, in eine Phase einzutreten, in der es ihr noch viel schlechter gehen wird."

„Es wäre Zeit, jemanden Taschentücher holen zu schicken, ja. Die einzige Ausnahme dazu wäre eine Frage von der Art: *Wird meine Mannschaft in dieser Saison etwas gewinnen?*, bei der die Sonne über das zehnte Haus herrscht und deshalb den Pokal symbolisiert, um den es geht. In diesem Fall wünschen wir uns eine Konjunktion mit der Sonne, und wenn es das ist, was wir wollen, müssen wir die Verbrennung außer Acht lassen."

„Sonst würden wir nie zu einer Konjunktion mit der Sonne gelangen?"

„Genau. Da wir schon über Konjunktionen mit der Sonne sprechen: **Cazimi** - auch ‚Im Herzen der Sonne' genannt - ist sehr selten, aber äußerst wichtig, wenn du es findest. Dabei steht ein Planet innerhalb von siebzehneinhalb Minuten Entfernung von der Sonne."

„Ihr meint einen Planeten, der die Konjunktion mit der Sonne in siebzehneinhalb Zeitminuten vollenden wird?"

„Nein, Bogenminuten, nicht Zeitminuten. Ein Planet, dessen Position innerhalb von siebzehneinhalb Bogenminuten Entfernung von der Sonne liegt - obwohl nach halben Minuten zu suchen, ein bisschen übergenau ist: Sagen wir also 18 Minuten. Die Verbrennung ist die schlimmste Schwächung, die einem Planeten zustoßen kann; Cazimi ist dagegen die größte Stärkung. Ein verbrannter Planet wird fast sicher verlieren, ein Planet in Cazimi wird fast ebenso sicher gewinnen."

„Auf dem Arbeitsblatt kommt als nächstes: **Hausplatzierung**. Erzählt mir davon, Meister."

„Sehr wichtig. Es werden mehr Wettkampfhoroskope durch Hausplatzierungen entschieden, als durch jedes andere Zeugnis. Schau dir an, in welchen Häusern die Signifikatoren stehen. Allgemein gesprochen, macht die Platzierung in einem kardinalen Haus den Planeten stark, ein nachfolgendes Haus ist neutral und ein fallendes Haus ist schwach. Aber das ist nicht ganz so einfach, wie es sich anhört. Erstens ist die Einteilung in: stark - neutral - schwach nicht deckungsgleich mit: kardinal - nachfolgend - fallend. Sie sieht vielmehr so aus:

Stärke der Häuser	
1, 4, 7, 10:	stark
2, 3, 5, 9, 11:	neutral
6, 8, 12:	schwach

Versuche nicht, in jeder Abteilung eine Hackordnung herstellen zu wollen. Es gibt zum Beispiel keine aussagekräftige Abstufung zwischen dem ersten, vierten, siebenten und zehnten Haus.

Und dann: Die Platzierung in einem kardinalen Haus macht deinen Signifikator stark. Aber nicht, wenn dieses kardinale Haus das deines Feindes ist! Sich in einem kardinalen Haus zu befinden, ist als wäre man in einer Burg. Wenn du in einer bist, hast du eine starke Position. Außer es handelt sich um die Burg deines Feindes. Dann bist du nämlich im Gefängnis."

„Der Herr von 1 ist also im ersten, vierten und zehnten Haus sehr stark, aber im siebenten sehr schwach."

„Das ist richtig. Und der Herr von 7 ist im siebenten, vierten und zehnten Haus sehr stark, aber im ersten sehr schwach. Capisce?"

„Ja, Meister."

„Nun, heute Morgen gab ich dir zwei Regeln. Beide passen auch hier hin:

Je näher, desto stärker,
Zeichengrenzen wirken wie Isolatoren.

Wenn du die Stärke eines Planeten nach seiner Hausstellung bewertest, dann ist die Regel ‚Je näher, desto stärker' nur dann wichtig, wenn der Signifikator in einem kardinalen Haus steht - nicht wenn er in einem nachfolgenden oder fallenden Haus steht. Gib mir mal ein Beispiel, wie das funktionieren könnte."

Er dachte eine Weile nach, wobei er angestrengt auf Britney starrte, als könnte er sie dazu bringen, ihm die Antwort zu geben. „Nehmen wir an, der Herr von 1 ist im zehnten Haus, zwei Grad von der Hausspitze entfernt. Und der Herr von 7 ist im vierten Haus, zehn Grad von der Hausspitze entfernt. Sie stehen beide stark, aber der Herr von 1 steht stärker."

„Gut. Nun gib mir ein Beispiel, wie die Regel zu den Zeichengrenzen wirken könnte."

Diese Frage war schwieriger. Sein Nachdenken wurde von Verzerrungen seines Gesichts begleitet, die seinen Kiefer aus der Verankerung zu reißen drohten oder - wenn dies möglich wäre - wenigstens eine Augenbraue. Schließlich hatte er doch eine Idee: „Angenommen der Herr von 1 steht im siebenten Haus, zehn Grad innerhalb des Hauses und im selben Zeichen wie die Hausspitze. Und nehmen wir weiter an, der Herr von 7 steht im ersten Haus, zwei Grad innerhalb des Hauses, aber in einem anderen Zeichen als die Hausspitze. Der Herr von 1 ist wesentlich heftiger angegriffen als der Herr von 7, obwohl er weiter von der Hausspitze entfernt steht."

„Ein schönes Beispiel, mein Junge!" Ich war entzückt. „Nun noch ein entscheidender Punkt bei der Hausplatzierung:

Ein Planet auf der Hausspitze kontrolliert das Haus,
ein Planet innerhalb des Hauses wird von diesem kontrolliert.

Das ist nur von Belang, wenn einer deiner Hauptsignifikatoren im Haus seines Feindes steht. Angenommen die Spitze des ersten Hauses liegt bei 5° Löwe. Der Herr von 7 steht auf 4° Löwe. Damit sitzt er *auf der Hausspitze* und kontrolliert das erste Haus. Wir werden verlieren. Der Planet muss innerhalb von zwei bis drei Grad vor der Hausspitze und im selben Zeichen wie diese stehen, damit es ein wichtiges Zeugnis darstellt. Aber wenn der Herr von 7 auf 6° Löwe steht, dann ist er *gerade innerhalb des Hauses*. Dann wird er vom Haus kontrolliert, wie ein Mann im Gefängnis. Dann gewinnen wir."

„Das habe ich verstanden, Meister. Aber was ist, wenn der Planet rückläufig ist?"

„Nehmen wir nochmal das gleiche Beispiel. Angenommen der Herr von 7 steht auf 6° Löwe und ist rückläufig. Er ist im ersten Haus, geht aber auf die Spitze zu. Er hat dennoch *keine* Macht über dieses Haus. Das wäre, als ob der Gefangene im Gefängnis gegen die Zellentür schlüge. Er kann schlagen so viel er will, er ist immer noch im Gefängnis.

Nehmen wir an, der Herr von 7 auf 4° Löwe ist rückläufig. Er sitzt immer noch auf der Spitze des ersten Hauses, aber er bewegt sich weg von ihr. Er hat weiterhin Macht über dieses Haus, aber weit weniger, als wenn er direktläufig wäre. Er ist wie eine Armee, die eine Burg belagert hat, aber nun ihre Zelte abbricht und nach Hause zurückkehrt.

Hausplatzierungen entscheiden mehr Wettkampfhoroskope als jedes andere Zeugnis.

Stelle sicher, dass du das verstanden hast."

Mit dieser Ermahnung ließ ich ihn sitzen, damit er das, was ich ihn gelehrt hatte, verdauen konnte. Derweil ging ich das Mittagessen für Britney holen.

Die Mondknoten

Nachdem Britney versorgt war, fuhr ich fort. „Die Konjunktion mit einem der Mondknoten ist ein weiterer Faktor, der ein Horoskop allein entscheiden kann. Ein Signifikator in Konjunktion mit dem nördlichen Mondknoten ist außerordentlich stark, einer in Konjunktion mit dem südlichen Mondknoten außerordentlich schwach. Beschränke dich dabei auf einen Abstand von maximal fünf Grad, mit unserer üblichen Regel ‚je näher, desto stärker'. In diesem Zusammenhang macht es keinen Unterschied, ob der Planet auf den Mondknoten zuläuft oder sich von diesem entfernt."

„Wie sieht es mit Aspekten zu den Mondknoten aus, Meister?"

„Die gibt es nicht. Weder werfen die Mondknoten Aspekte, noch erhalten sie welche. Wir kümmern uns nur um Konjunktionen zu ihnen."

„Angenommen der Herr von 1 steht in Konjunktion mit dem nördlichen Mondknoten und der Herr von 7 mit dem südlichen Mondknoten. Ist das wieder nur *ein* Zeugnis für unsere Bewertung, wie ihr das vorhin über die Mondknoten in den Häusern gesagt habt?"

„In keiner Weise. Wenn der eine Mondknoten in einem Haus steht, wird der andere im gegenüber liegenden Haus sein. Das ist automatisch so, ist also es nur *ein* Zeugnis. Aber unsere Signifikatoren können überall stehen. Wenn einer auf dem einen Mondknoten steht, dann gibt es keine Automatik, dass der andere auf dem anderen steht. In diesem Fall wären das *zwei* Zeugnisse für die Deutung."

„Ich habe bemerkt, dass die Mondknoten manchmal rückläufig sind, Meister. Ändert das die Art und Weise, wie wir sie lesen?"

„Nein, Junge. Ihre natürliche Bewegungsrichtung ist rückwärts. Da gibt es nichts, was gegen ihre Natur wäre - was der Grund ist, warum die Rückläufigkeit für einen Planeten eine Schwächung ist. Die Bewegungsrichtung der Mondknoten macht keinen Unterschied in ihrer Deutung."

„Wie stark sind sie also, Meister?"

„Sehr stark. Verbrennung, Cazimi und ein machtvolles Argument durch die Hausplatzierung können die Konjunktion mit einem Mondknoten überstimmen. Aber diese wird ihrerseits alle anderen einzelnen akzidentiellen Zeugnisse überstimmen."

Geschwindigkeit und Bewegungsrichtung

„Je schneller sich ein Planet bewegt - relativ zu seiner durchschnittlichen **Geschwindigkeit** -, desto stärker ist er. Saturn ist hier die Ausnahme, denn der mag es nicht, schnell zu laufen. Das ist gegen seine Natur."

„Ihr meint, ich muss die Geschwindigkeit von allen Planeten in jedem Horoskop untersuchen? Ganz schön viel Arbeit, Meister!"

„Nein, das brauchst du nicht. Zumindest nicht für die meisten Sportarten. Alles, was du beachten musst, ist: Nähert sich ein Planet seiner stationären Phase oder verlässt er sie gerade. Dann wird seine Geschwindigkeit geringer sein als normal. Wenn er annähernd oder vollkommen stationär ist, dann wird er sehr schwach sein. Das kann ein wichtiges Zeugnis sein."

„Ihr habt gesagt, ‚nicht für die *meisten* Sportarten'?"

„Selbstverständlich wird die Geschwindigkeit in Sportarten, in denen der Sieg ausschließlich durch die Schnelligkeit bestimmt wird, sehr wichtig sein. Wenn ich frage, ob Soundso den Formel 1-Grand-Prix gewinnen wird, und ich finde seinen Signifikator in der stationären Phase, dann hat er keine Chance. Wenn er an einem Rennen im Langsamfahren teilnimmt, hat er gute Karten. Aber selbst wenn die Schnelligkeit allein ein Rennen entscheidet, wird die Geschwindigkeit nicht allein deine astrologische Deutung entscheiden: Wir müssen weitere Faktoren berücksichtigen."

„Ist Geschwindigkeit nicht in allen Sportarten ausschlaggebend?"

„Nur oberflächlich betrachtet. Wir können einen Geparden auf einen Tennisplatz schicken. Seine Unfähigkeit, den Ball zurückzuspielen, wird ihn verlieren lassen, egal wie schnell er um den Platz jagt."

„Also, Meister, wird jemand, der durch den Mond als Signifikator vertreten wird, immer gewinnen, weil der Mond der schnellste Planet ist."

Ich schnappte erst nach Luft, um dann lange auf Britney zu schauen und mir zu überlegen, ob ich nicht mehr verdienen könnte, wenn ich ihr Astrologie beibrächte. „Nein, mein Junge, nein. Hier geht es um die Geschwindigkeit des Planeten im Verhältnis zu seiner eigenen Durchschnittsgeschwindigkeit. Wenn Jupiter 13′ am Tag zurücklegt, dann bewegt er sich sehr schnell, gemessen an seinen eigenen Standards - selbst wenn der Mond die 13′ schon in Minuten hinter sich bringt. Nur das ist für uns wichtig." Ich zeichnete eine Tabelle auf Britneys Flanke. „Du hast dir, da bin ich sicher, die Tabelle der wichtigen Geschwindigkeiten aus *The Horary Textbook*[5] sehr gut eingeprägt. Diese Tabelle unterscheidet sich ein wenig, denn für unsere Zwecke hier sind wir nur an extremen Geschwindigkeiten interessiert."

	Schnell, wenn mehr als:	*Langsam*, wenn weniger als:
Mond	14°10′ pro Tag	12°15′ pro Tag
Merkur	1°40′	0°20′
Venus	1°10′	0°15′
Mars	0°43′	0°10′
Jupiter	0°12′	0°03′
Saturn	0°06′	0°02′

Zu seiner Erleichterung sagte ich ihm, dass er sich diese Werte nicht merken müsse. „Du wirst sie nicht oft brauchen, außer du spezialisierst dich auf Geschwindigkeitssportarten."

„Was ist mit der **Rückläufigkeit**, Meister?"

„Sie ist es wert, beachtet zu werden, aber sie ist nicht von großer Wichtigkeit. Die Rückläufigkeit wird zu den sonstigen schwächenden Faktoren hinzuaddiert

[5] Vgl. ebd. S. 59.

oder sie nimmt der Stärke ihren Glanz. Aber sie wird keine Deutung allein entscheiden."

„Was ist, wenn der Planet sehr schnell läuft, aber im Rückwärtsgang?"

„In den Sportarten, in denen Geschwindigkeit wichtig ist, ist die Bewegungsrichtung auch wichtig. Sehr schnell in der falschen Richtung um einen Grand-Prix-Kurs zu fahren, wird nicht zum Sieg führen. Es ist also nicht hilfreich. Es mag seltene Fälle geben, in denen die Verbindung von Schnelligkeit und Rückläufigkeit sinnvoll ist. Wenn wir zum Beispiel nach einem Taubenwettfliegen fragen, dann wollen wir, dass die Taube möglichst schnell wieder dahin zurückkommt, wo sie losgeflogen ist."

„In einem Fußballhoroskop mag ein rückläufiger Signifikator anzeigen, dass die Mannschaft ein Eigentor schießt?"

„Hat dich jemand nach einem Kommentar zum Spiel gefragt?"

„Nein, Meister."

„Also: TU DAS NICHT!"

Aspekte

Er schaute derart beschämt drein, dass ich schnell zu einem anderen Thema überging. „Unsere Signifikatoren werden von engen Aspekten anderer Planeten beeinflusst, zum Guten oder zum Schlechten."

„Ein Trigon von Jupiter ist also hilfreich und ein Quadrat von Saturn eine große Behinderung?"

„Kann sein. Ich verstehe, wir müssen uns das genauer anschauen.

Der Zustand des aspektierenden Planeten, nicht die Art des Aspekts, zeigt, ob der Aspekt gut oder schlecht ist.

Konjunktionen, Trigone und Sextile zeigen Dinge, die sich problemlos ereignen, Quadrate und Oppositionen stehen für Dinge, die sich unter Schwierigkeiten vollziehen. Aber selbst diese einfache Unterscheidung ist zu fein für unsere Zwecke hier. Wir interessieren uns nur dafür, was unsere Signifikatoren stärken oder schwächen könnte. Ein Quadrat von einem guten Planeten, wird hilfreich sein, ein Trigon eines schlechten Planeten schwächen."

„Ihr sagt, dass die Art des Aspekts keine Rolle spielt?"

„Genau. Mit Ausnahme der Opposition, die ist immer eine Schädigung. Was zählt ist, ob der aspektierende Planet ein netter oder ein böser ist."

„Ein Quadrat von Jupiter ist also gut, weil Jupiter nett ist?"

„Nein. Jupiter mag nett sein oder nicht. Saturn mag nett sein oder nicht. Hat ein Planet essentielle Würden, ist er nett. Ist er peregrin oder, noch schlimmer, in seinem Exil oder Fall, dann ist er böse."

„Also ist ein Aspekt von Saturn aus Steinbock nett?"

„Ja."

„Und ein Aspekt von Jupiter aus Jungfrau böse?"

„Ja."

„Ein Quadrat von Mars aus Skorpion wird unserem Signifikator helfen, während ein Trigon von Venus aus Widder ihm schadet."

„Genau. Dasselbe mit Konjunktionen: Eine Konjunktion mit einem Planeten in Würden ist hilfreich; eine mit einem geschwächten Planeten schadet."

„Wie eng müssen die Aspekte sein?"

„Es ist die gleiche Regel wie gewöhnlich: je näher, desto stärker. Nimm fünf Grad Abstand als das absolute Maximum, aber jenseits von drei Grad wird der Aspekt nur einen schwachen Effekt haben. Erlaube einen weiteren Orbis für Oppositionen zur Sonne. In Opposition zur Sonne zu sein, ist ziemlich ähnlich einer Verbrennung. Also gib ihr einen maximalen Orbis von acht Grad, wobei alles innerhalb von vier Grad eine ernste Schädigung bedeutet. Erinnere dich, dass die Aspekte in den richtigen Zeichen erfolgen müssen. Ein Planet auf 29° Jungfrau steht zum Beispiel in Opposition zu einem Planeten auf 28° Fische, aber nicht zu einem auf 0° Widder."

„Wie sieht es mit den *Rezeptionen* aus? Beeinflussen sie die Aspekte?"

„Ja. Nehmen wir an, unser Signifikator ist der Mond, der im Trigon zu Jupiter in Krebs steht. Das ist ein netter Aspekt, denn Jupiter steht in seiner Erhöhung: Er hat jede Menge Würden. Der Aspekt ist umso netter, als Jupiter auch noch vom Mond beherrscht wird. Oder nehmen wir an, der Mond wird durch Venus im Skorpion aspektiert. Das ist ein garstiger Aspekt, denn Venus steht in ihrem Exil und sie ist sogar noch böser, weil sie im Fall des Mondes steht."

Ich sah, wie er nach einem komplizierteren Beispiel suchte. Und er fand eins: „Angenommen mein Signifikator, der Mond, wird von Mars in Stier aspektiert. Was ist dann?"

„Der Mond wird von einem üblen Mars aspektiert - er steht in seinem Exil -, der ihn aber sehr mag, denn er steht in der Erhöhung des Mondes. Dieser Aspekt wird weit weniger böse wirken, als von einem üblen Mars aus einem anderen Zeichen. Wenn der Aspekt von Mars in Skorpion käme, dann käme er von einem netten Mars (viele Würden), der den Mond hasst (im Fall des Mondes). Was wiederum weit weniger wohltätig ist, als ein Aspekt von Mars aus einem anderen Zeichen. Aber immer noch besser, als ein Aspekt eines bösen Mars'."

„Kompliziert!"

„Nicht wirklich. Nur in seltenen Ausnahmefällen wird ein Horoskop allein durch einen Aspekt entschieden. Es müsste schon ein furchtbarer Mangel an Zeugnissen herrschen, damit das passiert. Wir müssen also nicht zu spitzfindig in unserer Deutung jedes einzelnen Aspektes sein. Er wird entweder ein bisschen helfen oder ein bisschen schaden. Vergegenwärtige dir, dass sich die Diskussion über Rezeptionen nur auf Wettkampf-Stundenhoroskope bezieht. Ansonsten sind sie weitaus bedeutender, aber der Zusammenhang hier ist so begrenzt, dass sie nur so funktionieren."

„Wie sieht es mit *Aspekten zwischen unseren Hauptsignifikatoren* aus?"

„Nein, die können wir beiseite lassen. In einem Fragehoroskop, in dem es um eine gerichtliche Auseinandersetzung geht, würde ein applikativer Aspekt zwischen den beiden Signifikatoren uns darauf hinweisen, dass sich die Prozessgegner außergerichtlich einigen. In einem sportlichen Wettbewerb können wir davon ausgehen, dass die Gegner sich nicht küssen und Frieden schließen, bevor das Spiel zu Ende ist. Wurde das Horoskop für eine Schachpartie erstellt, könnten wir einen Aspekt als einen Hinweis deuten, dass sich die Spieler auf ein Remis einigen werden - aber nur wenige Sportarten sehen diese Möglichkeit vor."

Belagerung

Nun war es Zeit für eine praktische Übung. Zu viel Theorie würde das Hirn des Burschen nur verwirren. „Steh auf", hieß ich ihn und ließ ihn sich neben Britney setzen. Ich pfiff und schon kam Sedna angeflattert, um sich auf seine andere Seite zu setzen. Meine beiden tierischen Gefährten sahen mich gespannt an. Sie warteten auf mein Signal. Sobald ich es gegeben hatte, zuckte der Junge zusammen. Denn Sedna fing sofort an, an ihm herum zu picken, während Britney von der anderen Seite her begann, yakmäßig nach ihm zu schnappen. „Pfeift die beiden zurück, Meister!", flehte er mich an. Was ich tat - nachdem ich dem Treiben etwa ein oder zwei Minuten zugeschaut hatte.

„Wie fühlte sich das an?"

„Nicht angenehm, Meister." Zornig starrte er auf Britney.

„So ist es nun mal bei einer Belagerung. Ein Planet, eingezwängt zwischen zwei bösen Planeten, ist belagert. In welche Richtung er sich auch wendet, ihm wird in jedem Fall Schaden zugefügt." Ich wiederholte mein Signal. Diesmal aber leckte Britney mit ihrer langen, warmen Zunge über sein Gesicht, während Sedna ihn so zärtlich liebkoste, wie es einem Raben nur möglich ist. Der Junge versuchte etwas zu sagen, aber sein breites Grinsen hielt ihn davon ab.

„Nun hast du auch eine positive Belagerung erlebt. Ein Planet, gefangen zwischen zwei netten Planeten, wird beschenkt, wohin er sich auch wendet. Das ist äußerst vorteilhaft." Ich rief die beiden wieder zurück. „Und wie immer: Je näher, desto stärker. Um es wert zu sein beachtet zu werden, sollten die belagernden Planeten nicht weiter als zehn Grad entfernt sein, maximal."

„Ihr meint also nett und böse in der gleichen Weise wie bei den Aspekten: In Würden gut, in Schwächen böse?"

„Das ist immer die Unterscheidung, ja. Ein Planet kann auch *durch Strahlen belagert* sein. Wenn er seine Aspektstrahlen in einen engen Bereich zwischen zwei garstige Planeten wirft, dann schwächt ihn das. Wenn er sie zwischen zwei nette Planeten wirft, ist es hilfreich. Dafür müssen die Planeten aber sehr nahe beieinander stehen, um in einem Wettkampfhoroskop eine Rolle zu spielen: maximal zwei Grad voneinander entfernt. Selbst in seiner stärksten Ausprägung ist dies aber ein schwächeres Zeugnis als die körperliche Belagerung."

Fixsterne

„Fixsterne spielen in der Stundenastrologie nur eine untergeordnete Rolle. Es gibt nur drei, deren Einfluss auf die Planeten es wert ist, beachtet zu werden. *Regulus* ist bei weitem der Wichtigste von ihnen. Ein Signifikator bei 28° oder 29° Löwe steht auf Regulus und wird dadurch ungemein gestärkt. *Spica* bei 23° Waage bietet einigen Schutz gegen eine Niederlage, kann aber von stärkeren Faktoren überstimmt werden. *Algol* bei 26° Stier ist ein negativer Stern von mäßiger Stärke. Erlaube einen Orbis von einem Grad nach jeder Seite, aber nicht mehr."

„Ihr habt vorhin Antares erwähnt, Meister."

„Das habe ich. Aber da habe ich über Fixsterne gesprochen, welche die Häuser beeinflussen, wenn sie nahe ihren Spitzen stehen. Im Moment spreche ich über Planeten, die auf Fixsternen stehen. In unterschiedlichen Zusammenhängen verdienen unterschiedliche Fixsterne unsere Beachtung."

Freuden

„Meister, ihr habt mich über die Hausplatzierungen gelehrt. Aber ihr habt nicht die Freuden der Planeten erwähnt. Warum nicht?"

„Ich wollte gerade zu ihnen kommen, mein Junge. Ich habe sie nicht erwähnt, als wir die Stärken und Schwächen diskutiert haben, die sich ergeben, wenn ein Planet in einem kardinalen, nachfolgenden oder fallenden Haus steht. Der Grund war schlicht, dass ich vermeiden wollte, dass du sie wichtiger nimmst als sie sind."

„Also kann ich sie vernachlässigen?"

„Es ist sehr unwahrscheinlich, dass du damit einen zu großen Fehler machst. Aber die Freuden haben doch einige Bedeutung, weshalb sie beachtet werden sollten. Jeder Planet hat ein Haus, in dem er sich ganz besonders glücklich fühlt. Wenn er sich in diesem Haus befindet, stärkt ihn das ein wenig. Saturn, zum Beispiel, erlebt seine Freude im zwölften Haus. Wenn unser Signifikator Saturn im zwölften Haus steht, ist er schwach, weil es ein fallendes Haus ist. Aber doch nicht ganz so schwach, weil Saturn hier in seiner Freude steht. Dennoch wiegt die Freude die Platzierung in einem fallenden Haus sicherlich nicht auf. Unser Signifikator steht weiterhin schwach."

„Weshalb also sollte man die Freuden berücksichtigen?"

„Nehmen wir mal an, unser anderer Signifikator steht im achten Haus. Normalerweise haben Planeten im achten und zwölften Haus etwa denselben Grad der Schwächung. Aber Saturn im zwölften Haus wäre deutlich weniger geschwächt als ein Planet im achten Haus. Ähnlich wäre es, wenn der andere Signifikator im sechsten Haus stünde. Solange es sich dabei nicht um Mars handelt, der hier in seiner Freude steht, hätte Saturn einen Vorteil."

„Würde der Umstand, dass er in seiner Freude steht, Saturn in 12 gleichwertig machen zu einem Planeten in einem nachfolgenden Haus?"

„Nicht allein. Sollte der Planet in dem nachfolgenden Haus eine kleine Schwäche haben, dann wären beide Planeten ungefähr gleich stark zu bewerten. Oder nehmen wir an, dass Venus in ihrer Freude steht, im fünften Haus. Stünde der andere Signifikator dann kardinal, aber in irgendeiner Weise geschwächt, dann könnte Venus durch ihre Freude mit dem anderen Planeten etwa gleichziehen."

„Also könnte ein weiterer unterstützender Faktor Venus sogar stärker machen als den anderen Signifikator?"

„Ja. Aber ein nah an einem Eckpunkt stehender Planet müsste schon eine ernste Schwächung haben, damit Venus' Freude das Verhältnis ausgleichen könnte."

„Freuden sind also alles in allem genommen ziemlich nutzlos, Meister?"

„Es besteht kein Anlass, so herablassend über sie zu sprechen, Junge. Sie haben so geringen Einfluss in Wettkampfhoroskopen, weil hier so wenig Raum für Feinheiten ist. In komplexeren Stundenhoroskopen können sie von größerer Wichtigkeit sein. Und in der Geburtsastrologie sogar von noch größerer. Die Freuden der Planeten sind folgende:

Freuden

Merkur:	1. Haus	Mond:	3. Haus
Venus:	5. Haus	Mars:	6. Haus
Sonne:	9. Haus	Jupiter:	11. Haus
Saturn:	12. Haus		

Der Mond

„Ist der Mond einer unserer Hauptsignifikatoren - und ich unterstreiche: *nur* wenn er einer unserer Hauptsignifikatoren ist -, dann müssen wir noch einige weitere Punkte beachten. Diese gelten für keinen anderen Planeten, sind aber wichtig, wenn wir den Zustand des Mondes bewerten. Da ist zunächst das Maß an **Licht**, das er hat."

„Woran sehe ich das, Meister?"

„Je näher der Mond dem Vollmond ist, desto mehr Licht hat er. Je näher er dem Neumond steht, desto weniger hat er. Für unsere Horoskope können wir sagen: Wenn der Mond mehr als 120° von der Sonne entfernt ist, hat er viel Licht und ist damit stark. Ist er weniger als 60° von der Sonne entfernt, hat er wenig Licht und ist mäßig schwach. Bei weniger als 30° ist er sehr schwach."

„Spielt es eine Rolle, ob der Mond **Licht gewinnt oder verliert**?"

„In diesen Fragen nicht. Wenn der Mond aber unser Signifikator in langfristigen Fragen ist - von der Art: *Wie wird sich meine Mannschaft in dieser Saison schlagen?* -, dann wäre das wichtig. Bewegt sich der Mond weg von der Sonne, gewinnt er Licht und wird stärker. Bewegt er sich hin zu ihr, verliert er Licht und wird schwächer."

„Wie ist es, wenn der Mond direkt gegenüber der Sonne steht? Ihr habt gesagt, dass dies eine große Schwächung ist."

„Sehr gut! Das gilt für den Mond wie für alle anderen Planeten. Obwohl er dann sehr viel Licht hätte, wäre er innerhalb von acht Grad zur Opposition der Sonne schwer geschädigt."

„Und die **Via combusta**?"

„Ja, wenn sich der Mond auf der Via combusta befindet - also zwischen 15° Waage und 15° Skorpion -, dann ist er ernsthaft geschwächt. In den meisten Fällen würden wir das als eine allgemeine Schwächung ansehen. Aber die Verbindung zwischen der Via combusta und den alten Tabus rund um das Thema Blut könnte dem Ganzen eine besondere Bedeutung in Boxkämpfen geben."

„Wenn wir also wüssten, dass der durch den Mond symbolisierte Boxer eine Neigung hat, schnell am Kopf zu bluten, dann..."

„Genau. Aber nun merke dir noch einmal: Diese Punkte zum Mond sind *nur* von Bedeutung, wenn der Mond einer der Hauptsignifikatoren ist."

Void of course

„Aber was ist, wenn der Mond ‚void of course' ist, Meister?"

„Ach mein Junge, es gibt wenige Dinge, welche die ernste Welt eines Meisterastrologen so erhellen, wie wenn er Diskussionen über den Void-of-course-Mond zuhört. Selbst Britney kann sich ein Lächeln über die Beiträge, die dort vorgetragen werden, nicht verkneifen. Wenn der Mond void of course ist, passiert nichts, wurde uns gesagt. Die ganze Schöpfung steht still und hält ihren Atem an, während der Mond für Stunden oder gar Tage weiterläuft. Also könnten Wettbewerbe, die unter einem Void-of-course-Mond anfangen, kein Resultat haben. Die armen Sportler würden für alle Ewigkeiten spielen, ohne dem Schlusspfiff näher zu kommen als Tantalus der Löschung seines Durstes. Das ist natürlich barer Unsinn. Das Leben hält nicht einfach an, nur weil der Mond keinen Aspekt mehr macht."

„Was also heißt das in Wettkampfhoroskopen?"

„Wenn der Mond einer der Hauptsignifikatoren ist, heißt das gar nichts. Vernachlässige es. Ist der Mond nicht einer der Hauptsignifikatoren, dann ist es eines der weniger bedeutenden Zeugnisse dafür, dass die Dinge nicht so ausgehen könnten, wie der Fragesteller es sich wünscht. Das ist alles. Aber es kann leicht von anderen Faktoren überstimmt werden."

„Der Void-of-course-Mond ist einer, der keine weiteren Aspekte mehr macht, bevor er sein gegenwärtiges Zeichen verlässt."

„Ja. Zu anderen Zeiten kann das eine Rolle spielen, aber in diesem Zusammenhang braucht uns das nicht zu interessieren."

Essentielle Würden der Herrscher

„Wir haben uns mit den Häusern selbst beschäftigt und mit den akzidentiellen Würden ihrer Herrscher. Nun müssen wir weitergehen."

„Ihr meint, da gibt es noch mehr, Meister? Eines dieser Horoskope zu deuten, muss ja Stunden dauern." Er sah dermaßen entmutigt aus, dass ich fast erwartete, gleich Tränen über seine Wangen laufen zu sehen. Britney leckte ihn nochmal, was ihn auf jeden Fall ablenkte, wenn es ihn nicht sogar sichtbar aufmunterte.

„Kein Fragehoroskop sollten Stunden in Anspruch nehmen, mein Junge. Am aller wenigsten diese. Mach dir keine Sorgen: Es dauert länger, diese Punkte zu erklären, als sie nachher anzuwenden. Mit ein wenig Übung wirst du sie alle mit kaum mehr als einem Blick erfassen."

Zeichen	Herrscher	Erhöhung	Triplizität		Grenze (Term) nach Ptolemäus					Gesicht			Exil	Fall
			Tag	Nacht						10	20	30		
♈	♂	☉ 19	☉	♃	♃ 6	♀ 14	☿ 21	♂ 26	♄ 30	♂	☉	♀	♀	♄
♉	♀	☽ 3	♀	☽	♀ 8	☿ 15	♃ 22	♄ 26	♂ 30	☿	☽	♄	♂	
♊	☿		♄	☿	☿ 7	♃ 14	♀ 21	♄ 25	♂ 30	♃	♂	☉	♃	
♋	☽	♃ 15	♂	♂	♂ 6	♃ 13	☿ 20	♀ 27	♄ 30	♀	☿	☽	♄	♂
♌	☉		☉	♃	♄ 6	☿ 13	♀ 19	♃ 25	♂ 30	♄	♃	♂	♄	
♍	☿	☿ 15	♀	☽	☿ 7	♀ 13	♃ 18	♄ 24	♂ 30	☉	♀	☿	♃	♀
♎	♀	♄ 21	♄	☿	♄ 6	♀ 11	♃ 19	☿ 24	♂ 30	☽	♄	♃	♂	☉
♏	♂		♂	♂	♂ 6	♃ 14	♀ 21	☿ 27	♄ 30	♂	☉	♀	♀	☽
♐	♃		☉	♃	♃ 8	♀ 14	☿ 19	♄ 25	♂ 30	☿	☽	♄	☿	
♑	♄	♂ 28	♀	☽	♀ 6	☿ 12	♃ 19	♂ 25	♄ 30	♃	♂	☉	☽	♃
♒	♄		♄	☿	♄ 6	☿ 12	♀ 20	♃ 25	♂ 30	♀	☿	☽	☉	
♓	♃	♀ 27	♂	♂	♀ 8	♃ 14	☿ 20	♂ 26	♄ 30	♄	♃	♂	☿	☿

„Aber selbst wenn dem so ist, Meister, muss ich mir noch mehr einprägen."

„Was wir bislang gemacht haben, deckt den Großteil der meisten Deutungen ab. Wir können die letzten Punkte ziemlich kurz abhaken. Aber schau, wir müssen das tun, denn du wirst auf Horoskope treffen, für die diese Punkte wichtig sein werden."

Sedna war derweil emsig damit beschäftigt gewesen, die Tabelle der essentiellen Würden auf Britneys Flanke zu zeichnen. „Zu viel Arbeit", sagte ich dem Raben. „Du hättest die kleineren Würden - Grenze und Gesicht - ruhig weglassen können. Die haben für diese Deutungen keinerlei Relevanz." Sein Ausdruck sagte mir, dass ich ihm das ruhig früher hätte sagen können. Aber ich wusste, dass Sedna immer sehr erpicht darauf war, auch ziemlich nutzlose Heldentaten wie das Auswendiglernen der gesamten Würdentabelle vorzuführen.

„Eine große Diskrepanz in den essentiellen Würden kann den Ausschlag geben, wenn die akzidentiellen Faktoren mehr oder weniger ausgeglichen sind. Nehmen wir an, mein Signifikator ist in seinem eigenen Zeichen, während der meines Gegners im Exil oder peregrin steht: Das würde meiner Mannschaft einen Vorteil verschaffen. Ist aber mein Gegner akzidentiell sehr viel stärker, wird seine Mannschaft gewinnen, trotz meines essentiellen Vorteils."

„Was ist mit den *Erhöhungen,* Meister? Sind sie in diesen Fragen nicht von besonderer Wichtigkeit?"

„Ja. In Wettkampfhoroskopen steht ein Planet in seiner Erhöhung besonders stark. Das ist der einzige essentielle Faktor, der akzidentielle Würden aufwiegen kann. Ist ein Planet erhöht, wird der, für den er steht, voller Selbstvertrauen sein. Selbstvertrauen garantiert natürlich nicht den Sieg, aber es macht ihn wahrscheinlicher."

„Wenn mein Planet also in seiner Erhöhung steht und eurer in seinem eigenen Zeichen, dann ist mein Planet viel stärker als eurer."

„Ein äußerst unwahrscheinlicher Umstand, mein Junge. Aber ja, es wäre so, wie du es sagst. Ein Planet im *Fall* steht gegenüber dem Zeichen seiner Erhöhung und würde uns damit einen Mangel an Selbstvertrauen signalisieren. Wieder ist das keine Garantie für eine Niederlage, aber sicherlich wert, es als negativen Faktor zu vermerken."

„Was noch, Meister?"

„Nichts weiter. Das ist alles, was wir über essentielle Würden wissen müssen, um Wettkampfhoroskope zu deuten."

Rezeptionen

Nach dieser kurzen Lektion sah er nun sehr viel fröhlicher aus. „Auch Rezeptionen sind in Wettkampfhoroskopen nur begrenzt anwendbar."

„Wenn also mein Planet in einem Zeichen steht, das von eurem Planeten beherrscht wird, dann wird meine Mannschaft eure mögen?"

Das brachte ihm einen Besserwisser-Klaps an seinen Kopf ein. „Nein, Junge. Wer hier wen mag, ist ziemlich unwichtig in diesen Horoskopen! Was uns interessiert ist, wer über wen Macht hat. Wenn dein Planet in einem Zeichen steht, das von meinem Planeten beherrscht wird, dann steht deine Mannschaft in der Gewalt meiner Mannschaft. Bis zu einem gewissen Grad. Es ist wie mit den essentiellen Würden: Dies kann in einem Horoskop, das ansonsten ausgeglichen ist, den Ausschlag in die eine oder andere Richtung geben. Aber normalerweise ist das kein entscheidender Faktor - es sei denn, es handelt sich um eine Rezeption durch Erhöhung."

„Wenn meine Mannschaft eure erhöht, dann glauben wir, eure Mannschaft ist wunderbar."

„Genauso ist es. Du glaubst, es ist dein Schicksal zu verlieren. Das heißt nicht, dass du tatsächlich verlierst, aber es macht es wahrscheinlicher."

„Und wenn mein Planet von eurem beherrscht wird..."

„... dann steht er in seinem eigenen Exil. Sei vorsichtig damit. Werte das nicht als *zwei* unabhängige Zeugnisse für deine Deutung. Wenn der Herr von 1 in einem Zeichen steht, das vom Herrn von 7 regiert wird, dann steht er immer in seinem Exil. Oder umgekehrt. Wir können die Rezeption vernachlässigen und sagen: Der Planet ist geschwächt. Genauso, wenn der Herr von 1 gerade innerhalb des siebenten Hauses steht (oder umgekehrt): Es ist das Haus des Gegners. Also steht er in seinem Exil. Das ist *ein* Zeugnis, nicht zwei."

„Wie sieht es mit anderen Rezeptionen aus?"

„Ist mein Planet in der Triplizität, die von deinem Planeten regiert wird, dann ist das ein kleines Zeugnis zu deinen Gunsten. Rezeptionen durch Grenzen, Gesicht, Exil und Fall können außer Acht gelassen werden."

„Und was ist mit gegenseitigen Rezeptionen mit anderen Planeten? Das müsste doch hilfreich sein."

„Nein, das ist es nicht. Du denkst zu abstrakt, indem du einfach eine kleine Formel nimmst von der Art: gegenseitige Rezeption = hilfreich. Tu das nicht. Du musst dir klar machen, was diese Dinge bedeuten. Gegenseitige Rezeption ist wie Freundschaft: Zwei Planeten wollen sich gegenseitig helfen. In einem Fragehoroskop, in dem es um einen Rechtsstreit geht - was eine gewisse Ähnlichkeit mit den Wettkampfhoroskopen hat -, mag das sinnvoll sein. Wenn mein Planet in gegenseitiger Rezeption zu einem anderen Planeten steht, dann kann das ein Hinweis auf einen Zeugen sein, jemanden der für mich aussagt und mir damit hilft. In einem Wettkampf gibt es keine Anderen: Da gibt es nur mich und meinen Gegner. Mein Freund mag mir alles Gute wünschen, aber er wird nicht auf das Feld rennen und ein Tor für mich schießen."

„Ich verstehe. Es braucht einen passenden Kontext, damit die gegenseitige Rezeption sinnvoll ist."

„Genau. Das gilt für alle Deutungsfaktoren in allen Zweigen der Astrologie. Egal wie grandios oder furchtbar es ist, was wir in den Sternen sehen, es wird auf Erden nicht passieren, solange es im aktuellen Kontext nicht einen Bereich gibt, in dem sich diese grandiosen oder furchtbaren Dinge ereignen können. Die Sterne mögen anzeigen, dass ich ein Vermögen gewinne. Aber wenn ich Karten um abgebrannte Streichhölzer spiele, dann werde ich kein Vermögen gewinnen. Es gibt im tatsächlichen Kontext keinen Bereich, in dem das passieren könnte.

Nun, für einen Tag haben wir dir genug Informationen in deinen Kopf gestopft. Geh nun und schöpfe Wasser für deine Abendsuppe. Morgen können wir anfangen, die Dinge zusammenzuführen."

Die Dinge zusammenführen

Am nächsten Morgen fingen wir früh an. Der Himmel stand herrlich über uns, mit einer Luft so klar, dass es schien, als bräuchte ich nur meine Hand auszustrecken, um die umliegenden Berggipfel zu berühren. Britney ließ sich an ihrem üblichen Platz nieder, bereit uns einen weiteren Tag als fügsame Kreidetafel zu dienen. Sedna gesellte sich ein wenig verspätet zu uns. Er war sichtbar in Eile als ich ihm mit einer diskreten Geste signalisierte, dass ein Teil seines Frühstücks noch immer an seinem Schnabel hing. Er wischte ihn mit einer Flügelspitze ab.

„Wir haben uns durch die Theorie gekämpft. Nun wollen wir mal sehen, wie sie im Durcheinander eines Horoskops funktioniert. Keine Theorie, egal wie erschöpfend sie ist, kann vollständig zeigen, wie ein Horoskop gedeutet werden muss. Präge dir also ein:

In der Theorie gibt es keinen Unterschied zwischen Theorie und Praxis. In der Praxis schon."

„William Lilly?"

„Yogi Berra."

„Je mehr du an Erfahrung gewinnst, desto eher wirst du Horoskope mit einem Blick deuten können, ohne durch den ganzen formalen Prozess zu gehen. Bis es soweit ist, solltest du aber die Punkte auf deiner Checkliste sorgfältig durcharbeiten. Diese Punkte sind kumulativ zu verstehen: Ein Planet in einem Eckhaus *und* auf dem nördlichen Mondknoten ist stärker, als wenn er zwar im Eckhaus, aber nicht auf dem nördlichen Mondknoten stünde. Dennoch können wir unsere Deutung nicht auf eine arithmetische Formel reduzieren. All unsere Zeugnisse lassen Abstufungen zu: Wie nah an der Achse? Wie nahe am nördlichen Mondknoten? Es ist also unmöglich, einen festen Wert für eine Würde oder Schwäche vorzugeben."

„Werde ich alle Horoskope auf einen Blick entscheiden können, Meister?"

„Nicht, wenn du die richtigen Antworten erhalten möchtest. Also: Nein, mein Junge. Wohl erzogene Horoskope geben uns klare, eindeutige Zeugnisse. Andere nicht. Viele Horoskope sind genau austariert."

„Das könnte uns ein Unentschieden anzeigen, nicht wahr, Meister?"

„Ja. Jene gut austarierte Balance wird oft ein Beleg dafür sein, dass das Spiel unentschieden ausgeht. Wenn es denn in der in Frage stehenden Sportart ein Unentschieden geben kann. Ist dem nicht so, bleibt es dabei:

Spalte keine Haare!

Wenn wir verlässliche Deutungen haben wollen, müssen wir sorgfältig sein. Aber wenn die Argumente für beide Mannschaften gleich überzeugend sind, werden wir höchstwahrscheinlich auch mit einer mikroskopischen Analyse der Zeugnisse den Sieger nicht bestimmen können."

„Was also tun wir?"

„Prüfe zunächst, ob wir etwas übersehen haben. Selbst die offensichtlichsten Zeugnisse können sich manchmal hinter einer Wolke von Unaufmerksamkeit verbergen. Am häufigsten übersehen werden die Antiszien."

„Ant was?"

„Wir werden dazu noch kommen. Aber wenn du alles sorgfältig überprüft und nochmal geprüft hast und die Kräfte noch immer ausgeglichen sind, dann folge William Lillys Ratschlag: *Wenn die Zeugnisse der Wohl- und Übeltäter gleich stark sind, dann beuge dich der Erkenntnis. dass es nicht möglich ist zu wissen, zu welcher Seite sich die Waage neigen wird.*[6] Wir müssen nicht jedes Horoskop beantworten. Sich der Grenzen unseres Wissens bewusst zu sein, ob nun individuell oder kollektiv, ist kein Fehler."

„Aber in *The Horary Textbook* wird gesagt: *Zwinge dich dazu, immer zu einer Deutung zu gelangen.*" [7]

„Stimmt, das steht da. Aber unser Kontext hier ist derart begrenzt, dass dies ein Bereich der Stundenastrologie ist, in dem wir uns erlauben können, uns kurz zu halten. In diesen Horoskopen haben wir nur die Wahl zwischen schwarz und weiß. Wenn alles, was wir sehen können, ein mittleres Grau ist, dann ist dies weder eher schwarz noch eher weiß. Sich für das eine oder andere zu entscheiden, wäre keine Deutung, sondern pures Raten. Schwinge dich lieber auf das nächste, prächtig mit Ratschlägen geschmückte Kamel in dieser reich beladenen Karawane der astrologischen Weisheit: *Bewahre diese Horoskope auf, bis ihre Ergebnisse bekannt sind, und dann bearbeite sie noch einmal.*[8] Bei Sporthoroskopen kommen die Ergebnisse in aller Regel sehr bald, also kannst du schnell lernen."

„Und wenn es nur *fast* mittelgrau ist, aber nicht ganz?"

„Manchmal mögen wir eine leichte Neigung der Waage zur einen oder anderen Seite, zugunsten der einen oder anderen Mannschaft feststellen. In einem Spiel, das jemand gewinnen muss, kann selbst eine so kleine Differenz schon genügen, um den Sieger zu zeigen. Ist auch ein Unentschieden möglich, könnte die Deutung lauten: ‚Es sieht nach einem Unentschieden aus, aber deine Mannschaft könnte am Ende doch noch knapp gewinnen'. Indem sie einen Sieg des Gegners ausschließt, kann uns selbst so eine vorsichtige Deutung weiterhelfen.

---

[6] William Lilly: *Christian Astrology*, London 1647, S. 123. Die beste moderne englischsprachige Ausgabe ist 2004 in der *Astrology Classics Edition* des Astrology Centers of America, Abingdon, erschienen. Deutsche Ausgabe: William Lilly: *Christliche Astrologie*, Band 1+2, Mössingen 2007.

[7] Vgl. *The Horary Textbook*, S. 5

[8] Vgl. ebd.

Wettkämpfe

Lass uns mal dieses Horoskop anschauen." Ich skizzierte ein Horoskop auf Britneys Flanke. Sie war inzwischen eingeschlafen. *„Wer wird gewinnen, unser Junge oder ihr Junge?"*

Er saß still da und schaute mich erwartungsvoll an. „Nein", sagte ich ihm, „warte nicht darauf, dass ich es dir erkläre. *Du* musst die Arbeit leisten. Wie die alten Meister schon sagten: ‚*No pain, no gain*', ohne Schmerz, kein Gewinn. Wenn ich dir die Deutung erkläre, geht sie dir in das eine Ohr rein und zum anderen wieder hinaus. Wenn du es aber selber machst, bleibt womöglich etwas hängen. Studiere also selbst dieses Horoskop und sage mir, was du davon hältst."

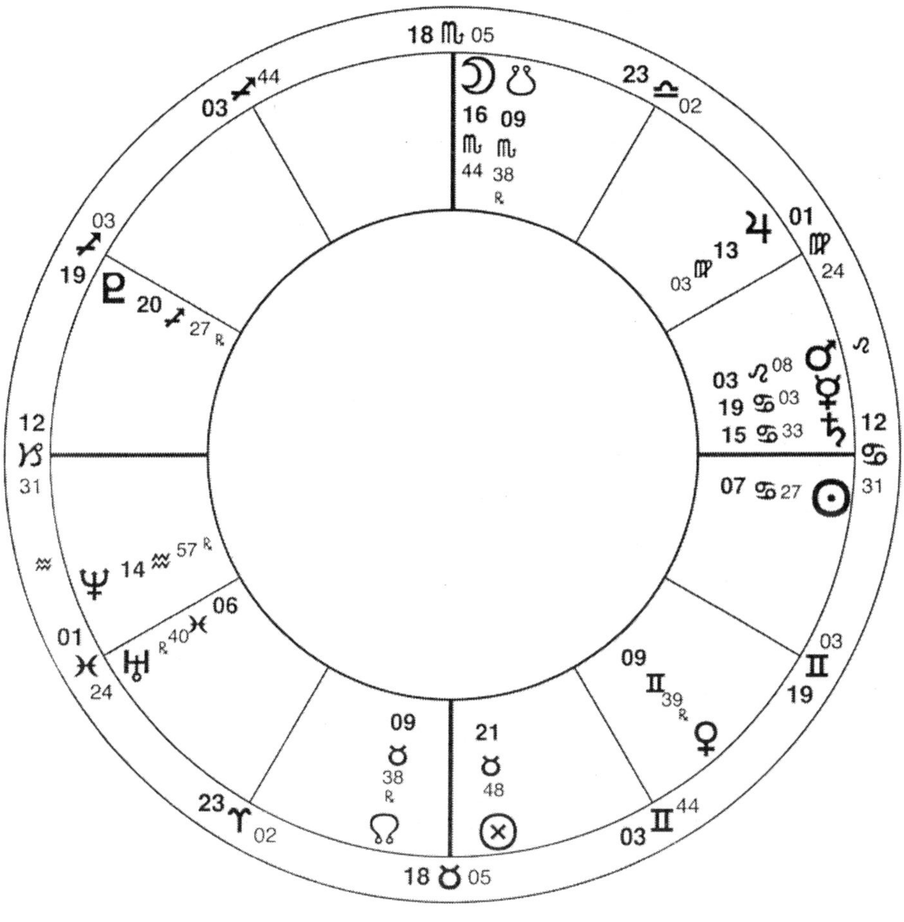

Wer wird gewinnen?

28. Juni 2004, 21.29 Uhr Breite: 51 N 31, Länge: 001 O 06

Ohne Zögern sagte er: „Seht euch die Position des Herrn von 1 an! Gerade innerhalb des siebenten Hauses, das Haus des Gegners. Es sieht schlecht für unseren Jungen aus."

„So ist es. Es sieht so schlecht aus, dass wir unsere Deutung fast schon allein damit begründen könnten. Der Herr von 7 müsste sich in einer äußerst prekären Situation befinden, um noch schlechter platziert zu sein. Aber gibt es da noch etwas anderes?"

Er dachte einen Moment nach. „Der Herr von 1 steht im Exil."

„So nah an der Spitze des siebenten Hauses, kann das kaum anders sein. Das Zeichen an der Spitze des siebenten Hauses ist immer das Exil des Herrschers des Aszendenten. Das Exil für den Herrn von 1 besteht hier zwangsläufig. Es ist also kein zweites Zeugnis und darf als solches auch nicht gezählt werden. Ohnehin machen essentielle Würden in diesen Horoskopen nur einen kleinen Unterschied aus. Es sind die akzidentiellen Würden, die zählen."

Er versuchte es noch einmal: „Der Herr von 1 wird vom Herrn von 7 beherrscht."

Das brachte ihm einen Klaps mit meinem Stock ein. „So nah an der Spitze des siebenten Hauses wird der Herrscher von 1 natürlich vom Herrn von 7 beherrscht. Auch das ist kein neues Zeugnis. Es ist einfach, dasselbe mit immer neuen Worten zu sagen und zu glauben, dass du damit eine Menge Zeugnisse anhäufst. Da irrst du dich. Bislang hast du nicht mehr als ein Zeugnis für deine Deutung."

„Ach, ich weiß! Saturn ist verbrannt."

„Ja, gut. Er steht an der äußeren Grenze der Verbrennung. Aber da die Sonne sich Saturn nähert, wird sich die Verbrennung sehr schnell intensivieren. Nun haben wir zwei ernsthafte Schädigungen des Herrn von 1, von denen jede allein schon für eine fast sichere Niederlage sprechen würde. Es ist kaum vorstellbar, dass sich der Herr von 7 in einer schlechteren Position befindet. Aber wir sollten uns das trotzdem ansehen - für alle Fälle."

„Er ist in seinem Fall."

„Na und? Die *akzidentiellen* Würden zählen in den Wettkampfhoroskopen."

„Er steht direkt am MC. Was für eine starke Stellung! Der Junge der Anderen muss gewinnen."

„Und so geschah es. Wir haben zwei ernste Schwächungen für den Herrn von 1, während der Herr von 7 stark steht. Er ist nahe am südlichen Mondknoten, aber nicht nah genug, dass es von Bedeutung wäre."

„Wie nah müsste es denn sein, damit wir es beachten würden?"

„Höchstens fünf Grad. Bei drei Grad oder weniger ist es ein wichtiges Zeugnis."

Ich radierte das Horoskop auf Britneys Fell aus und zeichnete ein neues. Das löste bei ihr ein gedämpftes Grunzen aus, als ob sie im Traum mit irgendjemandem argumentierte. „Nun vergleiche mal dieses hier. Dieselbe Frage: *Unsere Jungs oder ihre Jungs?*"

„Der Herr von 1 an der Spitze des siebenten Hauses: Unsere Jungs werden verlieren!"

„Nein. Richtiges Zeugnis, falscher Schluss. Denk nochmal nach. Wie unterscheidet sich diese Stellung des Herrn von 1 von der, die wir gerade angeschaut haben?"

„Hier sitzt Saturn *auf* der Spitze des siebenten Hauses, dort war Saturn *innerhalb* des Hauses."

„Also?"

„Ach! Wenn er *auf* der Spitze des Hauses sitzt, kontrolliert der Planet das Haus. Unsere Jungs kontrollieren ihre Jungs. Wir gewinnen."

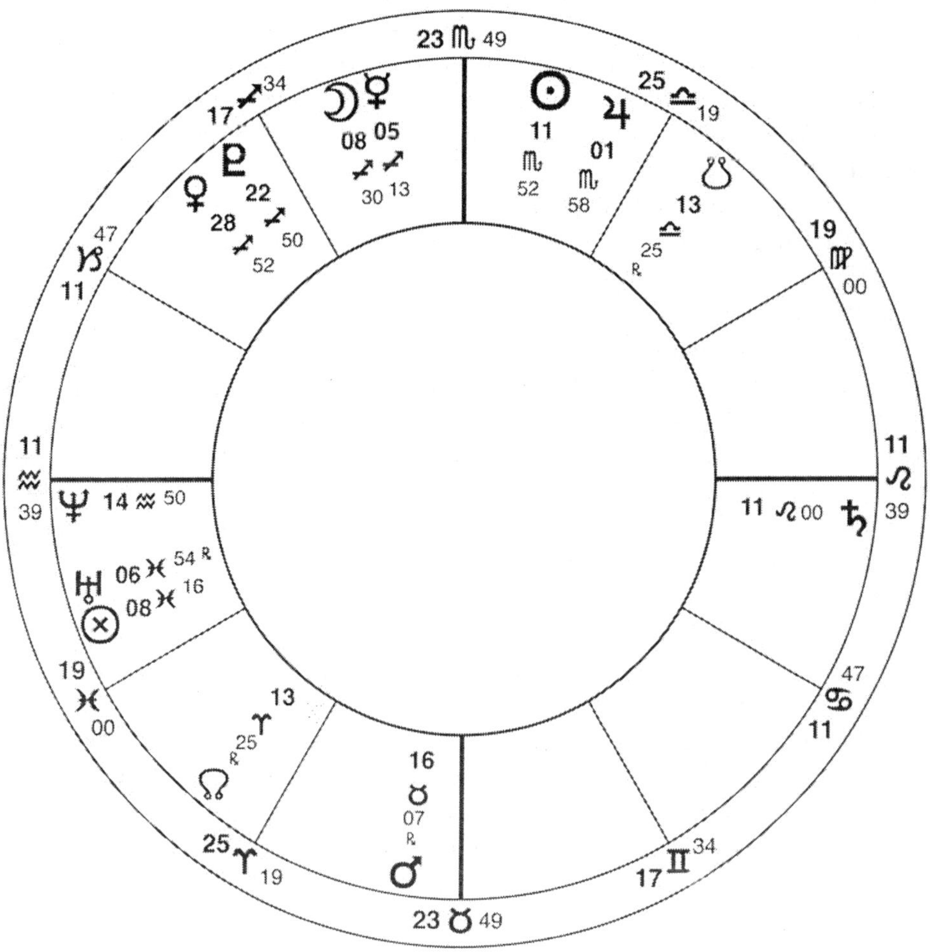

Wer wird gewinnen?

4. November 2005, 12.55 Uhr Chinesischer Küstenzeit (CCT), Hongkong

„Genau. *Innerhalb* der Hausspitze kontrolliert das Haus den Planeten. *Auf* der Hausspitze kontrolliert der Planet das Haus. Das ist ein so starkes Zeugnis, dass es fast schon allein die Sache entscheidet. Gibt es noch etwas, das zu notieren wäre?"

„Der Herr von 7 scheint uns nicht all zuviel zu erzählen."

„Nein, nichts besonders. Er ist im neunten Haus, was weder gut noch schlecht ist. Er hat einige kleinere Würden, weil er in seiner Freude steht, die aber unbedeutend sind im Vergleich mit der machtvollen Stellung des Herrn von 1. Über den Herrn von 7 ist nicht viel zu sagen, während der Herr von 1 starke Zeugnisse für sich hat. Unsere Jungs werden gewinnen."

„Was ist damit, dass der Herr von 7 auf eine Opposition mit Mars, seinem Herrscher, zuläuft?"

„Gute Frage, mein Junge. Ginge es hier um einen Wettkampf, der über einen längeren Zeitraum liefe - wie die *World Series* im Baseball oder den *America's Cup* der Segler, eine Schachweltmeisterschaft oder sogar bei einem *Test-Match* im Cricket[9] -, dann wäre das ein wichtiges Zeugnis. Für ein kurzes, einmaliges Spiel wie Fußball oder Rugby ist die Opposition zu weit entfernt, um in Betracht zu kommen. Wäre sie innerhalb von ein oder zwei Grad, dann hätte sie auch hier Bedeutung."

„Und wie sieht es mit dem Quadrat zwischen Sonne und Saturn aus?"

„Unwichtig! Selbst wenn es ganz eng zulaufend sein würde, hätte es hier nicht das Geringste zu sagen. Ein Aspekt bringt zwei Faktoren zusammen, in diesem Fall unsere Jungs und ihre Jungs. Aber wir *wissen* schon, was passieren wird: Sonst hätten wir keinen Wettkampf. Wir müssen die beiden Mannschaften weder erst aufstacheln noch ist es in irgendeiner Weise ein heftigerer Wettkampf, wenn wir einen Aspekt haben, oder ein zahnloserer, wenn wir keinen haben. Du hast sicher Fragehoroskopdeutungen gelesen, wo einem Aspekt eine große Wichtigkeit zugeschrieben wurde. Wenn das zuträfe, würde dieser separative Aspekt anzeigen, dass die beiden Mannschaften schon mal miteinander Kontakt hatten. Das Spiel müsste schon vorbei sein. Was natürlich nicht zutraf, als die Frage gestellt wurde."

„Das ist einfach! Hier können wir das Ergebnis auf einen Blick sehen."

„Das stimmt. Was für ein klares, kraftvolles Zeugnis zum Vorteil einer Mannschaft. Und doch ist das noch nicht ausreichend für eine Deutung: Wir müssen noch einen kurzen Blick auf das restliche Horoskop werfen, um sicher zu gehen, dass es nichts vergleichbar Machtvolles zugunsten des anderen Teams gibt. Aber mit zunehmender Praxis, mein Junge, wirst du solche Horoskope in Sekundenschnelle deuten können." Er sah angemessen beeindruckt aus. Stundenastrologie ist ein fabelhaftes Instrument.

[9] Vgl. Fußnote 13

„Du musst dir aber bewusst sein, dass ich dich sanft in unser Feld einführe." Er rieb sich seine Schulter und schaute skeptisch. „Nicht alle Horoskope sind so einfach.

Dieses hier ist ein bisschen komplexer. Dieselbe Frage: *Werden wir gewinnen?*" Britney drehte sich um. Ich bürstete den Staub von ihrer anderen Flanke und zeichnete ein neues Horoskop. Er starrte es nachdenklich an:

„Ich sehe, was ihr meint", sagte er. „Dies hier scheint kein starkes, eindeutiges Zeugnis zu haben."

„Also fange vorn an und lass uns schauen, was wir finden können. Merkur ist der Herr von 1. Wie geht es Merkur?"

„Er steht im siebenten Haus, aber sehr weit weg von der Spitze. Und darüber hinaus ist er in einem anderen Zeichen. Das ist kein starkes Zeugnis."

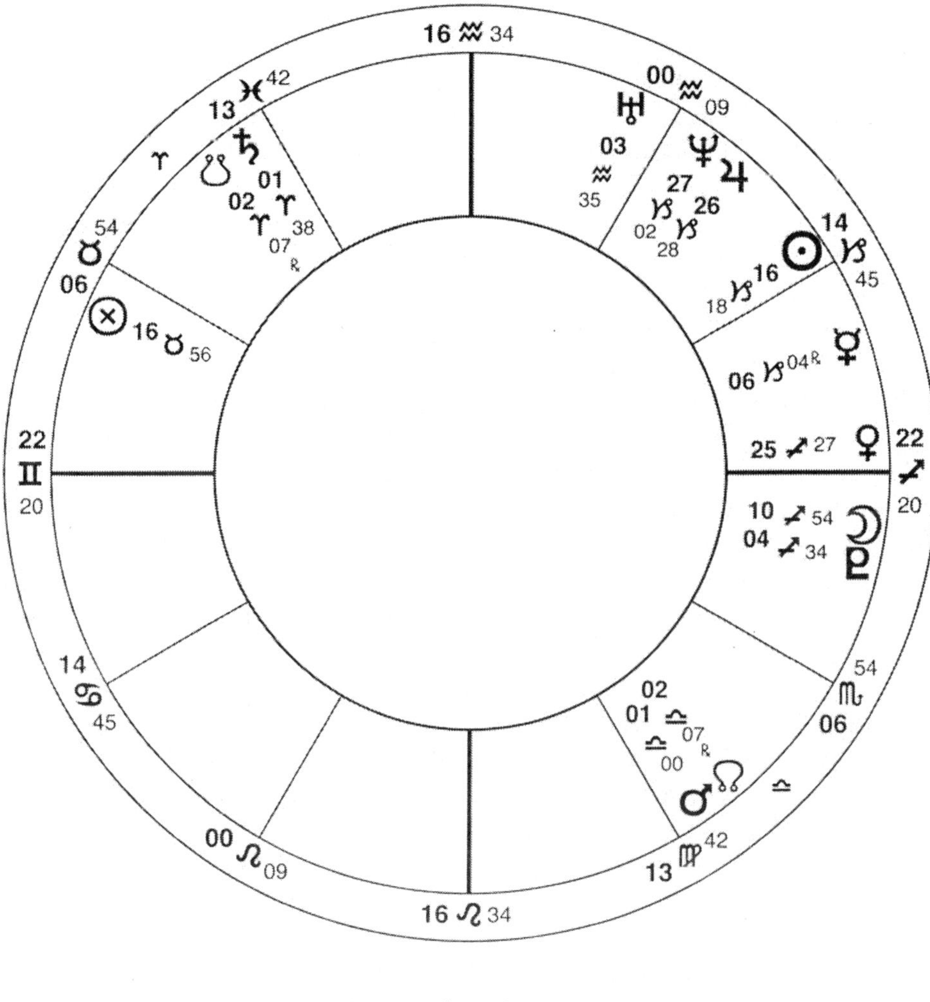

Wer wird gewinnen?

6. Januar 1997, 14.12 Uhr Greenwich Mean Time (GMT), London

„Oh mein großartiger Junge!" Ich gluckste: „Sehr richtig, sehr richtig. Der Herr von 1 steht ungefähr 14 Grad von der Spitze entfernt, was den negativen Effekt, im Haus des Gegners zu sein, erheblich vermindert. Der Umstand, in einem anderen Zeichen als die Spitze zu stehen, wirkt, als hätte Merkur eine schützende Isolierschicht um sich herum. Das ist immer noch ein negatives Zeugnis, aber nichts, worüber man sich besonders aufregen muss. Was noch?"

„Merkur ist rückläufig und unter den Strahlen der Sonne. Beides schwächt."

„Ja, und schau wie weit er von der Sonne entfernt steht. Er muss bald wieder direktläufig werden. Das heißt, er muss sich langsam bewegen und Geschwindigkeit verlieren. Das können wir in den Ephemeriden nachprüfen." Ich zupfte an Sednas Schwanz.

„Läuft langsam", krächzte er.

„Also ist der Herr von 1 schwach. Das ist ein schlechtes Zeichen für die guten Jungs."

„Was ist mit den Quadraten von Mars und Saturn?"

„Zwei geschwächte Übeltäter. Solche Quadrate würden normalerweise überaus schmerzhaft sein, aber mit ungefähr fünf Grad Abstand sind sie zu weit entfernt, um irgendeine Wirkung zu haben. Sieh dir nun den Herrn von 7 an. Wie geht es Jupiter?"

„Er steht in seinem Fall. Aber", fügte er eilig - und dabei sich aus dem Radius meines Stockes hinauslehnend - hinzu, „ihr habt mir gesagt, Meister, dass essentielle Würden in diesen Horoskopen keine große Bedeutung haben."

„Ja, akzidentielle Würden sind weitaus wichtiger."

„Akzidentiell ist Jupiter im achten Haus. Das ist nicht gut. Und er befindet sich unter den Strahlen der Sonne. Oh, seht mal, er ist schon fast verbrannt!"

„Es sind immer noch zehn Grad bis zur Sonne. Nochmal: Das ist etwas, das bei einer Frage über ein langfristiges Ereignis eine Rolle spielen würde, etwa bei der World Series im Baseball. Da würde es uns zeigen, dass der Gegner im Lauf der Serie an Stärke verliert. Für uns aber müsste Jupiter wirklich direkt am Übergang in die Verbrennung stehen, damit wir diesen Faktor bei einer kurzfristigen Frage wie dieser berücksichtigen. Aber, richtig, Jupiter ist durch seine Position im achten Haus und die Strahlen der Sonne geschwächt. Bis jetzt gibt es nicht viel, was uns zwischen den beiden entscheiden lassen könnte."

„Meister", traute er sich mit fast unhörbarer Stimme heraus, „Jupiter ist nur einen halben Grad von Neptun entfernt." Britney brüllte empört im Schlaf, während Sedna den Kopf unter seinem Flügel verbarg. Der Knabe duckte sich. Er fürchtete meinen Zorn, da er es gewagt hatte, diesen Möchtegernplaneten zu erwähnen. Doch ich antwortete sanft: „Er ist wirklich nah. Bei vielen Fragen wäre dies wert, vermerkt zu werden als ein Zeichen, dass hier Betrug oder Täuschung im Spiel sind. Ich kann nicht sehen, dass diese Dinge hier eine Bedeutung haben könnten, die ausreichte, das Ergebnis des Spiels zu beeinflussen." Sednas Kopf kam wieder unter dem Flügel hervor. Er schaute überrascht - und eine Spur enttäuscht.

Der Knabe vertiefte sich weiter in das Horoskop. Und ich vertraue darauf, geneigter Leser, dass Sie das Gleiche tun. „Der Herr von 10 sitzt voll in der Klemme", sagte er schließlich. „Ist das der schlechte Schiedsrichter?"

„Der Herr von 10 sitzt sicherlich in der Klemme: im Fall, in enger Konjunktion zum südlichen Mondknoten und in Opposition zum verletzten Mars. Wenn das ein Horoskop zu einem Rechtsstreit wäre - in welchem der Herr von 10 den Richter darstellte - wäre der Richter so schlecht, wie er schlechter nicht sein könnte. Wir tun allerdings gut daran, den Schiedsrichter in einem Wettkampfhoroskop außen vor zu lassen. Selbst wenn er unfähig oder parteiisch sein sollte, sind es immer noch die beiden Wettkampfparteien, die die Sache ausfechten. Der Herr von 10 mag hier dennoch eine Rolle spielen, und zwar als Herrscher über das Haus des Erfolges der guten Jungs. Es ist aber eine kleine Rolle"

„Damit wäre der Herr von 4 der Herrscher des Erfolges der Gegner?"

„Das kann sein. Aber nochmal: Das ist Kleinkram. Es ist höchst unwahrscheinlich, dass solch kleine Zeugnisse eine Deutung drehen. Ist dir aufgefallen, dass der Herr von 4 genau in der Mitte zwischen Merkur und Jupiter steht?"

„Was heißt das?"

„Nichts von größerer Bedeutung. Der Herr von 4 kann uns ‚das Ende der Sache' zeigen. Also kann es ein Fingerzeig sein, dass das Ergebnis fein ausbalanciert ist. Ein enges Spiel. Das könnte ein Zeugnis für ein Unentschieden sein. Aber nur ein unterstützendes. Leite die Hauptargumente für deine Deutung stets von den Hauptsignifikatoren ab."

„Was ist mit Venus? Ein Wohltäter gerade innerhalb des siebenten Hauses muss den Gegner begünstigen."

„Venus ist auf 25° Schütze peregrin. Sie ist essentiell schwach, also ist sie keine große Wohltäterin. Ein weiteres kleines Zeugnis. Aber Venus ist Dispositorin über den Glückspunkt. Und da, wo sie steht, ist sie in der Hand der Gegner. Das ist ein weiteres Zeugnis zu deren Gunsten, aber wieder nur ein kleines. Bis jetzt sieht das Ganze sehr gut austariert aus."

„Ein Unentschieden also?"

„Die Hauptfaktoren sind ungefähr gleich stark. Es wäre haarspalterisch von uns, bestimmen zu wollen, wer von beiden stärker ist. Ein Unentschieden ist deshalb wahrscheinlich. Wenn dies aber ein K.o.-Match wäre, ein Spiel, in dem einer gewinnen *muss*, würden diese kleinen Zeugnisse wichtig werden. Wenn ein Unentschieden ausgeschlossen wäre, würden wir am Boden der Zeugnisschüssel herumkratzen, um etwas zu finden, auf das wir eine Deutung stützen könnten. Aber du hast etwas übersehen. Das entscheidende Zeugnis, welches die Deutung absichert."

„Wie? Wir haben doch alles angesehen?"

„Nein, mein Junge. Schau nochmal. Sieh dir den Herren von 1 und die Spitze des siebenten Hauses an." Ich lehnte mich zurück, um meine Augen auszuruhen. Das konnte eine Weile dauern.

Ich wurde dadurch geweckt, dass sich Britney auf ihre Füße erhob. Es wurde dunkel, Zeit für sie, gemolken zu werden. Er saß noch immer mutlos an ihrer Seite. „Komm", sagte ich und legte meine Hand auf seine Schulter. Wir gingen schweigend zur Höhle zurück. Unsere Schritte hallten von den Bergen wider, so ruhig war es. Ich bedeutete Britney noch einen Moment Geduld zu haben und führte den Jungen in den hinteren Teil der Höhle, wo es in einem Stall ein paar kleine Säugetiere gab. Er war bezaubert. „Ach was ist denn das, Meister? Die sind ja süß. Streifenhörnchen? Eine Art Beuteltier? Potteroos[10]?

„Nichts von alledem, mein Junge. Das sind *Antiszien* - von manchen werden sie auch Spiegelpunkte genannt. Jeder Astrologe sollte einige dieser keinen Tiere besitzen. Ich nahm eines hoch und gab es ihm. Er hätschelte, umarmte es und streichelte seinen Kopf. „Nimm es mit nach draußen und setze es auf das Horoskop."

Wir gingen dahin zurück, wo Britney auf uns wartete, und er hielt die Antiszie gegen das Horoskop, das noch immer schwach auf dem Fell zu sehen war. „Meister! Meister! Ich verstehe!" Er war so begeistert wie ein kleiner Junge mit seinem ersten Welpen. „Merkur steht auf 6.04° Steinbock. Seine Antiszie liegt bei 23.56° Schütze.[11] Ganz knapp innerhalb des siebenten Hauses! Der Herr von 1 ist vollkommen in der Hand des Gegners. Die guten Jungs müssen verlieren."

„Und das taten sie. Das ist ein machtvolles und entscheidendes Zeugnis in diesem Horoskop. Das ist durchaus ähnlich mächtig, als stünde der Herr von 1 körperlich an gleicher Stelle. Diesen Fall hatten wir in unserem ersten Horoskop, das wir beurteilt haben. Du siehst, diese kleinen Kreaturen sind wichtig. Schau dir nur dasjenige an, das ich dir gegeben habe. Hättest du die Antiszie nicht mit einbezogen, wie hättest du dann gelegen?"

„Falsch, Meister."

„Lauter."

„FALSCH, Meister."

„Also, vergiss diese Lehre nie. Nun geh und füttere deine Antiszie, während ich Britney melke. Das ist genug Astrologie für heute."

Auch am nächsten Morgen fingen wir früh an. Nachdem sie ein herzhaftes Frühstück genossen hatte, war Britney mehr als bereit, sich zu einem Nickerchen hinzulegen, während ich von ihrem pechschwarzen Fell Gebrauch machte. „Der Fragesteller war Norweger, die Frage: *Wird Norwegen Brasilien schlagen?*"

„Das ist einfach!", sagte er nach nur einem Blick auf das Horoskop. Ich lud ihn ein, mir das zu erklären. „Der Fragesteller ist Norweger, also werden seine Favoriten - Norwegen - durch das erste Haus und ihre Gegner durch das siebente Haus vertreten. Der Herr von 1 ist in einem nachfolgenden Haus, der Herr von 7 in einem Eckhaus, sehr nahe am MC. Der Gegner muss gewinnen."

„Hast du noch irgendeine weitere Überlegung zu diesem Horoskop?"

---

[10] Langnasiges australisches Säugetier (Anm. d. Üb.)

[11] Wenn Sie nicht wissen, wie man Antiszien bzw. Spiegelpunkte berechnet, schauen Sie sich Anhang 1 an.

„Nein, das hier ist sehr einfach.“ Er lehnte sich zurück und schaute sehr zufrieden mit sich drein. Dieses selbstgefällige Gefühl hätte ihm eine Warnung sein sollen. Rhythmische Schläge mit meinem Stock unterstrichen meine Worte:

„Nur Meistern ist hier erlaubt, geistreich zu sein! Schau auf die Rezeptionen. Was sagen sie dir?“

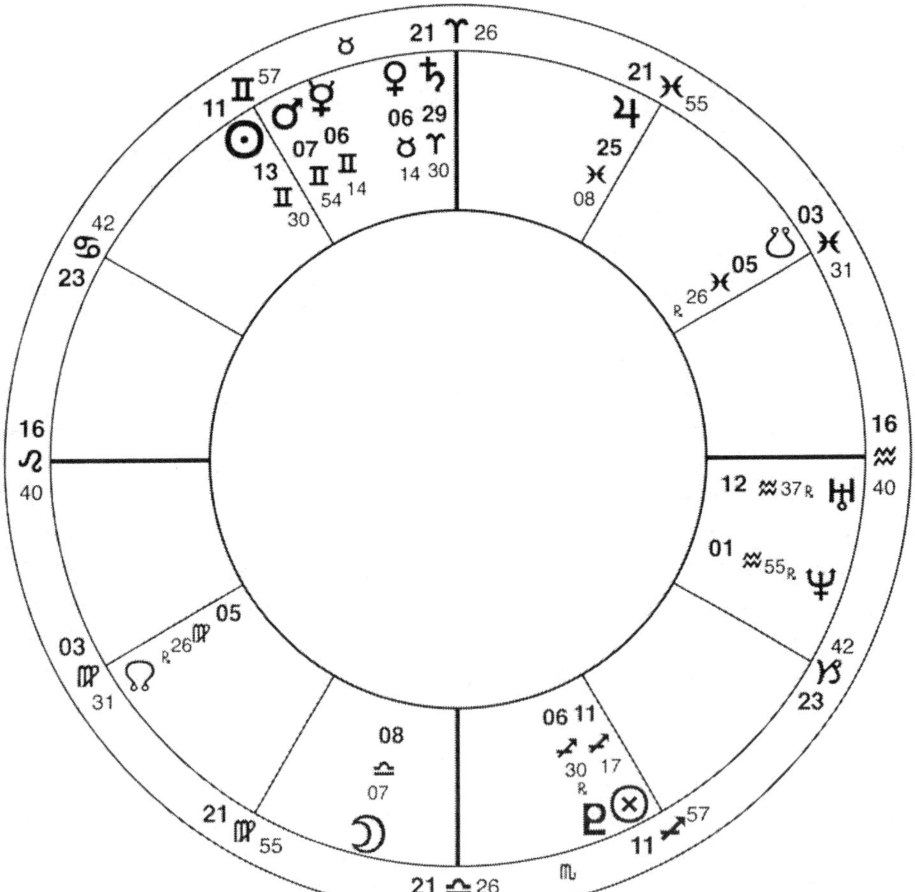

Wird Norwegen Brasilien schlagen?
4. Juni 1998. 9.46 Uhr Mitteleuropäischer Sommerzeit (MEZ/S), Oslo

Gezüchtigt drehte er sich wieder zur Tafel um. „Da gibt es eine gegenseitige Rezeption zwischen Sonne und Saturn. Die Sonne ist in der Triplizität von Saturn, Saturn steht in Erhöhung und Triplizität der Sonne.“

„Also?"

„Also hat die Sonne sehr viel mehr Macht über Saturn als Saturn über die Sonne."

„Sehr richtig. Vor allem wegen der Erhöhung."

„Ich weiß, Meister. Lasst es mich euch erklären." Er war schon wieder voller Enthusiasmus und brannte darauf, sich in meinen Augen zu rehabilitieren. „In Wettkampfhoroskopen ist die Erhöhung bei weitem die Stärkste aller Würden. Deshalb ist es auch bei weitem die Stärkste aller Rezeptionen. Stärker sogar als eine Zeichenherrschaft."

„Ja, das stimmt."

„Indem er in ihrer Erhöhung steht, gibt Saturn der Sonne ungeheure Macht. So viel, dass damit selbst die Hausplatzierung überstimmt werden kann. Norwegen wird gewinnen.[12]

„Und sie gewannen, zur allgemeinen Überraschung."

Er starrte auf das Horoskop und sann offenbar über die unglaublichen Fähigkeiten der Stundenastrologie nach. „Meister, ich sehe, dass es hier eine Übertragung des Lichts gibt. Ist das von Bedeutung?"

„Gut gesehen, mein Junge. Ja, der Mond trennt sich gerade von einem Trigon zu Mars und läuft auf ein Trigon zur Sonne zu. Damit überträgt der Mond das Licht von Mars auf die Sonne. Mars ist Herr von 10, ich ahne, was dir im Kopf herumgeht: Wir könnten das zehnte Haus als das Haus des Erfolges nehmen. Das ist in der Tat das, was ich dachte, als ich dieses Horoskop beurteilte. Ich neige aber heute dazu, dies nicht zu tun. Ich glaube, es ist besser, uns in diesen Fragehoroskopen auf das erste und das siebente Haus zu beschränken. Du magst dennoch Recht haben. Aber sei immer sehr vorsichtig, wenn du das zehnte Haus auf diese Weise benutzt."

„Und ist nicht ein Trigon zwischen Mond und Sonne generell ein positives Zeugnis?"

„Wenn alles andere gleich ist, ja. Aber in Wettkampfhoroskopen ist es nur von zweitrangiger Bedeutung. Es wird wichtiger, wenn wir versuchen, das Ergebnis zu quantifizieren, statt nur zwischen A und B zu entscheiden. Bei: *Werde ich etwas verdienen, wenn ich diesen Laden aufmache?* würde dieses Sonne-Mond-Trigon Beachtung verdienen. Hier ist es belanglos."

„Bist du bereit für ein weiteres Horoskop?"

„Immer, Meister"

„Dieselbe Frage: *Werden wir gewinnen?* Hier geht es um ein *Test-Match* im Cricket.[13] In den meisten Horoskopen, die wir uns bislang angeschaut haben, war ein Unentschieden zwar ein mögliches Ergebnis, aber die Horoskope haben stets

---

[12] Dieses, vielleicht überraschendste Ergebnis der Fußballweltmeisterschaft 1998 wurde vor Beginn des Turniers im Fernsehen vorhergesagt.

[13] *Test Matches* werden nur zwischen den großen Cricket-Nationen ausgetragen und dauern normalerweise fünf Tage gegenüber eintägigen Länderspielen, die als weniger bedeutend angesehen werden.

klar auf einen Sieg hingewiesen. In Cricket-Test-Matches ist ein Unentschieden ein sehr wahrscheinliches Resultat. Behalte das im Hinterkopf, wenn du dieses Horoskop deutest."

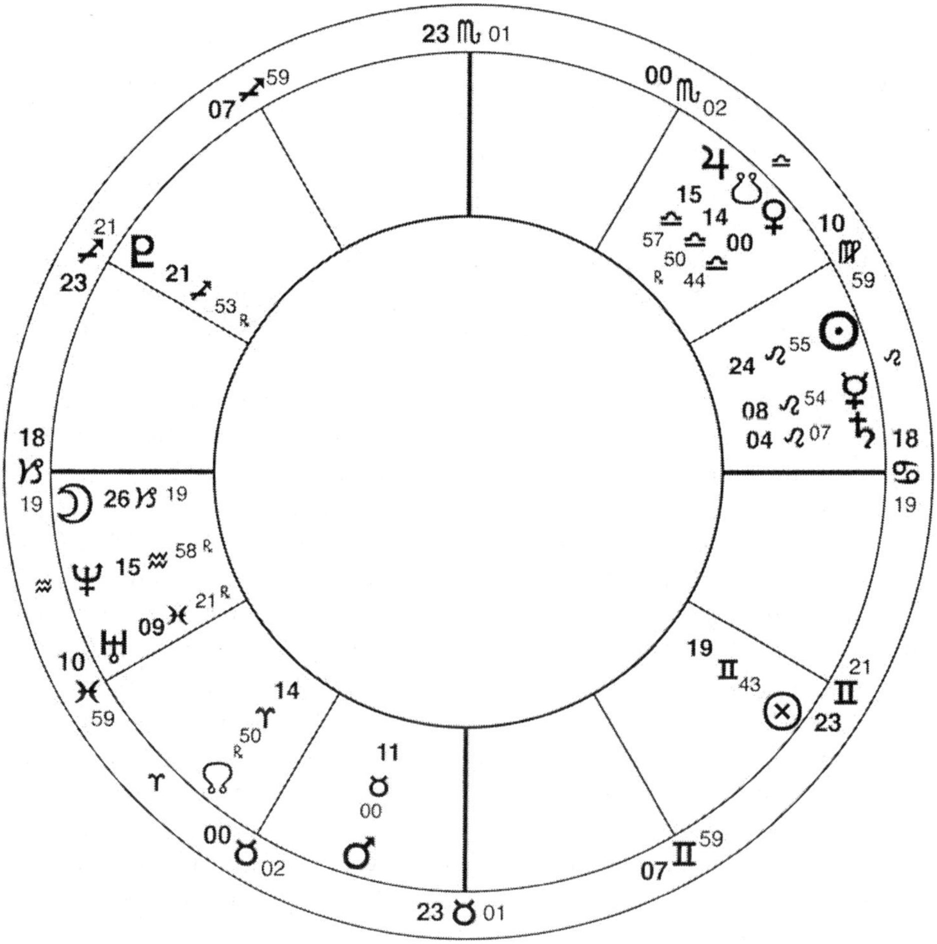

Werden wir gewinnen?
17. August 2005, 18.48 Uhr, Bristol, England

„Oh, Meister, auch hier gibt es ein eindeutiges Zeugnis. Der Herr von 7 steht gerade innerhalb des ersten Hauses." Er versuchte, sich aus der Reichweite meines Stocks herauszubewegen, ohne dass ich darauf achtete.

„Ja, gut."

„Und er ist in seinem Exil."

„Nein. Ich meine, ja, natürlich steht er in seinem Exil. Aber wenn der Herr von 7 gerade innerhalb des ersten Hauses steht - oder vice versa -, dann wird er in seinem Exil stehen. Das ist ganz automatisch so. Und weil es automatisch so ist, haben wir hier nur ein Zeugnis, nicht zwei. Wie ich dir schon gesagt habe:

Achte darauf, nicht vermeintliche Zeugnisse anzuhäufen, wenn du in Wahrheit bloß das immer gleiche Zeugnis mit anderen Worten wiederholst. Wie auch immer, um essentielle Würden kümmern wir uns in diesen Horoskopen sowieso nicht besonders. Wir achten auf akzidentielle Würden und Rezeptionen, ich wiederhole: AKZIDENTIELLE WÜRDEN UND REZEPTIONEN."

„Verstanden, Meister. Ach, seht mal: Der Herr von 1 steht im siebenten Haus."

„Ja, aber was ist der Unterschied zwischen seiner Platzierung im siebenten Haus und derjenigen des Herrn von 7 im ersten?"

Er dachte einen Moment nach. *Und so, lieber Leser, sollten Sie es auch machen.*

„Saturn steht im siebenten Haus, aber er ist nicht im selben Zeichen wie die Hausspitze von 7."

„Ja, mein Junge! Gut gemacht!" Ich hätte mich vorbeugen können, um ihn auf die Stirn zu küssen. Aber das geziemt sich nicht für einen Meister der Astrologie. „Ja, obwohl er im siebenten Haus steht, ist er nicht im selben Zeichen wie die Hausspitze. Damit ist er weitgehend von seinen Wirkungen auf dieses Haus isoliert. Es wäre besser, er würde nicht dort stehen, aber im Vergleich zur Position des Herrn von 7 im ersten Haus ist das weniger gravierend. Stünde der Herr von 7 in einem anderen Haus, würde dieses Zeugnis gleichwohl an Gewicht gewinnen. Aber selbst dann wäre es nicht wirklich ein mächtiges Zeugnis."

„Und er befindet sich in seinem Exil." Seine Haltung zeigte, dass er wusste, dass er einen weiteren Schlag riskierte. Aber er erhielt keinen.

„Ja, diesmal liegst du richtig. Weil er nicht im selben Zeichen wie die Hausspitze von 7 steht, befindet sich der Herr von 1 nicht zwangsläufig in seinem Exil. Kannst du folgen?"

„Ja, Meister. Planeten sind in ihrem Exil, wenn sie sich in dem Zeichen befinden, welches jenem, das sie selbst beherrschen, gegenüberliegt. Das Zeichen an der Spitze des siebenten Hauses liegt per Definition in Opposition zu dem an der Spitze des ersten Hauses. Also ist der Herrscher von 1 automatisch in seinem Exil, wenn er in dem Zeichen an der Spitze des siebenten Hauses steht. Ein solches Exil ist in diesen Horoskopen also nicht von Bedeutung. Aber in einem anderen Zeichen im Exil zu stehen, ist von Bedeutung, und hier steht der Herr von 1 in einem anderen Zeichen im Exil."

„Aber", fuhr ich fort, „essentielle Würden sind von nachgeordneter Wichtigkeit in diesen Horoskopen. Was habe ich dir gerade gesagt?"

„AKZIDENTIELLE WÜRDEN UND REZEPTIONEN."

„Ist also sonst noch irgendetwas von Bedeutung in diesem Horoskop?"

„Nein, Meister, die Mannschaft des Fragestellers muss gewinnen."

„Und so geschah es. Die Begegnung war trotzdem eng, wie es wegen der Stellung des Herrn von 1 zu vermuten war."

„Aber nicht eng genug für ein Unentschieden?"

„Nein. Wir haben keine weiteren wichtigen Zeugnisse hier. Der Unterschied zwischen einem Planeten in einem Haus und im *selben* Zeichen wie die Hausspitze und diesem Haus und einem *anderen* Zeichen wie die Hausspitze ist riesig. Nicht nur in Wettkampfhoroskopen: in jedem Horoskop. Ein Planet, der sich in diesem Haus befindet, aber in einem anderen Zeichen als die Spitze, ist weit weniger von dieser Stellung beeinflusst, und er beeinflusst das Haus weit weniger."

„Ihr meint also, dass die Sonne im siebenten Haus dem Gegner nichts nützt?"

„Nur geringfügig. Jeder Planet in großen essentiellen Würden ist ein Wohltäter. Die Sonne ist in ihrem eigenen Zeichen..."

„...und ihrer eigenen Triplizität", warf er ein.

„Ja. Aber gemessen an der Zeichenherrschaft ist das unbedeutend. Sie steht in ihrem eigenen Zeichen, also ist sie stark. Wie viel stärker kann ein Planet werden? Und dieser essentiell starke Planet steht im siebenten Haus, was dieses Haus stärkt. Aber..." Er unterbrach mich erneut. Der Junge hat schlechtere Manieren als Britney. Aber er ist begeistert.

„...sie ist nicht im selben Zeichen wie die Hausspitze."

„Gut! Du hast meinen Punkt richtig verstanden. Sieh mal, wie weit die Sonne von der Hausspitze entfernt ist. Selbst bei 26 oder 27 Grad im selben Zeichen würde die Wirkung nachlassen. Aber hier in einem anderen Zeichen - nein, nur wenn es keine weiteren wichtigen Zeugnisse gäbe, wäre das von Bedeutung.

Lass uns noch eins machen. Diese Frage hier wurde zum traditionellen Ruderrennen Oxford gegen Cambridge gestellt. Der Fragesteller stand auf Seiten von Oxford."

„Der Fragesteller favorisiert Oxford", fing er an, „also wird Oxford durch den Herrn von 1 repräsentiert, was in diesem Fall Jupiter ist. Cambridge wird durch den Herrn von 7, Merkur, vertreten."

„Ja. Was siehst du?"

„Merkur steht in einem besseren Haus, im zehnten. Jupiter ist im elften. Das gibt Cambridge einen Vorteil."

„Ja. Selbst wenn Jupiter im Haus seiner Freude steht, ist Merkur besser platziert. Und weiter?"

„Das erste Haus wird durch den südlichen Mondknoten beeinträchtigt und durch Saturn in seinem Fall."

„Aber nicht so sehr, denn beide stehen nicht im selben Zeichen wie die Hausspitze. Was ist mit dem siebenten Haus?"

„Hmm. Es beherbergt einen geschwächten Mars, also ist es auch geschwächt, obwohl der nördliche Mondknoten ein positives Element ist. Aber beide stehen ebenfalls nicht im Zeichen der Hausspitze."

„Nein, stehen sie nicht. Wenn das alle Zeugnisse wären, die wir hätten, dann könnten wir sehen, dass das siebente Haus weniger geschwächt ist als das erste. Aber es wäre ein mageres Horoskop, wenn das wirklich alle Zeugnisse wären, die wir hätten. Geh nochmal zurück zu den Hauptsignifikatoren."

„Oh, Jupiter ist verbrannt! Oxford kann nicht gewinnen."

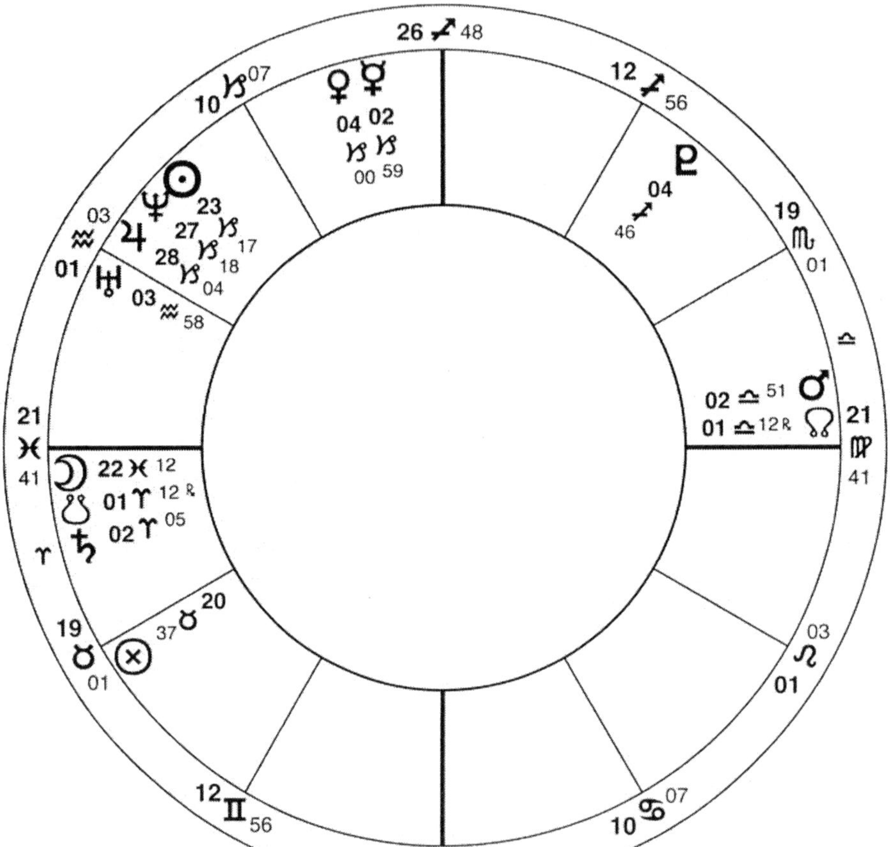

Werden wir gewinnen?

13. Januar 1997, 10.15 Uhr Greenwich Mean Time (GMT), London

„Und wie sieht es mit Merkur aus? Da gibt es noch ein starkes Zeugnis."

Er kratzte sich erst am Kopf, dann an Kinn und Ellbogen, um sich schließlich zu entscheiden: „Er steht im engen Quadrat zu Mars und Saturn. Das ist nicht gut."

„Das ist in der Tat nicht gut, obwohl es im Vergleich zur Verbrennung von nachrangiger Bedeutung ist. Aber das ist nicht, worauf ich schaue."

„Er wiederholte sein Kratzen bis ein Muh aus dem Inneren der Höhle ihn inspirierte. „Kleine Tiere! Meister, die Antiszie von Merkur liegt bei 27°01′ Schütze, genau auf der Himmelsmitte. Das verschafft Merkur eine äußerst mächtige Position. Zusammen mit der Verbrennung gesehen, muss Cambridge gewinnen."

„Und so geschah es, mein Junge.".

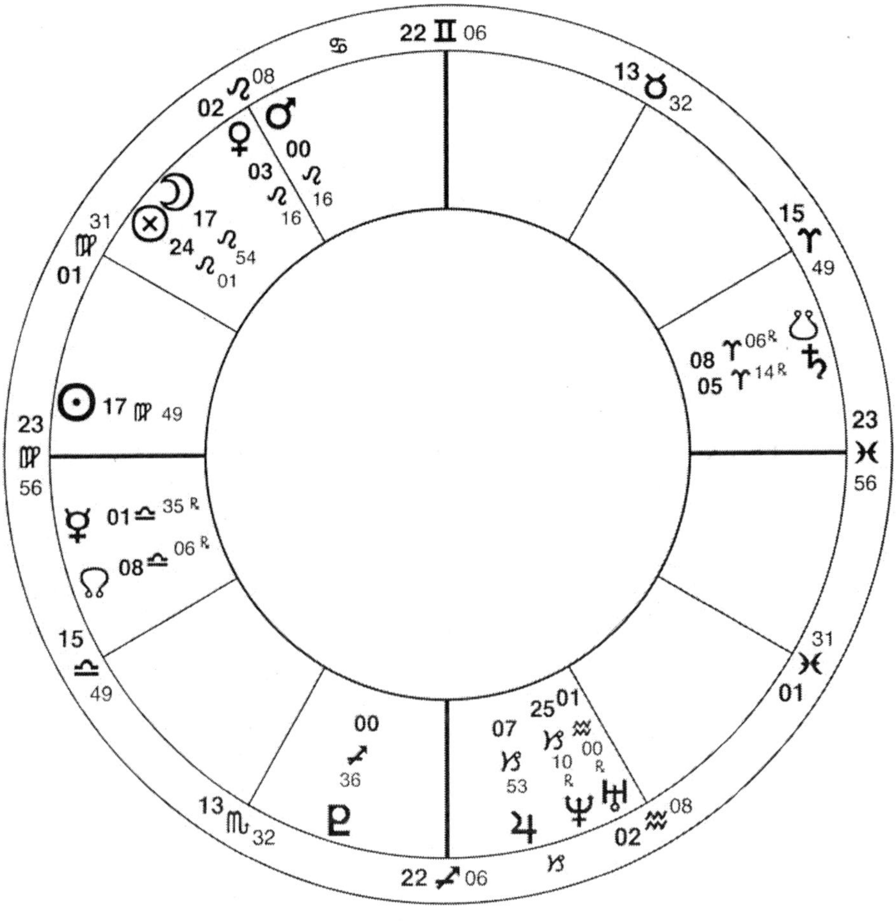

Werden wir gewinnen?

10. September 1996, 7.08 Uhr Britischer Sommerzeit (BST), London

„Hier ist noch eins. Das ist ein weiteres Fußballspiel: *Werden wir gewinnen?"*

„Der Favorit des Fragestellers wird durch Merkur dargestellt, den Herrn von 1. Der Gegner ist Jupiter, der Herr von 7. Seht! Schlimme Sachen passieren dem siebenten Haus: Saturn und der südliche Mondknoten stehen dort."

„Ja. Was ist mit Merkur und Jupiter?"

„Sie sind beide in Eckhäusern. Aber keiner von beiden im selben Zeichen wie die Hausspitze. Beide sind also stark, aber nicht *so* stark. Merkur ist dabei, in sein eigenes Zeichen zurückzukehren. Das muss wichtig sein."

„Nicht hier, mein Junge. Wäre dies eine langfristige Frage, vielleicht. Aber für eine kurzfristige Angelegenheit wie dem Ausgang eines Spiels, können wir nicht die Zeichengrenze überschreiten."

„Okay. Also ist Merkur rückläufig: das schwächt. Und er steht in Opposition zu einem garstigen Saturn."

„Aber die ist fast vier Grad entfernt: zu weit, um von großer Bedeutung zu sein. Saturn greift auch Jupiter an - und sogar noch direkter."

„Des Weiteren wird Merkur von einem peregrinen Mars und einer peregrinen Venus aspektiert. Das muss als eine Schwächung zählen."

„Gut. Keine große Schwächung, aber sicherlich wert, notiert zu werden."

„Das ist es, Meister. Merkur peregrin, Jupiter in seinem Fall. Keine Rezeptionen zwischen ihnen. Also liegen beide mehr oder weniger auf gleicher Höhe."

„Ja, wenn wir uns anschauen, was wir bisher entdeckt haben, wäre es ziemlich gewollt, die beiden zu unterscheiden."

„Also war es ein Unentschieden?"

„Das wäre die naheliegende Antwort - und sie wäre oft korrekt. Aber einer musste das Spiel gewinnen. Und überhaupt, du hast etwas übersehen."

Er dachte einen Moment nach. Dann: „Es ist wieder eins von diesen kleinen Tieren, nicht wahr Meister? Seht, die Antiszie von Jupiter steht bei 22°07′ Schütze, genau auf dem IC."

„Gut erkannt! Ja, physisch steht er in einem Eckhaus, ist aber dennoch nicht so stark, weil er in einem anderen Zeichen als die Hausspitze ist. Aber per Antiszie steht er genau auf der Achse: sehr machtvoll. Es gibt noch zwei weitere Zeugnisse, beide durch Antiszie. Welche da sind...?"

„Ach seht, Saturn und der südliche Mondknoten schwächen das siebente Haus durch ihre Anwesenheit, aber nicht so stark, weil sie nicht im selben Zeichen wie die Hausspitze von 7 stehen. Aber ihre Antiszien fallen genau auf den Aszendenten. Schlechte Nachrichten für die guten Jungs."

„Ja. Und das dritte Zeugnis?"

„Die Antiszie des nördlichen Mondknotens fällt genau auf die Spitze des siebenten Hauses."

Er hatte sich so gut geschlagen. Ich bereute es fast, ihm eins zu verpassen. Aber es war meine Pflicht. „Dummer Junge! Die Mondknoten stehen in Opposition zueinander, das hieße, dasselbe Zeugnis zweimal vorzutragen. Also, wo ist das letzte Zeugnis?"

Er starrte verzweifelt auf das Horoskop und berechnete alle Antiszien, die er nur finden konnte - bis er schließlich auf die richtige stieß: „Es ist Merkur, Meister, nicht wahr? Seine Antiszie liegt genau innerhalb des siebenten Hauses, in den Händen des Gegners."

„Gut! Ich hoffe, du siehst, warum ich dir dieses Horoskop aufgemalt habe. Es illustriert zwei sehr wichtige Punkte: Erstens, dass du Antiszien - oder Spiegelpunkte - nicht ignorieren darfst. Für dieses Horoskop hieße es sonst: Keine Antiszie, keine Deutung. Zweitens verdeutlicht es den Unterschied zwischen der Stellung eines Planeten in einem Eckhaus und im selben Zeichen wie die Hausspitze und der in einem Eckhaus, aber in einem anderen Zeichen als die Hausspitze. Wirst du dir das merken?"

„Ja, Meister", versprach er und rieb sich dabei den Kopf.

Titelkämpfe

„Nun schauen wir uns einige andere Typen von Fragen an. Angenommen wir werden gefragt: *Wird der Champion gewinnen?* Wie immer in der Stundenastrologie müssen wir darauf achten, was gefragt wird. Nur weil die Frage so gestellt wird, heißt das noch lange nicht, dass sie auch so gemeint ist. *Wird der Champion gewinnen?* ist selten die wahre Frage, denn in den meisten Sportarten gibt es keinen regierenden Meister. Die Mannschaft, die den Super Bowl oder die Premier League gewonnen hat, oder der Typ, der die French Open oder die Formel-1-Weltmeisterschaft für sich entschieden hat: Sie alle sind diejenigen, die im vergangenen Jahr gewonnen haben. Im Rahmen des diesjährigen Wettbewerbs sind sie nicht Meister. Das ist eine andere Situation als beim Boxen, einigen asiatischen Kampfsportarten - und auch manchmal beim Schach. Dort ist einer der Titelträger und wird es bleiben, bis er einmal geschlagen wird, sich zur Ruhe setzt oder aber den Titel aberkannt bekommt."

„Er ist also nicht derjenige, der den Titel im letzten Jahr gewonnen hat. Ich verstehe. Er ist der, der den Titel *hat*, nicht *hatte*.."

„Genau. Ein Titelkampf im Boxen ist ein Kampf um den Titel, den der Champion im Augenblick hält. Was wir tatsächlich fragen, ist: *Wird der König entthront?* Vergleiche das mit der Situation in der amerikanischen Politik. Eine Präsidentschaftswahl, an der sich ein amtierender Präsident beteiligt, ist ein Titelkampf: Ein Herausforderer versucht, den Titelhalter, den derzeitigen Champion, vom Thron zu stoßen. Bei Wahlen, an denen kein amtierender Präsident teilnimmt, handelt es sich um einen normalen Kampf zwischen zwei Herausforderern - was der Situation in den meisten Sportwettkämpfen entspricht. Das einzige Beispiel, das mir für einen Titelkampf in einer Mannschaftssportart einfällt, ist die Anfangszeit des FA Cups im englischen Fußball. Damals war der Pokalsieger automatisch für das Finale der nächsten Saison qualifiziert. Der Pokalwettbewerb ging also darum, den Herausforderer für den letztjährigen Titelträger zu ermitteln. Aber das war sogar noch vor meiner Zeit, mein Junge."

„Wenn wir über Champions sprechen, dann nehme ich an, dass das zehnte Haus involviert ist."

„Ja, dem Titelträger wird das zehnte Haus gegeben, das Haus der Könige. Dem Herausforderer wird das vierte Haus zugeteilt - denn es ist das siebente vom zehnten: Das Haus der Feinde des Königs."

„Aber angenommen, der Fragesteller mag den Herausforderer wirklich?"

„Wenn der Frager ein derartig glühender Fan von ihm ist, würde dem Herausforderer das erste Haus gegeben. Der Champion kriegt weiterhin das zehnte Haus. In diesem Fall hieße die Frage: *Werden wir den König entthronen?"*

„Und was ist, wenn der Frager ein begeisterter Fan des Champions ist?"

„Dann hieße die Frage: *Werden wir den Herausforderer nach Hause schicken?* Wir - der Champion - wären dann das erste Haus, unser Gegner das siebente. Wenn sie nicht ohnehin als Häuserherrscher im Spiel sind, müssen wir auch die natürlichen Herrscher beachten:

Die Sonne für den Champion - der Mond für den Herausforderer

Die Sonne als natürlicher Herrscher über Könige, der Mond als natürlicher Herrscher über die normalen Leute."

„Und dann deute ich das Horoskop auf die übliche Weise?"

„So ziemlich. Aber es gibt drei wichtige Abweichungen:

- *Ein bevorstehender wichtiger Wechsel in einer Würde* kann allein schon den Ausgang anzeigen. Wenn der Signifikator des Champions gerade dabei ist, in das Zeichen seines Falls zu wechseln, oder derjenige des Herausforderers in seine Erhöhung, haben wir ein klares Zeugnis für den Sieg des einen oder anderen.
- Es lohnt sich, den *Arabischen Punkt für Rücktritt und Entlassung* (Saturn + Jupiter - Sonne)[14] anzuschauen. Die Formel wird in einem Nachthoroskop nicht umgedreht. Wenn der Signifikator des Champions ganz kurz vor der Konjunktion oder Opposition zu diesem Punkt steht, dann ist dies ein Zeugnis für seine Niederlage. Aber pass auf: Du musst dafür weitere Zeugnisse zur Unterstützung haben. Sonst könnte der Champion den Kampf gewinnen und anschließend seinen Rücktritt erklären.
- Ein *Void-of-course-Mond* kann in den meisten Wettkampfhoroskopen ignoriert werden. Denn wir wissen, dass irgendwas passieren wird: Es wird ein Spiel geben, das irgendeinen Ausgang haben wird. Aber in einem Titelkampf ist ein Void-of-course-Mond ein starkes Zeugnis dafür, dass der Status quo erhalten bleibt. Nichts wird sich verändern, ergo: Der Champion behält seine Krone."

„Meister, ihr habt die Präsidentschaftswahlen erwähnt. Kann ich die in der gleichen Weise deuten?"

---

[14] Wenn Sie Schwierigkeiten mit der Berechnung der Arabischen Punkte haben, siehe Anhang 2.

„Behalte deine Augen auf dem Ball, mein Junge! Lass uns nicht abschweifen. Aber nein, das kannst du nicht. Das sind Wahlen und keine Kämpfe, also spielt der Mond eine entscheidende Rolle. Er ist der Signifikator der Wählerschaft. Ein Aspekt des Mondes mit einem der beiden Bewerber wird - unabhängig von Rezeptionen - absolut jedes andere Zeugnis überstimmen: Der Bewerber wird gewinnen. Das Gleiche gilt in Sportarten, die durch Benotung entschieden werden, wie zum Beispiel das Eistanzen."

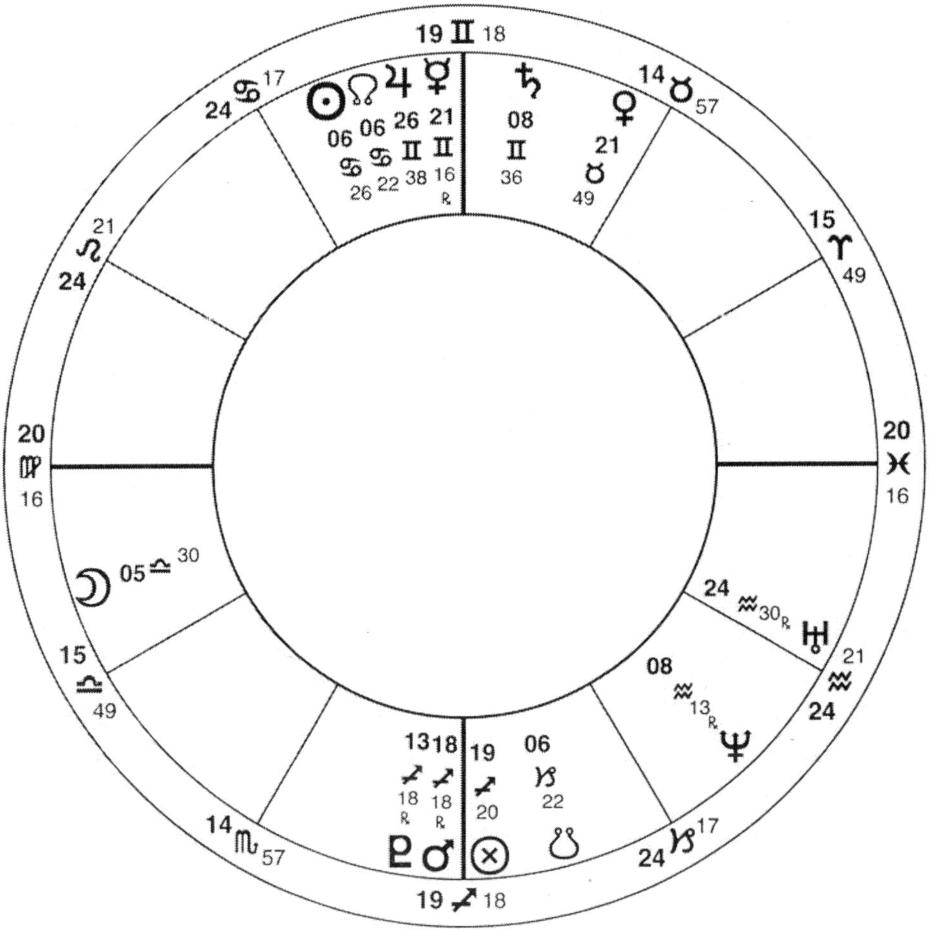

Wird der Champion seinen Titel behalten?
28. Juni 2001, 10.35 Uhr Japanischer Standard Zeit (JST), Shizuoka, Japan

„Können wir uns ein Horoskop anschauen, Meister?"

„Natürlich." Sein Enthusiasmus machte mich strahlen. „Dieses Stundenhoroskop bezieht sich auf einen WBA-Titelkampf im Leichtgewicht. Takanori Hatakeyama verteidigte seinen Titel gegen Julien Lorcy. Was siehst du?"

„Der Champion, Hatakeyama, wird durch das zehnte Haus repräsentiert und dessen Herrscher ist Merkur. Der Herausforderer wird durch den Herrn von 4, Jupiter, dargestellt. Merkur ist sehr stark, gerade innerhalb seines eigenen Hauses. Jupiter ist sehr schwach, gerade innerhalb des Hauses des Champions. Der Favorit muss gewinnen!"

Mein Stock hatte zu lange ungenutzt dagelegen. Er sauste hart und schnell an seinen Hinterkopf. „Ja, soweit sehen die Zeugnisse eindrucksvoll aus. Aber guck weiter."

„Ja, Meister. Die Sonne steht auf dem nördlichen Mondknoten. Das muss auch gut für den Titelverteidiger sein."

„Ja, das ist es. Aber schau weiter."

„Merkur ist rückläufig. Ich nehme an, dass das gegen den Champion spricht. Aber es scheint nicht besonders wichtig zu sein."

„Und das ist es auch nicht. Aber sieh mal, wie weit Merkur hinter der Sonne steht. Was sagt dir das?"

„Aha, er muss ziemlich bald wieder direktläufig werden."

„Oh, sehr gut! Ja, Merkur ist stationär. Das ist eine ernste Schwächung. Wie kann jemand einen Sportwettbewerb gewinnen, wenn er auf der Stelle steht?"

„Ja, Meister. Und der Glückspunkt steht im vierten Haus."

„Uninteressant. Der Glückspunkt macht ein Haus nicht stärker. Es gibt immer noch einen Signifikator, den du noch nicht beachtet hast."

„Den Mond. Ach, er bewegt sich geradewegs auf ein Trigon mit der Sonne zu. Und seht, die Rezeption! Die Sonne wird vom Mond beherrscht, während der Mond die Sonne in ihren Fall zieht. Das kann für den Champion nicht gut sein. Reicht das für eine Niederlage aus?"

„Ja. Wie du gezeigt hast, hatte Hatakeyama starke Zeugnisse zu seinen Gunsten. Es war ein enger Kampf. Aber Lorcy gewann nach Punkten: Der Champion war geschlagen."

„Aber natürlich, in jedem Stundenhoroskop, das zu dieser Zeit des Jahres aufgestellt wird - etwa zwischen dem 21. Juni und dem 22. Juli - wird die Sonne vom Mond beherrscht, was gegen den Champion spricht."

„Ja, dass sie vom Mond beherrscht wird, spielt keine große Rolle. Die Rezeption ist sehr viel wichtiger: Der Umstand, dass die Sonne vom Mond beherrscht und gleichzeitig von ihm in ihren Fall gezogen wird. Aber selbst das ist nicht von großer Bedeutung. Es ist der kurz bevorstehende Aspekt, der die Rezeption betont und sie zu einem wichtigen Zeugnis macht."

„Spielt es eine Rolle, um welchen Aspekt es sich dabei handelt?"

„Kannst du einen anderen Aspekt als ein Quadrat zwischen Krebs und Waage haben?"

„Nein, Meister.“

„Nun also, hier ist ein weiteres Horoskop. Dieselbe Frage: *Wird der Champion seine Krone behalten?*

„Die Sonne wird wieder vom Mond beherrscht, Meister.“

„Aber was habe ich dir gesagt?“

„Und es gibt einen Aspekt zwischen beiden.“

„Aber der ist separativ: Das ist also nicht wichtig. Außerdem gibt es hier nicht diese fürchterliche Rezeption wie vorhin. In deinem Übereifer hast du einen sogar noch wichtigeren Punkt übersehen. Wofür steht die Sonne hier?“

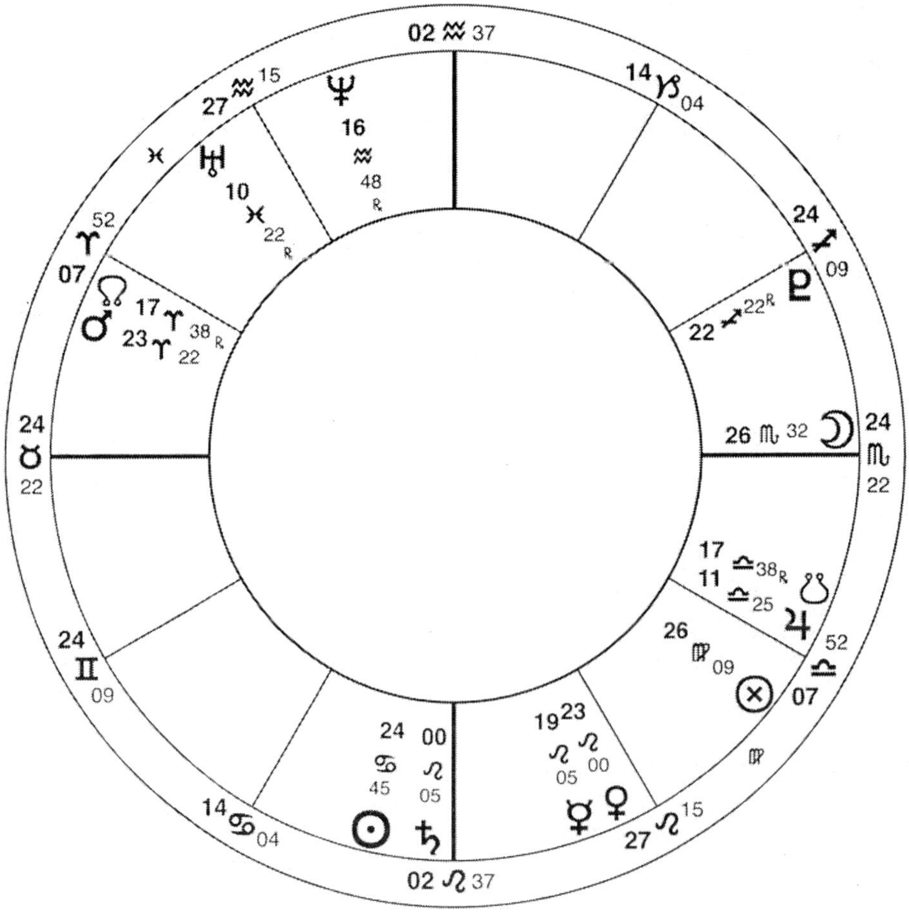

Wird der Champion seine Krone behalten?
17. Juli 2005, 1.35 Uhr Ostküsten-Sommerzeit (EDT), New York

„Sie ist die Herrin von 4, Meister. Sie repräsentiert den Herausforderer. Wir können sie nicht als natürlichen Signifikator für den Champion benutzen.“

„Gut. Was haben wir noch?“

„Saturn ist Herr von 10 - und steht gerade auf der Spitze des vierten Hauses. Er wird allerdings von der Herrin von 4 beherrscht."

„Wie das eben ist, wenn er auf der Spitze von 4 steht. Lass das beiseite. Es ist die Stellung, die wichtig ist."

„Und unter den Strahlen der Sonne?"

„Richtig. Aber das ist nur ein kleineres Zeugnis im Vergleich zu dieser mächtigen Stellung. Stünde Saturn verbrannt, wäre das ein sehr starkes Zeugnis. Um so mehr, als die Sonne hier für den Gegner steht."

„Der Mond steht an einer Achse. Das muss für den Herausforderer sprechen."

„Ja, obwohl es kein so starkes Zeugnis ist, wie Herr von 10 auf der Spitze von 4."

„Ich kann nicht mehr entdecken, Meister. Der Titelverteidiger behält seine Krone."

„Und so geschah es. Dieser Fragesteller wollte wissen, ob Ronnie Coleman seinen Titel als Mister Olympia im Bodybuilding behalten würde."

„Das war ziemlich einfach, Meister."

„Ja. Aber da wir über Bodybuilder sprechen, lass uns mal für einen Moment abschweifen und uns ein Fragehoroskop über eine Wahl anschauen. Die Frage war: *Wird Arnie zum Gouverneur gewählt werden?*"

„Wo fange ich an, Meister? Ich muss wissen, was die Fragestellerin über Schwarzenegger dachte. War sie eine Anhängerin oder eine Gegnerin?"

„Gut! Ja, wir brauchen diese Information, um zu entscheiden, welches Haus ihm zugewiesen wird. Sie stand neutral zu ihm und fragte einfach aus Neugier bei dieser ungewöhnlichen Situation."

„Also wird Schwarzenegger das siebente Haus zugeteilt, das Haus ‚jeder beliebigen erwachsenen Person'. Er wird durch Jupiter repräsentiert. Der Mond läuft direkt auf Jupiter zu. Er wird gewinnen?"

„Ja, er wird gewinnen. Das wäre unabhängig aller bestehenden Rezeptionen so. Ich habe Horoskope gesehen, in denen der Mond im Fall des einen Signifikators stand und den anderen erhöht hat, aber der applikative Aspekt zum ersten Signifikator gab dieser Person doch den Sieg."

„Ich nehme an, der verbrannte Merkur ist auch keine Unterstützung."

„Ganz richtig. Merkur herrscht über das erste Haus, welches das siebente vom siebenten ist: Schwarzeneggers Gegner. Die haben keine Chance. Merkur erhöht außerdem Jupiter - obwohl das bei einer Wahl weniger zählt, da hier andere über den Sieg entscheiden, als bei einem normalen Wettkampf."

Ich sah ihm an, dass ihn etwas störte. Schließlich fand er die passenden Worte: „Ihr sagtet, dass die Fragestellerin neutral gegenüber Schwarzenegger gewesen sei. Wie kann sie dann eine gültige Frage für ein Stundenhoroskop stellen? Ihr habt gesagt, dass es nicht möglich ist, ein Horoskop zu deuten, wenn der Fragesteller dem Ergebnis des Wettkampfs neutral gegenüber steht."

„Die Situation hier ist ziemlich anders, oder nicht? Dies ist kein Fall von: ‚Wen kümmert's schon, United gegen Egal-Town'. Die ungewöhnlichen Umstände machen es sehr nachvollziehbar, dass die Fragestellerin Interesse an Schwarzeneggers Aussichten hatte, ohne notwendigerweise eine Präferenz dafür zu haben, ob er gewinnt oder verliert. Doch obwohl es ihr egal ist, stehen Schwarzenegger und sein Gegenüber bezogen auf ihr Interesse nicht auf derselben Stufe. Ganz ähnlich wäre es, wenn Tony Blair die Politik verlassen würde und plötzlich im Finale von Wimbledon stünde. Selbst wenn es uns egal wäre, ob er gewinnt oder verliert, könnten wir ein deutbares Horoskop erstellen, weil wir ein höheres Interesse an seinem Schicksal als an dem seines Gegners hätten."

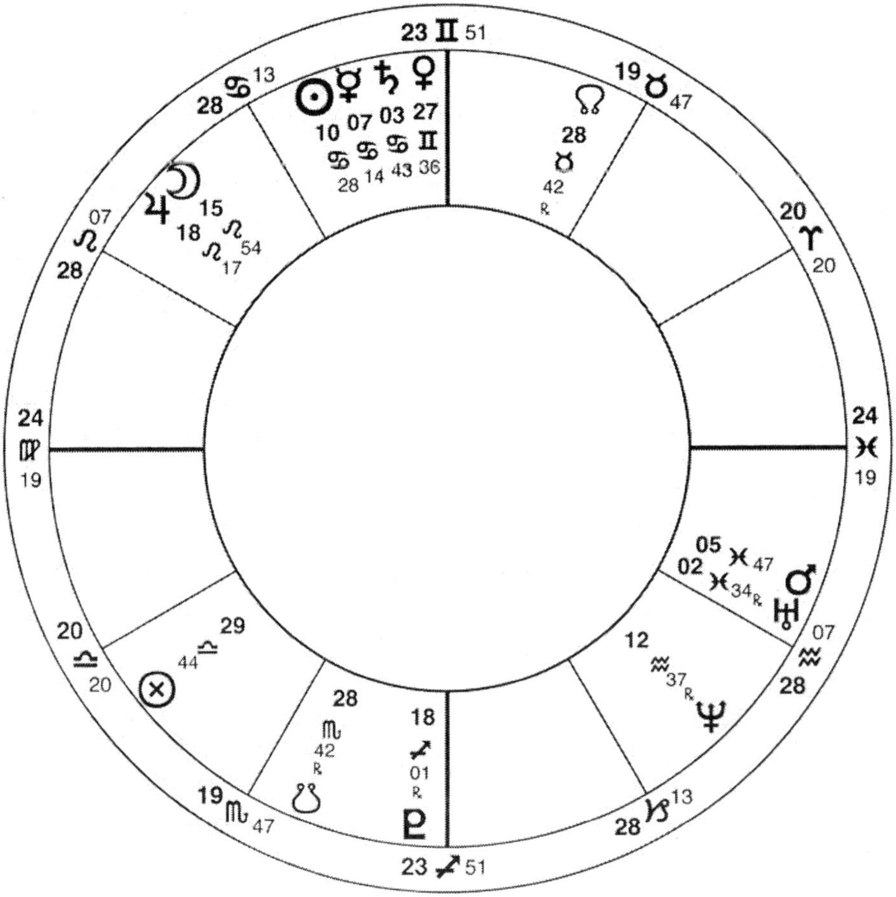

Wird Arnold Schwarzenegger gewählt werden?
2. Juli 2003, 11.40 Uhr Pazifischer Sommerzeit (PDT), Escondido, Kalifornien

Langfristige Vorhersagen

„Nun wollen wir unsere Aufmerksamkeit von den Einzelwettkämpfen weg bewegen und uns das Schicksal von Mannschaften über einen längeren Zeitraum anschauen. Sieh dir mal dieses Horoskop an. Der Fragesteller war ein Anhänger von Charlton, einer Mannschaft, die normalerweise in den unteren Regionen der Tabelle kämpft. In dieser Saison waren sie unerwartet weit oben gelandet.
Die Frage - ungefähr einen Monat vor Saisonende gestellt - war, ob sie noch weiter nach oben klettern würden. Wo fangen wir an?"

„Wir müssen den Signifikator der Mannschaft finden. Der Fragesteller unterstützt die Mannschaft, also ist es eine Frage des ersten Hauses. Charlton wird durch den Herrn von 1 vertreten und das ist die Sonne."

„Woran erkennt man ihre erhöhte Position?"

„Die Sonne steht in Widder, im Zeichen ihrer Erhöhung. Sie ist erhöht, buchstäblich nach oben gehoben."

„Ja und zwar mit allen Anzeichen der Übertreibung, die die Erhöhung mit sich bringt."

„Die Sonne steht kurz vor dem Ende von Widder, sie wird also bald das Zeichen ihrer Erhöhung verlassen. Die Mannschaft wird schwächer werden."

„Nein. Die Frage wurde bezüglich der laufenden Saison gestellt. Wenn eine Frage eine Zeitgrenze beinhaltet, kann das Ende des gegenwärtigen Zeichens des Signifikators mit dieser Grenze gleichgesetzt werden. Das Ende von Widder zeigt somit das Ende der Saison an."

„Also werden sie bis zum Ende der Saison erhöht bleiben."

„Ja, aber wir können noch ein bisschen mehr als das sagen. Welcher ist der Grad der Sonnenerhöhung?"

„19° Widder. Genauer 18°00′ bis 18°59′ Widder."

„Also?"

„Ach, die Sonne hat diesen Grad, in dem sie besonders erhöht ist, bereits überschritten. Sie werden also erhöht bleiben, auf einem überraschend guten Rang, aber das Beste liegt schon hinter ihnen."

„Und so geschah es."

„Aber Meister", fragte er schüchtern, „das würde ja heißen, dass eine Mannschaft in solch einer Frage immer auf dem mehr oder weniger selben Niveau bliebe. Ein Signifikator, der seine eigene Grenze oder sein eigenes Gesicht verlässt, mag allenfalls einen leichten Abschwung anzeigen, aber keinen Absturz. Wenn das Ende des Zeichens das Ende der Saison anzeigt, dann kann die Mannschaft keinen dramatischen Rückschlag in den Würden mehr erleiden."

„In diesem Fall wird die gegenwärtige Erhöhung durch die essentiellen Würden angezeigt. In einem anderen Horoskop könnte das nicht der Fall sein. Der Planet könnte zum Beispiel eine Konjunktion mit dem nördlichen Mondknoten verlassen und auf eine Konjunktion mit einem geschwächten Saturn zulaufen. Das könnte auf eine schwere Eintrübung des Schicksals hinweisen."

„Ach, ich verstehe. Was ist mit der Konjunktion mit Merkur?"

„Unwichtig. Sie hat keine bedeutende Auswirkung auf unseren Signifikator. Nicht alles, was in einem Horoskop passiert, nicht mal alles, was dem Hauptsignifikator passiert, muss in Betracht gezogen werden. Nimm mal an, die stundenastrologische Frage lautete: *Wann kommt Oma an?* Es könnte gut sein, dass vor ihr die Zeugen Jehovas an der Tür klingeln, aber das hat keinerlei Auswirkungen auf den Zeitpunkt von Omas Ankunft."

„Das hat Spaß gemacht, Meister. Können wir noch eins machen?"

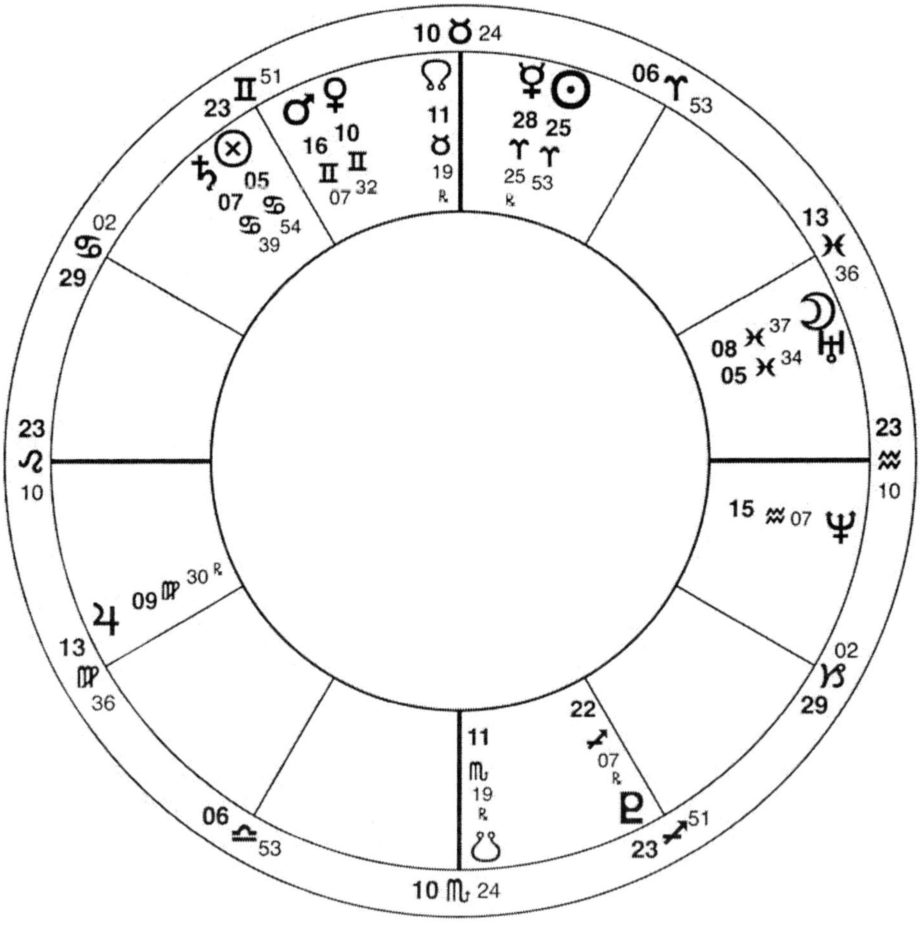

Wird sich Charlton noch in der Tabelle verbessern?

15. April 2004, 13.58 Uhr, Breite: 50 N 48, Länge: 000 W 32

Britney war unzufrieden mit dem ihr aufgezwungenen Stillhalten und wuchtete sowohl ihren Körper als auch ihre Stimme nach oben. Also ließ ich sie zum Grasen gehen und kritzelte das nächste Horoskop auf einen Stein."

„Das ist eine Frage von mir selbst. Barnsley, ein kleiner Fußballklub, der sich so gerade über Wasser hält, hatte sich zum ersten Mal in der Vereinsgeschichte bis in das Oberhaus des englischen Fußballs emporgearbeitet. Die allgemeine Ansicht war, dass sie in dieser millionenschweren Gesellschaft nicht lange überleben würden. Der Verein wehrte sich verzweifelt gegen den Abstieg. Ich habe gefragt: *Wird Barnsley absteigen?* Also, mein Junge, wo fangen wir an?"

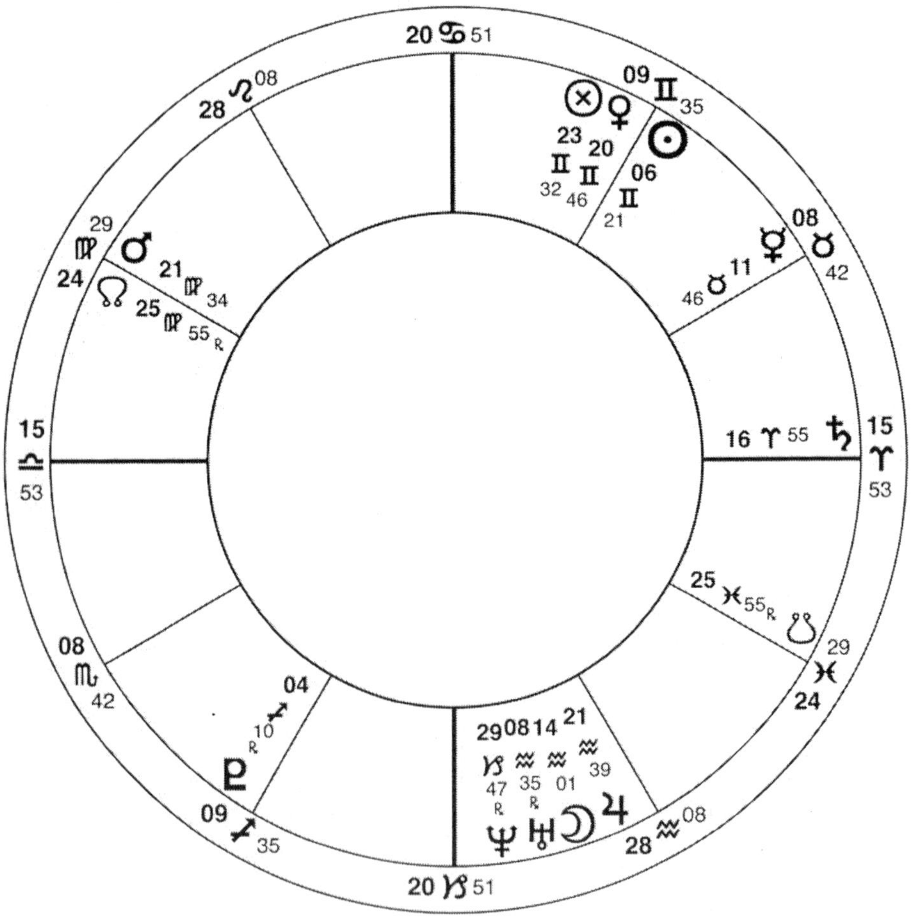

Wird Barnsley absteigen?
27. Mai 1997, 16.10 Uhr Britischer Sommerzeit (BST), London

„Wir müssen erst mal den Fragesteller untersuchen. Nur wenn wir seine Haltung gegenüber Barnsley kennen, können wir entscheiden, welches Haus wir uns anschauen müssen. Seid ihr ein Barnsley-Fan, Meister?"

Ich lief dunkelrot an angesichts der Frechheit des Burschen. Indem ich wütend auf meine Füße sprang, schalt ich ihn: „Ich bin ein Meister der Astrologie! Lange Jahre der Meditation und des Fastens haben mein Herz soweit gereinigt, dass es nun still ruht wie ein Wasserbecken unter dem Herbstmond. Wie kannst du dir einbilden, dass solch eitle Leidenschaft wie die Unterstützung von Barnsley meine innere Ruhe aufwühlen könnte?"

„Entschuldigung, Meister", winselte er.

„Ich hatte eine kleine Schwäche für sie als Außenseiter", fuhr ich fort, indem ich langsam meine Fassung zurückgewann. „Aber erinnere dich der Grundregeln: Um einer Mannschaft das erste Haus zu geben, müssen wir sie als ‚wir' bezeichnen. Barnsley war ganz sicherlich ‚sie'. Gleichzeitig", fügte ich mit Güte hinzu, auf dass er meinen Zorn nicht erneut entfachte, indem er mir vorschlug, dass ich sie als meine Feinde ansehen könnte, „gleichzeitig sah ich sie auch nicht als meine Feinde an."

„Also ward ihr ihnen gegenüber neutral. Sie waren ‚eine beliebige erwachsene Person' und als solche werden sie durch das siebente Haus vertreten."

„Ja. Nun schau auf das Horoskop. Zunächst auf das siebente Haus selbst. Was siehst du?"

„Einen ernsthaft geschwächten Saturn gerade innerhalb des Hauses. Das ist eine starke Schädigung. Schlechte Nachrichten für Barnsley."

„Richtig. Das ist zwar noch kein endgültiges Ja zu unserer Frage nach dem Abstieg, aber es macht ihn doch sehr viel wahrscheinlicher."

„Ich nehme an, es ist wie bei einer medizinischen Frage, Meister. Ein Zeugnis, das darauf hinweist, dass die Person schwer erkrankt ist, heißt noch nicht, dass sie auch stirbt. Aber es macht wahrscheinlicher, dass sie stirbt."

„Ja, das stimmt. Was ist mit dem Herrn von 7?"

„Das ist Mars. Und der ist gerade dabei, das zwölfte Haus zu betreten."

„Was uns was sagt?" Er sah mich ahnungslos an. Also gab ich ihm den Hinweis: „Wenn du festsitzt, gehe immer zur Frage zurück. Das gibt dir den Zusammenhang, aus dem heraus das Horoskop schlüssig zu deuten sein wird. Worum geht es in der Frage?"

„Ob Barnsley absteigt."

„Und was ist das zwölfte Haus für ein Haus?"

„Es ist ein fallendes Haus."

„Und das heißt?"

„Ach Meister, sie werden absteigen!"

„Genau. Ist das nicht wunderbar einfach?"

„Ja, Meister. Aber hätte uns jedes fallende Haus das gezeigt?"

„Ja, denn fallend heißt eben das: fallend. Genauso hätten wir aber auch den Herrn von 7 finden können, wie er gerade dabei ist, das Zeichen seines Falls zu betreten. Auch das kann man wörtlich nehmen. Dass es sich hier um das zwölfte Haus handelt, unterstreicht die Deutung nur noch. Dieses Haus würde ganz passend die faulige Grube der Vergessenheit beschreiben, in welche die Mannschaft alsbald zurückkehren musste."

„Sollten wir nicht nach dem achten Haus schauen, Meister?"

„Nein, mein Junge. Damit würden wir die Situation falsch verstehen. Die Frage zielt nicht darauf, ob der Verein sterben wird, sondern darauf, ob er in eine niedrigere Klasse absteigt. Die finanziellen Konsequenzen des Abstiegs mögen dann und wann zum Tod des Vereins führen, aber die beiden Gedanken sind in sich selbst ziemlich klar voneinander getrennt.

Schau dir dieses hier mal an." Ich kritzelte ein weiteres Horoskop auf den Stein.

„Der Fragesteller war Anhänger von Dundee United. Der andere Klub der Stadt, Dundee, hatte derart gravierende finanzielle Schwierigkeiten, dass er in der Gefahr stand, dicht machen zu müssen. Die Frage war: *Wird Dundee sterben?* Wie fangen wir an?"

„Indem wir die Signifikatoren bestimmen. Dundee ist der Lokalrivale des Vereins des Fragestellers. Das macht ihn wahrscheinlich zum Gegner, also das siebente Haus."

„Ja. Wir können nicht immer annehmen, dass eine andere Mannschaft der Stadt als Feind der eigenen wahrgenommen wird, aber hier war das der Fall. Fang also an und schaue dir das siebente Haus an."

„Der nördliche Mondknoten ist dicht an der Hausspitze. Das ist ein gutes Zeichen."

„Gut für Dundee, sicherlich", sagte ich lachend. „Ich bin nicht sicher, ob unser Fragesteller das genauso als gut ansehen würde."

„Aber die Mondknoten sind rückläufig."

„Du kannst die Laufrichtung der Mondknoten vernachlässigen. Sie macht keinen Unterschied. Nun sieh dir den Herrn von 7 an."

„Das ist Venus."

„Und der Signifikator des Todes?"

„Das ist der Herrscher des achten Hauses vom siebenten, das Todeshaus des Feindes. Und dies ist das zweite Radixhaus, das von Jupiter regiert wird. Schaut auf die furchtbare gegenseitige Rezeption zwischen Jupiter und Venus, beide im Fall des anderen."

„Das ist in der Tat furchtbar. Venus ist gerade erst kürzlich in den Steinbock gewechselt, das Zeichen von Jupiters Fall. Es muss sich jüngst einiges ereignet haben, das den Verein noch mehr in Todesangst versetzt hat. Aber Todesangst ist kein Zeugnis für den Tod selbst. Ganz ähnlich wie Jupiter in seinem Fall. Das ist ein ziemlich ramponierter Jupiter. Aber wenn Jupiter der Herr von 8 ist, kann er weiterhin töten, egal welche Würden er hat."

„Und seine Stellung so nah am MC?"

„Das zeigt nur, dass die Todesangst eine reale ist: Der Tod könnte sehr wohl eintreten. Das Gegenteil gilt aber trotzdem nicht: Hätte Jupiter in einem fallenden Haus gestanden, wäre dies kein Beleg dafür gewesen, dass die Furcht unbegründet gewesen wäre. Welchen Planeten müssen wir uns noch anschauen?"

„Ich weiß, Meister! Wenn wir nach dem Tod von jemand anderen schauen, dann müssen wir sowohl den Herrn des gedrehten achten Hauses wie den Herrn des achten Hauses des Radix' anschauen. Beide können töten."

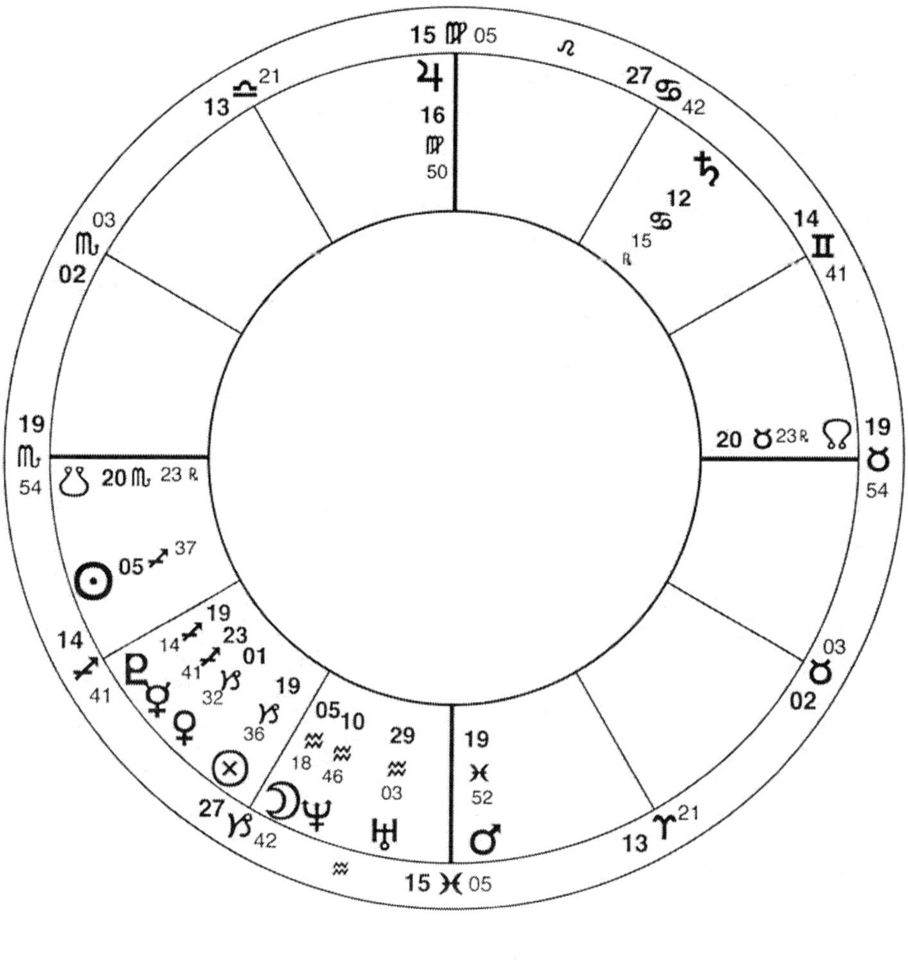

Wird Dundee sterben?
28. November 2003, 6.50 Uhr, Dundee, Schottland

„Das stimmt. Jupiter ist der gedrehte Herr von 8. Der Herr von 8 des Radix' ist Merkur. Fangen wir mit Merkur an. Können wir Venus mit Merkur in Beziehung bringen?"

Er dachte einen Moment nach und rannte dann in die Höhle. Als er zurückkam, wiegte er seine Antiszie in seinem Arm und kratzte sie an ihrem Ohr. „Venus und Merkur werden sich per Antiszie zu einer Konjunktion vereinigen."

„Gut gesehen. Aber eine Antiszie wird nicht töten." Ich drehte einen Grashalm vor der Nase der Antiszie, während diese mit der Pfote nach ihm grabschte. „Kannst du Venus mit Jupiter in Beziehung setzen? Das würde töten."

„Ja, Venus läuft auf ein Trigon mit Jupiter zu. Dundee begegnet dem Tod. Der Verein geht ein."

„Sieh nochmal hin. Was ist Venus im Begriff zu tun?"

„Venus ist dabei, in die Opposition zu Saturn zu laufen."

„Und was macht das mit dem Venus-Jupiter-Aspekt?"

„Das ist eine Verhinderung. Es bewahrt Venus davor, Jupiter zu erreichen. Es gibt also keinen Tod. Aber", fragte er, während die Antiszie an seinem Finger knabberte, „könnten wir das nicht auch als eine Übertragung des Lichts interpretieren? Venus überträgt das Licht von Saturn auf Jupiter?"

„Das ist eine intelligente Frage. Aber nein, die Übertragung ist bedeutungslos in diesem Zusammenhang. Sie würde Saturn mit Jupiter in Verbindung bringen, also das, wofür Saturn auch immer steht, mit dem Tod. Uns interessiert aber nicht, was mit dem Tod geschieht, oder mit dem, wofür Saturn hier stehen könnte: Uns geht es nur um das Schicksal von Dundee. Angenommen Saturn würde das Licht von Venus und Jupiter sammeln, dann würde das Saturn-Ding Venus mit dem Tod verbinden. Das wäre wichtig. Das Saturn-Ding allein mit dem Tod zu verbinden, heißt für uns hier gar nichts."

„Also rettet Saturn Dundee vor dem Tod. Aber das ist ein sehr böser Saturn."

„Ja, sehr gut. Saturn steht in seinem Fall. Und Venus verbindet sich in Opposition mit Saturn. Also wird die Rettung nicht sehr angenehm verlaufen. Es wird kein großzügiger Gönner daher kommen und die Schulden des Klubs begleichen. Der Verein wurde schließlich unter amtliche Aufsicht gestellt, die mit ihrem rigorosen finanziellen Regime eine sportliche Talfahrt auslöste. Doch all diesen Schwierigkeiten zum Trotz hat der Verein überlebt."

„Können wir noch eins machen, Meister?"

„Sicherlich, mein Junge. Dein Enthusiasmus findet meinen Beifall. Am Ende einer Saison fragte ein Arsenal-Anhänger: *Wird meine Mannschaft in der nächsten Saison irgendetwas gewinnen?* Was denkst du?"

„Die Frage wurde von einem Arsenal-Fan gestellt, also wird Arsenal durch den Herrn von 1 symbolisiert und das ist Merkur."

„Was würde uns zeigen, dass sie etwas gewinnen?"

„Ein Aspekt zwischen den Herren von 1 und 10. Oder vielleicht auch zwischen dem Mond und dem Herrn von 10."

„Vermeide es, den Mond als Co-Signifikator zu gebrauchen, es sei denn, der Fragesteller nimmt selbst am Wettbewerb teil. Aber ein Aspekt zwischen den Herren von 1 und 10 wäre das Lehrbuch-Indiz, ja. Gibt es einen?“

„Nein, aber es gibt eine starke gegenseitige Rezeption zwischen den Beiden. Das muss hilfreich sein.“

„Ja, das ist höchst ermutigend. Es zeigt, dass Arsenal Erfolg haben möchte und - noch wichtiger - der Erfolg möchte Arsenal. Aber dennoch brauchen wir immer noch etwas, was uns zeigt, dass dieses gegenseitige Verlangen sich auch in einem Ereignis manifestiert.“

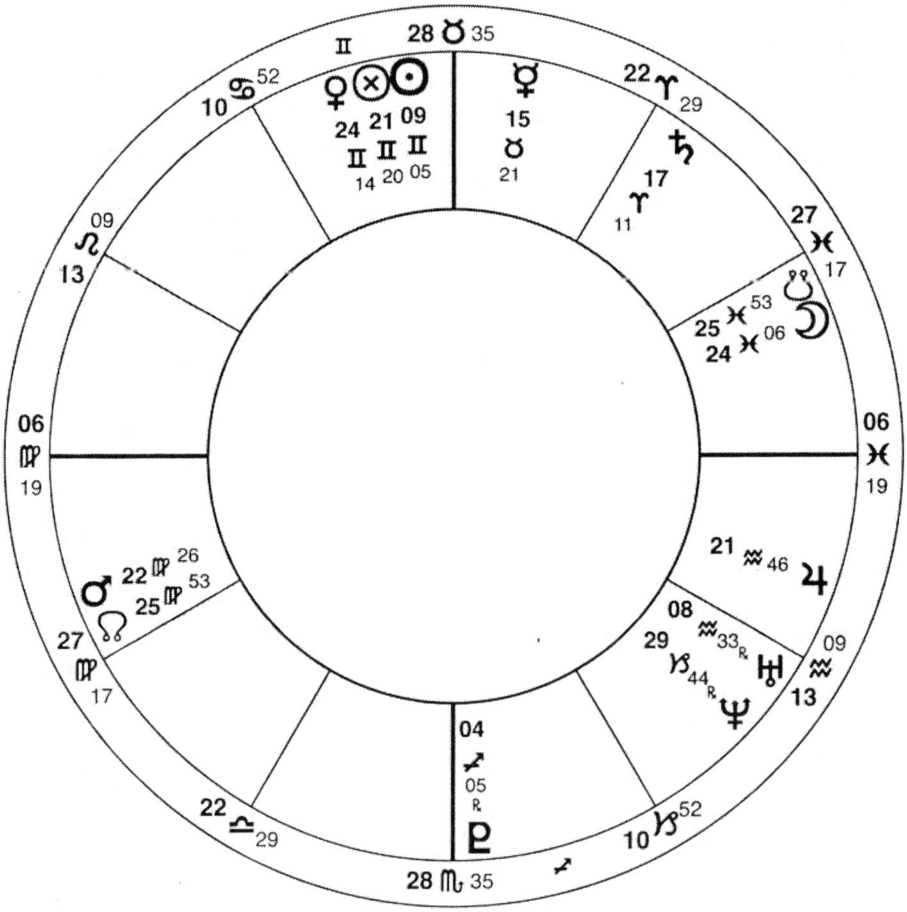

Wird Arsenal irgendetwas gewinnen?
30. Mai 1997, 12.14 Uhr Britischer Sommerzeit (BST), London

„Merkur wird in sein eigenes Zeichen gehen. Ihr habt gesagt, dass die Zeichengrenze das Ende der Zeiteinheit darstellt...“ Meine offensichtliche Enttäuschung brachte ihn zum Schweigen. Ich prüfte den Stock in meiner Hand und beschloss, dass ich für die gegenwärtige Situation einen robusteren brauchte.

Also ging ich in die Höhle, um einen entsprechenden Stock herauszuholen. Die drohende Züchtigung klärte das Denken des Knaben, denn noch bevor meine Schritte ihn erreicht hatten, schrie er auf: „Oh Meister, ich sehe meinen Fehler! Die letzte Saison war schon beendet, also kann das Ende von Stier nicht das Ende dieser Saison sein. Wenn Merkurs Verlassen des Zeichens Stier eine Rolle spielt, dann muss es das Ende der nächsten Saison markieren. Sie können nach dem Ende der Saison nichts mehr gewinnen."

„Also kann es für uns nicht von Belang sein. Genau!" Ich schlug ihn nur sanft, damit sich der Vorfall in seinem Gedächtnis einprägte. „Was macht Merkur?"

„Er läuft auf den MC zu. Aber das ist sicherlich zu weit weg, um uns zu interessieren."

„Normalerweise könnten wir so denken, ja. Aber schau auf die Zahl der Grade. Merkur braucht 13 Grad bis zum MC. Merkur bewegte sich zu dieser Zeit ziemlich schnell, also können wir das Ganze ein wenig herunterbrechen..."[15]

„Wenn jeder Grad für einen Monat steht, dann bringt das Merkur exakt in einem Jahr zum MC. Genau zum Ende der nächsten Saison, wenn die Wettbewerbe entschieden werden! Also wird Arsenal etwas gewinnen."

„Ja, aber was? Sie waren für vier Wettbewerbe qualifiziert, einen in Europa und drei in England: die nationale Meisterschaft, den Pokal und einen zweiten K.o.-Wettbewerb. Fangen wir mit Europa an. Wie werden sie sich dort schlagen?"

„Ein geschwächter Saturn auf der Spitze des neunten Hauses: Eine schwerwiegende Beeinträchtigung des Hauses der langen Reisen. Kein Erfolg dort."

„Gut. Der zweite K.o.-Wettbewerb hatte sein Finale im März, nur zehn Monate nach der Frage. Der Indikator für Erfolg zeigt aber, dass dieser sich in etwa zwölf Monaten einstellen wird. Wir können diesen Wettbewerb also aus dem Rennen nehmen. Damit bleiben uns die Meisterschaft und der Pokal. Beide werden im Mai entschieden."

„Ich bin verwirrt, Meister. Wie kann ich das sagen?"

„Wir wollen den Erfolg beschreiben, also müssen wir nach dem Planeten schauen, der den Erfolg repräsentiert: Der Herrscher des zehnten Hauses und das ist Venus. Sie zeigt den Erfolg selbst, das Zeichen, in dem sie sich befindet, beschreibt die Art des Erfolges. Was ist Zwillinge für ein Zeichen?"

Er dachte einen Moment nach, um dann vor Entzücken auf seine Füße zu springen. „Es ist ein doppeltes Zeichen! Das zeigt eine Dualität an. Sie werden beide Wettbewerbe gewinnen!"

„Und das taten sie."

„Ach, Meister, ihr habt das Double vorhergesagt? Und das, bevor die Saison überhaupt angefangen hatte? Euer unsterblicher Ruhm ist wahrhaft verdient!"

„Leider nein. In einer Fernsehshow - *London Tonight* - sagte ich, dass sie die Meisterschaft, in einer anderen - *Under the Moon* -, dass sie den Pokal holen würden. Ich habe damals verschlafen, dass, wenn man beide Aussagen kombiniert,

---

[15] Vgl. die Diskussion der Zeitberechnung in *The Horary Textbook*, Kapitel 13.

sie beide Wettbewerbe gewinnen. Die Kunst der Astrologie ist wundervoll, aber es gibt kein Entkommen aus der Beschränktheit des astrologischen Künstlers." Ich schlug ihn erneut, um sicherzustellen, dass er sich auch das einprägte.

„Vergleiche dazu dieses hier", fuhr ich fort. „Dieselbe Frage: *Wird Arsenal in der nächsten Saison irgendetwas gewinnen?* Die Frage wurde von einem Arsenal-Fan gestellt, kurz nach dem Ende der vorangegangenen Saison.

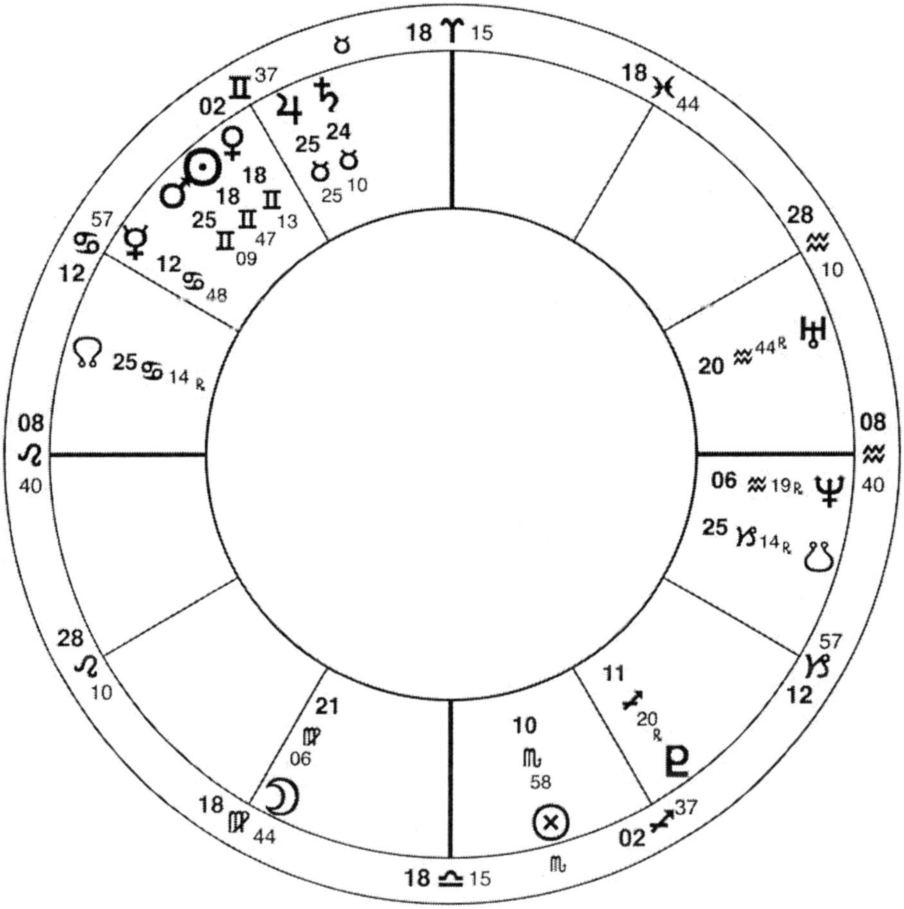

Wird Arsenal irgendetwas gewinnen?
9. Juni 2000, 08.56 Uhr, Britischer Sommerzeit (BST), London

„Arsenal wird wieder durch das erste Haus dargestellt", begann er, „weil der Fragesteller ein Fan ist. Also werden sie diesmal durch die Sonne vertreten."

„Gibt es irgendeinen Aspekt, der die Sonne mit dem Herren von 10 in Verbindung bringt?"

„Sie läuft auf eine Konjunktion mit Mars zu und das ist der Herr von 10."

„Ja, aber...?"

„Aber was?" Glücklicherweise bedeutet die mönchsgleiche Hingabe eines Meisterastrologen an seine Kunst auch, dass ich vollkommen kahlgeschoren bin. Andernfalls hätte ich mir die Haare büschelweise ausgerissen. „Was passiert mit der Sonne zuerst?"

Er schwenkte seinen Blick zurück auf das Horoskop. „Venus vollendet ihre Konjunktion mit der Sonne."

„Und also?"

„Das ist eine Verhinderung, Meister. Sie verhindert die Konjunktion der Sonne mit Mars."

„So ist es. Aber das ist weniger wichtig. Wie sieht es mit der Sonne-Mars-Konjunktion selbst aus?" Er zuckte resigniert mit den Schultern. „Mache dich bereit, mein Kind. Die Zeit für den Initiationsritus, den alle, die bei einem Meisterastrologen studieren, überstehen müssen, ist gekommen." Ich nahm einen Yak-Kieferknochen auf, den die Bergwinde seit unerdenklichen Zeiten ausgetrocknet hatten und begann, ihn mit einem Feuerstein zu bearbeiten. Nach einigen Stunden, in denen der Junge in zitternder Erwartung dagesessen hatte, war die Arbeit getan. Ich hielt den Knochen so lange über das Feuer, bis er glühte, um ihn anschließend fest auf seine Stirn zu pressen. Die Worte:

Schau in den Ephemeriden nach

waren somit unauslöschlich in ihn eingebrannt.

„Aber, was heißt das, Meister?"

Ich gab ihm die Ephemeriden. Er blätterte durch das zerfledderte Papyrus ihrer abgegriffenen Seiten. „Ach, jetzt verstehe ich. Die Sonne wird Mars nicht erreichen, bevor beide Planeten das Zeichen gewechselt haben. Nicht vor 10° Krebs und damit einem Drittel des Weges durch das nächste Zeichen. Ich hatte gedacht, dass es sehr viel früher passiert."

„Das ist der Grund, warum es so ungeheuer wichtig ist, die Ephemeriden zu konsultieren. Was du denkst, das unter den Planeten vor sich geht, ist selten das, was wirklich zwischen ihnen passiert. Du weißt, dass die Sonne schneller läuft als Mars. Und dennoch bist du überrascht - das bist du doch, nicht wahr? - zu erkennen, wie lange es dauert, bis sie ihn eingeholt hat."

„Sehr überrascht", sagte er ergeben.

„Also finden wir keine Verbindung zwischen der Sonne und dem Herrn von 10. Gibt es hier sonst noch etwas, das auf Erfolg hindeuten könnte?"

Er umschlich das Horoskop wie ein Wolf, ohne etwas zu finden - bis: „Der MC befindet sich im Grad der Erhöhung der Sonne."

„Dort ist er tatsächlich. Gut entdeckt. Aber unwichtig. Stünde die Sonne dort, großartig. Aber sie steht nicht dort. Das heißt hier gar nichts."

„Also wird Arsenal nichts in der kommenden Saison gewinnen."

„Und das taten sie auch nicht. Aber können wir dennoch etwas Ermutigendes hier sehen? Am Ende ist es immer schön, den Klienten gut gelaunt zu entlassen - wenn wir das erreichen können, ohne die Regeln unserer Kunst zu vergewaltigen. Wir werden die Mars-Sonne-Konjunktion immerhin im nächsten Zeichen erleben."

„Aber ihr habt gesagt, dass sie durch Venus verhindert wird."

„Im Rahmen dessen, was in dieser Saison passiert - also allem, was sich innerhalb der Grenzen des gegenwärtigen Zeichens ereignet -, ist diese Konjunktion ein Rohrkrepierer. Die Grenzen unserer Frage sind die der Saison: also das Ende des Zeichens. Die Konjunktion wird sich bis dahin nicht ereignen, also gibt es da nichts, was Venus verhindern könnte. Sie verhindert ein Nichts, und zwar innerhalb der Grenzen des aktuellen Zeichens: dieser Saison. Aber...?"

„Aber die Konjunktion vollendet sich im nächsten Zeichen. Arsenal wird in der nächsten Saison etwas gewinnen."

„Gut. Was also werden sie gewinnen."

„Zum Zeitpunkt der Konjunktion wird Mars..." Ich unterbrach ihn. Es hatte genug Schläge für einen Tag gegeben.

„Nein, wo ist Mars?"

„In Zwilling, einem doppelten Zeichen. Sie haben nochmal das Double geschafft?"

„Ja, so war es."

„Also sind Doubles gar keine große Sache. Sie ereignen sich in einem fort."

„Erst seit Mitte der neunziger Jahre. Davor waren Doubles, also der Gewinn von Meisterschaft und Pokal in einer Saison, selten. Diese Vorhersagen kamen dennoch sehr unerwartet, schien es doch absolut unwahrscheinlich, dass eine Mannschaft so nachdrücklich die Dominanz von Manchester United im englischen Fußball durchbrechen könnte. So unwahrscheinlich, dass, als ich die vorherige Prognose machte, der Interviewer in *London Tonight*, einer Sendung, die ganz und gar für die Londoner Mannschaft Arsenal eingenommen ist, meinte: ‚Ich habe bisher alles, was John Frawley gesagt hat, geglaubt, bis er mir erzählte, dass Arsenal die Meisterschaft gewinnen würde.' Ein Jahr später haben sie das Interview wiederholt."

„Ich muss mir einprägen, Meister, dass, wenn die Frage zu Ereignissen in einer bestimmten Saison gestellt wird, das Ende des gegenwärtigen Zeichens, in dem der Signifikator steht, das Ende der Saison markiert."

„Im Allgemeinen, ja. Aber gebrauche deinen gesunden Menschenverstand. Wenn die Saison gerade angefangen hat und der Signifikator auf 28° seines Zeichens steht, wird die Zeichengrenze nicht das Ende der Saison darstellen. *Verbinde Können mit Besonnenheit*, immer."

Nach einer Pause fuhr er fort: „Wir können fragen, ob eine Mannschaft gewinnen wird. Können wir fragen, *welche* Mannschaft gewinnen wird, um uns den Gewinner des gesamten Wettbewerbs herauszupicken?"

„Im Prinzip ist das nicht kompliziert. Wir erstellen das Horoskop und schauen, welcher Planet als erster einen Aspekt zum Herrn von 10 macht oder, wenn es einen solchen nicht gibt, welcher unmittelbar vor einer Konjunktion mit dem MC steht."

„Das ist einfach."

„Leider nein. Die Schwierigkeit kommt, wenn wir entscheiden müssen, welche Mannschaft - oder in einer Einzelsportart, welcher Spieler - durch den Siegerplaneten vertreten wird. Das könnte immer noch ziemlich einfach aussehen, aber ich habe wenig Erfolg damit gehabt. Die offensichtliche Methode ist, den Spitznamen der Mannschaft zu gebrauchen. Im britischen Fußball gibt es einen Trend, die traditionellen Spitznamen über Bord zu werfen und sie durch etwas Aufregenderes, am besten amerikanisch Klingendes zu ersetzen. Ich bezweifle, dass diese neuen Namen uns in irgendeiner Weise helfen. Aber viele der traditionellen Namen haben eine wirkliche Verbindung mit der Mannschaft. Die ‚*Blades*' (Messerklingen) zum Beispiel, also Sheffield United, bezogen ihre Spieler und Anhänger aus einem Stahlwerk und die ‚*Millers*' (Walzwerker) von Rotherham United die ihren aus Walzwerken."

„Wo ist also das Problem?"

„Überlege mal: In der jüngeren Vergangenheit wurde die oberste englische Fußballliga von den *Reds* aus Liverpool, den *Red Devils* von Manchester United und den *Gunners*, also dem FC Arsenal, dominiert."

„Mars, Mars und Mars."

„Dann nimm mal an, die *Blades* werfen überraschend auch noch ihren Fehdehandschuh für die Meisterschaft in den Ring."

„Noch mehr Mars."

„Ganz schön viel. Oder denk mal über ein anderes Beispiel nach, diesmal aus dem schottischen Fußball. Welcher Planet steht für ‚*Hearts*' (die Herzen)?"

„Die Sonne natürlich."

„Ja. Oder eher, vielleicht. Da gibt es kein natürlich. Der volle Name des Vereins heißt *Heart of Midlothian* - das war der Name eines berühmten Gefängnisses."

„Also ist es Saturn."

„Aber der Spitzname des Vereins ist *Jambos*, von *Jam tarts* (Marmeladentörtchen), was sich auf *Hearts* reimt."

„Also ist es Venus! Sehr verwirrend."

„Mit Einzelsportlern ist es sogar noch schwieriger. Es gibt wenige mit einer eindeutigen astrologischen Assoziation: Venus Williams im Tennis ist eine davon. Wenn sie in Form ist, können wir zuverlässig darauf vertrauen, dass Venus, wenn sie der Signifikator für den Sieg ist, für Mrs. Williams steht und nicht für all die anderen potentiellen Venus-Kandidatinnen im Teilnehmerfeld. Aber solche Fälle sind selten."

„Es könnte nützlich sein, einen wahrscheinlichen Gewinner wie sie auszuschließen."

„Das ist wahr. Aber wenn wir uns damit zufrieden gäben, könnten wir auch einfach fragen: *Wird Venus Williams gewinnen?*"

„Gibt es also nichts, was wir mit solchen Fragen tun können?"

„Schau auf diese hier. *Wer wird die Premier League gewinnen?*" Dafür brauchte ich nicht ein neues Horoskop zu malen, ich musste nur einige Zahlen ändern und den Mond verschieben.

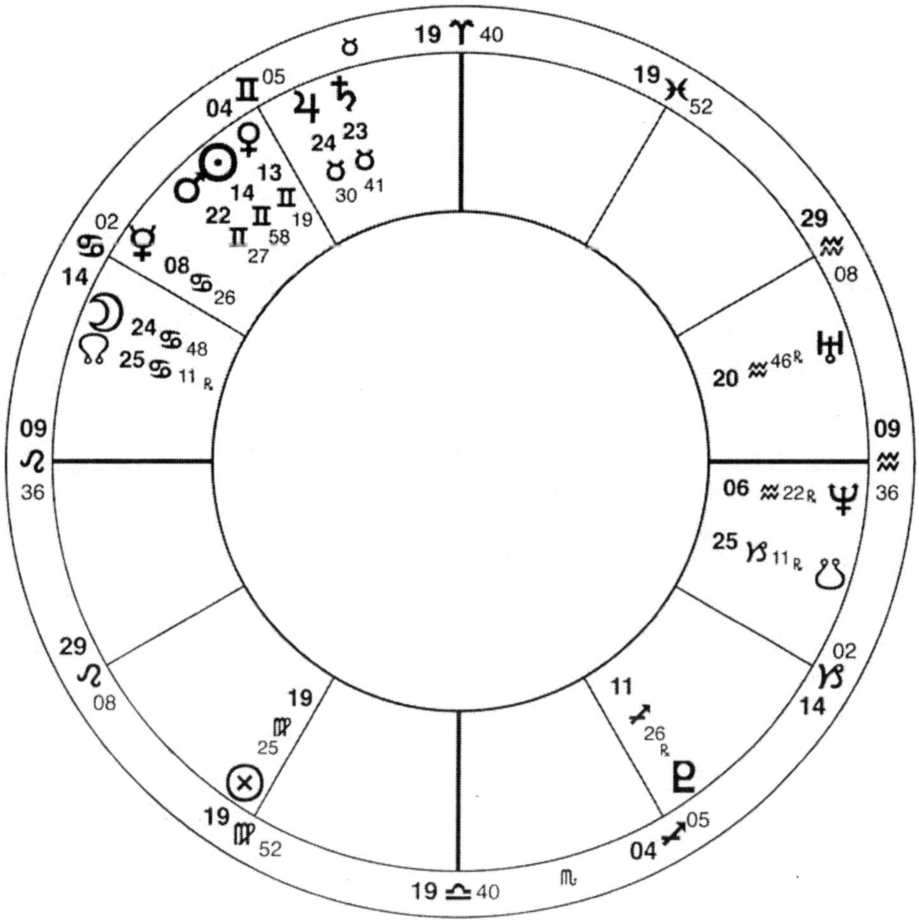

Wer wird die Premier League gewinnen?
5. Juni 2000, 9.17 Uhr Britischer Sommerzeit (BST), London

„Bewegt sich irgendein Planet auf einen Aspekt mit dem Herrn von 10 zu? Nein. Wir haben bereits gesehen, dass die Sonne Mars nicht einholen wird bis weit in das nächste Zeichen hinein. Bewegt sich irgendein Planet auf eine Konjunktion mit dem MC zu? Nein. Was nun, Meister."

„Es gibt hier keinen unserer Anhaltspunkte für Sieg. Aber einer wird gewinnen. Schau auf das Horoskop als ganzes. Fällt dir irgendetwas auf?" Er sah so ahnungslos wie Britney aus. „Nein? Schau auf den Mond, was ist mit dem?"

„Ach, er ist void of course, im Leerlauf! Nichts wird passieren."

„Nun, etwas wird ganz sicher passieren. Die Meisterschaft wird stattfinden und sie wird einen Sieger hervorbringen. Ich habe so viel Unsinn über den Void-of-course-Mond in Sporthoroskopen gehört: ‚Nichts wird passieren', ‚Es wird kein Ergebnis geben'. Huh!" Sedna schlug mit ihren Flügeln und krächzte empört über so viel Dummheit. „Wäre es so, könnte das nur heißen, dass solche Spiele niemals enden würden. Denn selbst ein Unentschieden ist ein Ergebnis."

„Was also bedeutet das, Meister?"

„Es ist ein Zeugnis dafür, dass sich nichts ändern wird. Es kann überstimmt werden, aber wenn wir kein gegenteiliges Zeugnis haben, dann haben wir auch nichts, was überstimmt werden kann. Die Mannschaft, die letzte Saison gewonnen hat, wird auch diese Saison gewinnen. Die Spielzeit war gerade zu Ende gegangen. Manchester United hatte die Meisterschaft gewonnen, ein Kunststück, das ihnen in der nächsten Saison wieder gelang."

„Das werde ich mir merken, Meister. Ich darf meine Deutung nicht auf das beschränken, was ich im Horoskop zu finden erwarte. Ich muss auf alles achten, was mir das Horoskop vorschlagen könnte."

„Gut, mein Junge. Aber achte auch auf den Kontext. Manchmal wird der uns einen Weg zu unserem Urteil weisen. Beispielsweise beschränkt sich die schottische Fußballmeisterschaft fast immer auf ein Zwei-Pferde-Rennen zwischen Celtic Glasgow und den Glasgow Rangers. Wegen ihrer religiösen Orientierung - Celtic ist der katholische Verein, die Rangers der protestantische - wird jeder, der genügend Interesse hat, um eine Frage zu stellen, wahrscheinlich eine gewisse Sympathie für den einen oder anderen Verein haben. Selbst wenn diese nicht ausreicht, ihn gleich als Fan zu bezeichnen. Wenn die Frage also lautet: *Wer wird die schottische Liga gewinnen?*, können wir das als einen einfachen Wettkampf behandeln: Wir gegen sie. Nur dass der Wettkampf nicht ein Spiel, sondern eine ganze Saison dauert."

„Ich verstehe, Meister. Ist es schon Zeit für das Abendessen?"

„Na geh schon!" Mit einem neckischen Büffet meines Stockes schickte ich ihn auf seinen Weg.

Als wir so dasaßen und auf den trockenen Wurzeln, unserem Abendessen, herumkauten, fragte er auf einmal: „Ich bin so fasziniert von eurer Geschichte über das Arsenal-Horoskop, Meister. Wie habt ihr zu unterschiedlichen Zeitpunkten zwei verschiedene Vorhersagen von demselben Horoskop machen können. Wie kam es dazu?"

„Ich hatte das Horoskop für einen Arsenal-Fan erstellt. Dann wurde ich von zwei Fernsehshows gebeten, einige Vorhersagen zu machen. Stundenastrologie ist immer die zuverlässigste Methode, um Sportergebnisse vorherzusagen. Folglich würde ich, wo immer möglich, Stundenhoroskope benutzen, die ich bereits bearbeitet habe. Deshalb habe ich das Horoskop für beide Gelegenheiten nochmal ausgegraben. Bei der einen schloss sich mein Hirn dann der einen Richtung an, bei der anderen der anderen."

Er kicherte. „Das klingt, als ob ihr nicht viel Kontrolle über euer Hirn hättet, Meister."

„Und du hast sie? Vielleicht kannst du dich entscheiden, über eine bestimmte Sache nachzudenken, aber kannst du einen bestimmten Gedanken veranlassen, in deinen Verstand zu springen? Das ist der Grund, warum Homer ewig über die Götter spricht, die einen Gedanken in den Verstand von Soundso senden. Wenn der Gedanke nicht gesandt worden ist, kann er Soundso auch nicht kommen."

„Also gibt es nicht viel, was wir daran ändern können."

„Ganz im Gegenteil. Aber nun werde ich dir von der wertvollsten Lektion berichten, die ich je in Astrologie erhalten habe. Es geschah am Abend des 26. Mai 1999. Manchester United hatte das Finale der Champions League, Europas angesehenstem Vereinswettbewerb, erreicht. Es sollte in Barcelona ausgetragen werden. Eine Fernsehshow hatte mich eingeladen, mir das Spiel anzuschauen. Zuvor hatte ich eine in einem versiegelten Umschlag verpackte Vorhersage des Endergebnisses abzugeben, die erst nach dem Spiel geöffnet werden sollte."

„Wow, Meister, eine Reise nach Barcelona."

„So hatte ich mir das auch vorgestellt. Aber leider kam es anders. Die Reise ging nur zu einer Sportkneipe in einer der weniger gut riechenden Ecken Londons, wo ich mir das Spiel im Fernsehen anschaute. Nichtsdestotrotz erstellte ich das Horoskop, kein Stundenhoroskop, sondern eines erstellt für den Zeitpunkt des Anstoßes. Ich sage dir nachher, wie man so etwas macht. Das Horoskop zeigte, dass die Favoriten, also Manchester United, gewinnen würden. Ich war ziemlich überzeugt von dieser Deutung. Aber ich hatte auch das Ergebnis vorherzusagen. Das ist nie mehr als eine gut fundierte Vermutung. Das Horoskop sprach für die Annahme, dass es nicht viele Tore geben, aber auch die Verlierer eines schießen würden. Wenige Tore, die Verlierer erzielen eins: 2:1 schien mir eine naheliegende Möglichkeit. Das große Problem war, dass das Horoskop zeigte, dass der Sieg spät im Spiel kommen würde. Wie spät? Gegen Ende der regulären Spielzeit? In der Verlängerung? Im Elfmeterschießen? Ich sollte eine klare Vorhersage schreiben, die Show war nicht an Abers und Vielleichts interessiert."

„Beängstigend, Meister!"

„Nicht wirklich. Ich war nicht sehr besorgt. Ich musste nichts beweisen. Ob die Vorhersage nun richtig oder falsch war, würde absolut nichts über die Gültigkeit der Technik oder meine Fähigkeiten als Astrologe aussagen. Es würde nichts beweisen außer, dass, aus welchem Grund auch immer, die Vorhersage richtig oder falsch war. Außerdem war dies keine der üblichen Shows, in der ein Astrologe mit irgendeinem dieser Skeptiker konfrontiert wird. Und das Programm wurde zu einem späteren Zeitpunkt ausgestrahlt. Hätte ich falsch gelegen, hätten sie die ganze Sache vielleicht sogar herausgeschnitten. Überdies ist ‚Astrologe macht's falsch' auch keine Spitzenmeldung."

„Stimmt."

„Aber so viele Menschen waren an der Sendung beteiligt. Der Moderator, der Regisseur, die Kameraleute, die Licht- und Tonmannschaften: Sie alle hatten ihren ganzen Kram in diesen gottverdammten Teil von London geschleppt, nur für dieses Ereignis. Ich hätte das Gefühl gehabt, diese Menschen zu verraten, wenn ich daneben gelegen hätte."

„Was also habt ihr gemacht, Meister?"

„Ich habe das gemacht, was ein Astrologe immer nur machen kann. Ich legte alles in die Hände der Jungfrau Maria und bat sie um ihre Gnade, auf dass ich alles so mache, wie es sein soll. Ich schrieb die Vorhersage und gab sie dem Besitzer des Pubs. Unter großem Tamtam schloss er sie in seinen Safe ein."

„Und was geschah?"

„Nach 90 Minuten befand sich Manchester United mit 0:1 auf der Verliererstraße. United hatte schlecht gespielt. Ihre Gegner, Bayern München, hatten das ganze Spiel kontrolliert. Alles, was blieb, waren drei Minuten, die wegen einiger Verletzungen nachgespielt wurden. Das Pub war natürlich voll von United-Fans, so dass eine Stimmung wie auf einer Beerdigung herrschte. Der leidenschaftslose Astrologe wurde dabei gefilmt, wie er ihnen versicherte, dass immer noch jede Menge Zeit zu spielen war. United schoss ein Tor und jedermann bereitete sich auf die Verlängerung vor. United schoss noch ein Tor und der Schlusspfiff ertönte. Das außergewöhnlichste Ende eines Spiels, das die meisten von uns je erlebt hatten. Der Safe wurde geöffnet und die Vorhersage ans Licht gebracht: Manchester United gewinnt 2:1 in der regulären Spielzeit."

„Oh, Meister, brillant!"

„Ach, nicht wirklich. Eine gute Kenntnis der Astrologie und die Gnade, die richtige Wahl getroffen zu haben. Das war meine große Lektion: Egal wie gut unser Wissen ist, egal wie ausdauernd unsere Konzentration, wir können zwei Gedanken niemals dazu zwingen, sich zu vereinigen. Alles wurde durch Gnade getan. Was ich dich hier lehre, kann dir einiges von dem Wissen vermitteln. Wenn du dann damit arbeitest, übst, übst und nochmal übst, wird dein Wissen wachsen. Für die Gnade aber muss ich dich an eine andere Stelle verweisen."

Früh am nächsten Morgen pflückte ich noch ein paar Blätter von der Bergpalme, die am Eingang zur Höhle stand, und zeichnete einige Horoskope. „Versuche diese selbstständig zu beantworten", sagte ich ihm. „Du wirst die Deutungen in Anhang 4 (S. 217-219) finden."

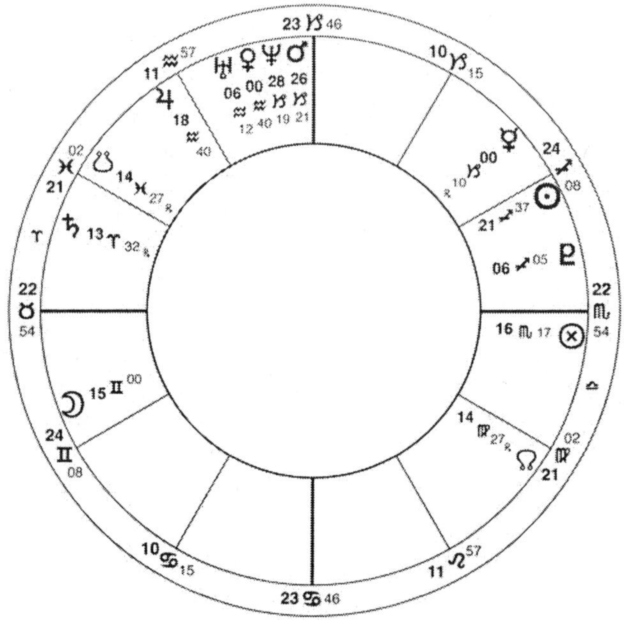

Test-Horoskop 1: *Wird meine Mannschaft das Spiel gewinnen?*
13. Dezember 1997, 14.14 Uhr Greenwich Mean Time (GMT), London

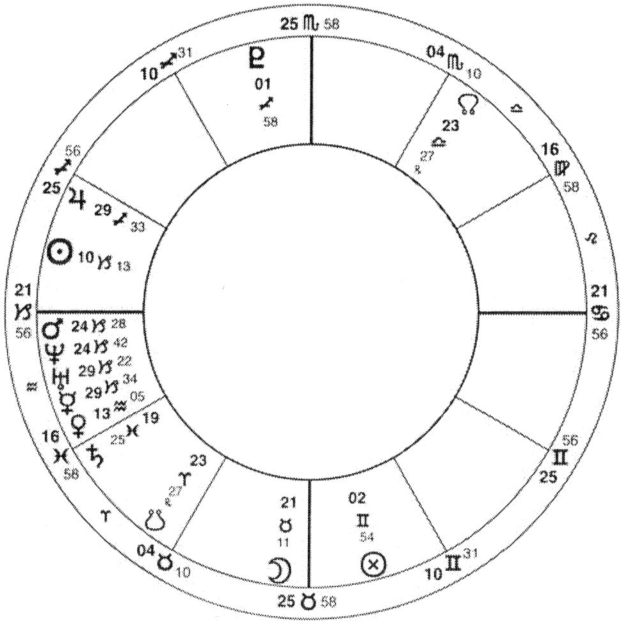

Test-Horoskop 2: *Wird (Name der Mannschaft) das Turnier gewinnen?*
Der Fragesteller war für keine der Mannschaften eingestellt. Er fragte nur aus Neugier.
1. Januar 1996, 8.54 Uhr Greenwich Mean Time (GMT), London

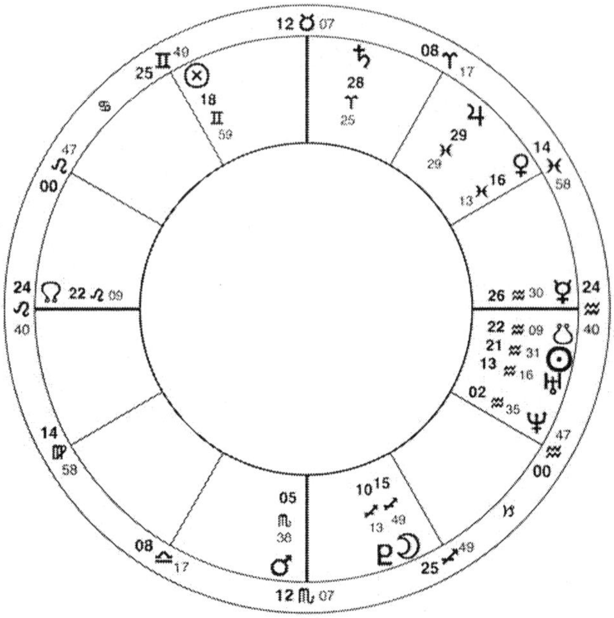

Test-Horoskop 3: *Wird meine Mannschaft das Spiel gewinnen?*
10. Februar 1999, 17.18 Uhr Greenwich Mean Time (GMT), London

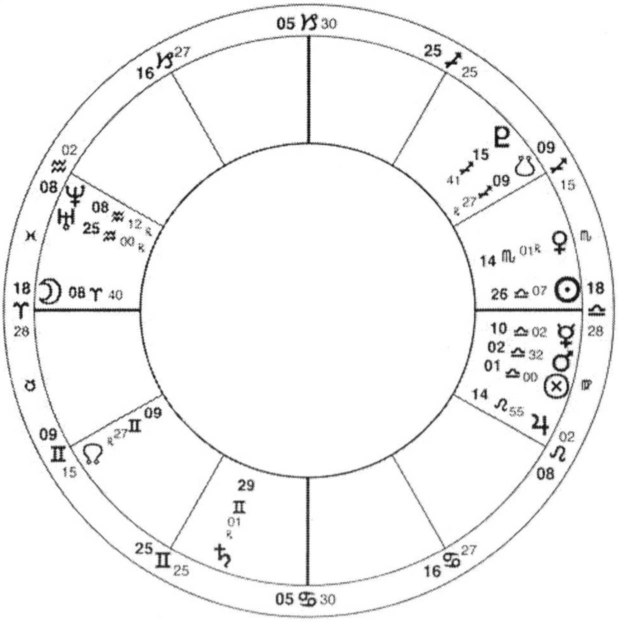

Test-Horoskop 4: *Wird meine Mannschaft absteigen?*
Die Mannschaft, welche die Saison am Ende der Tabelle beendet, muss in die nächst niedrigere Klasse absteigen.
19. Oktober 2002, 17.44 Uhr, Britischer Sommerzeit (BST), Dundee, Schottland

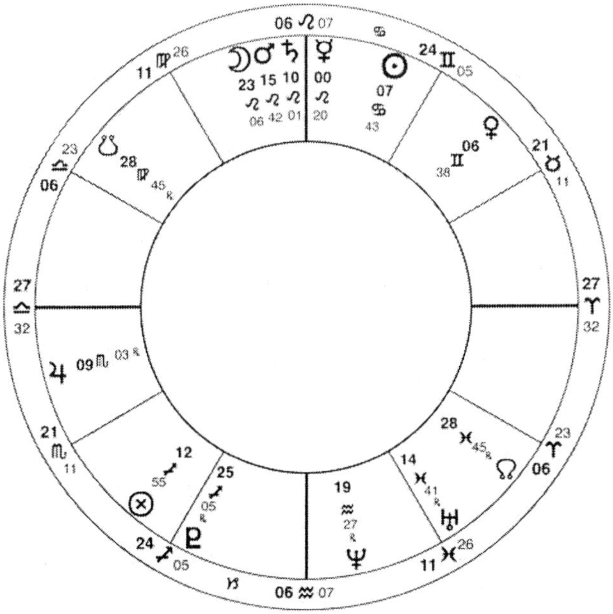

Test-Horoskop 5: *Wird der Champion das Spiel gewinnen?*
29. Juni 2006, 15.26 Uhr, Breite: 50 N 07, Länge: 005 W 32

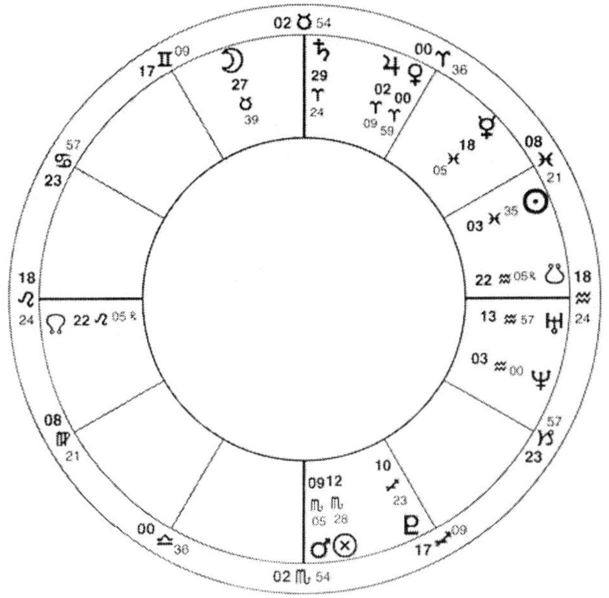

Test-Horoskop 6: *Wird meine Mannschaft aufsteigen?*
Am Ende der laufenden Saison werden die vier Mannschaften an der Spitze der Tabelle in die nächst höhere Liga aufsteigen.
22. Februar 1999, 15.55 Uhr Greenwich Mean Time (GMT), London

ZWISCHENSPIEL:

„DER SPORTLER DES JAHRHUNDERTS"[16]

Das siebente Haus des Geburtshoroskops, vor allem dessen Spitze, ist der Punkt, der am deutlichsten die Verbindung des Geborenen mit der Welt markiert. Ein Planet innerhalb eines Abstands von ein oder zwei Grad zur Hausspitze wird einen dominierenden Einfluss auf die Art und Weise haben, wie sich die Person mit anderen in Beziehung setzt. Dabei kann es sich sowohl um „wichtige Andere" als auch unwichtige Andere handeln, die die Welt im Allgemeinen ausmachen. Wenn ein Planet derart in diesem Bereich platziert ist, wird er normalerweise das darstellen, was ein Bekannter nennt, wenn man ihn bittet, den Geborenen zu beschreiben.

Da mag es zunächst überraschen, an dieser Stelle Venus platziert zu finden in der Nativität eines Mannes, der dafür berühmt ist, Leute zu schlagen, und zwar hart zu schlagen. Wenn wir uns aber die warme Zuneigung vergegenwärtigen, die Muhammad Ali entgegen gebracht wird - im krassen Gegensatz zu solch Furcht einflößenden Persönlichkeiten wie Mike Tyson - dann wird diese Stellung weniger rätselhaft. Menschen zu schlagen mag das gewesen sein, was er tat, weshalb er bewundert und wofür er berühmt wurde. Aber das Bild, das seine Karriere überdauerte, war nicht das eines gewalttätigen Mannes.

Da, wo sie ist, steht Venus in Opposition zum Aszendenten, dem eigenen Bereich des Geborenen. Mit Venus als Herrscherin des zehnten Hauses, weist das auf den Konflikt hin, den Ali mit Autoritäten haben würde, sowohl innerhalb als auch außerhalb des von ihm gewählten Sports. Die gegenseitige Rezeption zwischen Venus und dem Herrn von 7 - seinen Feinden - spricht Bände: Es waren nicht seine Gegner, sondern Autoritäten - sprich Behörden -, die ihm als Erste den Titel abnahmen.

---

[16] Zu diesem erklärt durch die amerikanische Zeitschrift *Sports Illustrated* und die BBC.

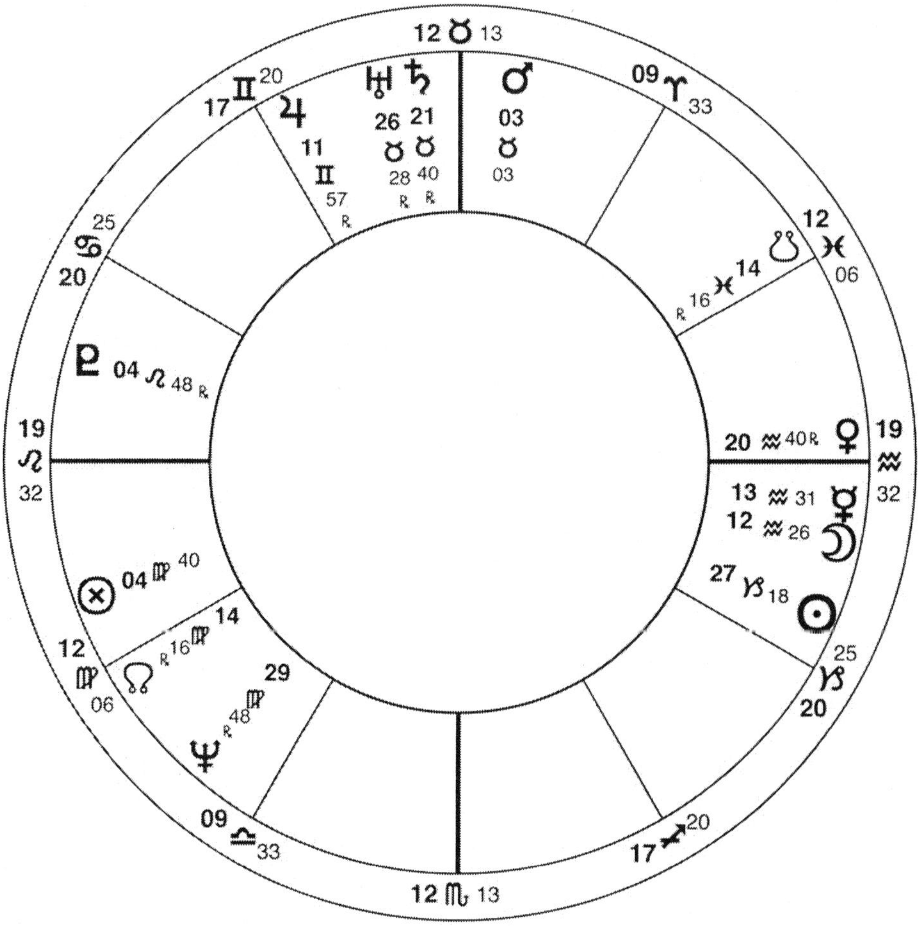

Muhammad Ali,
17. Januar 1942, 18.35 Uhr amerikanischer Central Standard Time (CST), Louisville, Kentucky

Ein Planet im engen Aspekt zum Aszendenten wird einen starken Einfluss auf die Erscheinung des Geborenen haben. Da es sich dabei in diesem Fall um Venus handelt, die auch noch im Wassermann, einem stimmstarken Zeichen, steht, überrascht es nicht, ihn so oft über sich ausrufen zu hören: „Ich bin so hübsch!“.

Der Aszendent selbst fällt auf den Fixstern Algenubi, der deshalb auf den Charakter des Geborenen abfärben wird. Algenubi steht im Sternbild des Löwen. Also können wir einige mächtige Gewaltakte erwarten, wie sie sich dem König der Tiere geziemen. Innerhalb des Sternbilds befindet sich Algenubi im Maul des Löwen. Daher sollten wir nicht nur Grausamkeit, unwiderstehliche Kraft und herzloses Reißen seiner Beute erwarten, sondern auch jede Menge grimmiger Laute. Das ist es nämlich, was ein Löwenmaul von sich gibt. Welche zwei Planeten würden zusammengenommen einen Schwergewichtsboxer abbilden? Sicherlich Mars und Saturn. Die Natur von Algenubi ist, wie Ptolemäus uns verrät, die Kombination von Mars und Saturn.[17] Nach Vivian Robson, *der* Autorität in Sachen Fixsterne, verleiht Algenubi eine kühne, bombastische, grausame, herzlose, brutale und zerstörerische Natur.[18] Venus mag die Schärfe aus einigen dieser Zuschreibungen nehmen - obwohl die ausgiebige Zerstörung von Ernie Terrell von 1967 auch weiter eine „barbarische Zurschaustellung von Grausamkeit"[19] bleibt -, aber als eine Bleistiftskizze der *Louisville Lip,* so einer von Alis Spitznamen, ist Robsons Beschreibung von Algenubi nicht weit vom Original entfernt.

Alle Eckpunkte und fünf der sieben Planeten stehen in fixen Zeichen. Sie verliehen Ali die notwendige Zähigkeit, um zehn Runden lang weiterzukämpfen, nachdem ihm Ken Norton den Kiefer gebrochen hatte, und um seine *„Rope-a-dope"*-Strategie durchzuhalten, mit der er seine Gegner ermüdete. Der Signifikator seiner Gegner ist Saturn, Herr über das siebente Haus. Zum Zeitpunkt von Alis Geburt noch rückläufig, steht Saturn kurz vor dem Richtungswechsel, um anschließend wieder vorwärts zu laufen. Um dies zu tun, muss er langsamer werden bis hin zum völligen Stillstand: die „Eingangsstation". Wenn ein Planet an Geschwindigkeit verliert, verliert er auch an Kraft, als ob er müde würde. Und genau darin lag Alis Strategie: Wenn er seine Gegner dazu verleiten kann, ihre Kraft sinnlos zu verpulvern - indem er an den Seilen lehnt und ihre Schläge, die sie mit aller Macht gegen ihn austeilen, einfach wegsteckt -, werden sie ermüden. Und so geschah es.

Ali dagegen hat Schnelligkeit im Übermaß. Mit Saturn, dem schwerfälligsten aller Planeten, in Stier, dem schwerfälligsten aller Zeichen, als Signifikator für seine Gegner, hätte es nicht viel bedurft, um schneller zu erscheinen. Aber da ist noch sehr viel mehr. Der Herrscher des ersten Hauses, Hauptsignifikator von Ali selbst, ist die Sonne. Die Geschwindigkeit der Sonne variiert nur in sehr engen Grenzen, so dass wir sie niemals als schnell oder langsam qualifizieren können. Der Signifikator von Alis Füßen allerdings erzählt eine andere Geschichte. Die Füße werden durch das zwölfte Haus dargestellt, das vom Mond beherrscht wird. Als Ali geboren wurde, bewegte sich der Erdtrabant außergewöhnlich schnell, um weit mehr als 14 Grad pro Tag. Schnelle Füße. Vereint in enger Konjunktion mit dem flinken Merkur, sehen wir sogleich den berühmten *„Ali Shuffle"* vor uns:

Schwebe wie ein Schmetterling, stich wie eine Biene,
Deine Hände können nicht schlagen, was deine Augen nicht sehen.

---

[17] Vgl. Claudius Ptolemy: *Tetrabiblos,* ins Englische übersetzt von Robbins, Harvard UP, S. 49, und Claudius Ptolemaeus: *Tetra Biblos,* deutsch von Philipp Melanchthon, Chiron Verlag 1995, S. 39.

[18] Vgl. Vivian Robson: *Fixsterne,* München 1990, S. 110.

[19] So die Ansicht des Journalisten Tex Maule, vgl: http://en.wikipedia.org/wiki/Muhammad_Ali.

2

Das Ereignishoroskop

„Oh, großartiger Meister! Nun habe ich die Stundenastrologie ergründet, kein Wissen sollte mehr jenseits meines forschenden Verstandes liegen. Was könnte ich jetzt nicht tun!"

„Ziemlich viel, junger Mann", gab ich zurück, während ich meine Stöcke nach einem durchsuchte, der robust genug war, ihn bei so viel Übermut eines Besseren zu belehren. „Selbst jenseits deiner eigenen Fehlbarkeit, und die ist groß, gibt es Grenzen der Kunst selbst."

„Niemals", schrie er. „Das kann nicht sein. Wie kann diese himmlische Kunst Grenzen haben. Ist da etwas, was ihr mir vorenthalten habt, ein dunkles Arkanum, das ihr nur dem enthüllt, der..."

„...eine American-Express-Karte hat?", unterbrach ich ihn. „Nein. Der Unterricht, den diese erhalten, unterscheidet sich einzig durch den Gebrauch eines dickeren Stockes. Mag die Kunst auch himmlisch sein, der Künstler ist weltlich, umringt von den Möglichkeiten des sterblichen Lebens. Diese Welt ist nicht göttlich. Sie ist nicht perfekt. Und es gibt auch keine perfekte Zuflucht vor ihr in der Astrologie. Während wir die Sterne studieren, bleiben wir auf der Erde."

„Und ihr, Meister? Ich kann einfach nicht glauben, dass ihr fehlbar seid." Ich holte zu einem Schlag aus und verfehlte ihn, um meinen Punkt zu demonstrieren. „Also, was sind die Einschränkungen in der Stundenastrologie", fragte er und rubbelte dabei an seiner Schulter wegen der Nachwirkungen meines zweiten Schlages.

„Alle Astrologie sollte sparsam gebraucht werden, mein Junge. Ich hoffe, du hast genug Verstand, dass du das schon begriffen hast. Salz bereichert den Geschmack eines Gerichts, aber allein verzehrt ist es ein widerwärtiges Mahl. Gleiches gilt vor allem für die Stundenastrologie, denn ihre einfache Anwendung verleitet den Unvorsichtigen schnell zum übermäßigen Gebrauch. Da sind die, welche vor Liebeskummer vergehen und dauernd fragen: *Ist es dieser? Ist es dieser?* zu jedem Mann, dem sie auf der Straße begegnen. Da sind jene abgerissenen Schauspieler, die zu jedem Publikum, dem sie gegenüber stehen, fragen: *Ist es dieses? Ist es dieses?* Das ist keine Astrologie, sondern Unfähigkeit, die auf die Magie hofft. Dazu sollte man keinen ermutigen, denn Magie kann nicht geliefert werden. Tatsächlich scheint der Kosmos sein Interesse zu verlieren, nachdem diese Fragen zwei oder drei Mal gestellt worden sind. Auf deiner Reise zu meiner Höhle bist du zweifellos Wahrsagern begegnet, die das *I Ging* benutzen." Er nickte. „Also wirst du dich vielleicht an das Hexagramm erinnern, das sagt: ‚Du hast beim letzten Mal nicht zugehört, warum nervst du mich also jetzt?' Stundenhoroskope reagieren ganz ähnlich, indem sie klar machen, dass sie keinerlei Absicht haben, auf die Frage einzugehen."

„Aber es ist doch sicher möglich, dieselbe Frage mehr als einmal zu stellen?"

„Streng genommen ist es nicht öfter möglich, dieselbe Frage zu stellen, als zweimal in denselben Fluss zu steigen. Aber ich verstehe, warum du das fragst. Ja, es gibt Menschen, die immer wieder Fragen zum selben Thema stellen, das ihnen auf den Nägeln brennt. Aber von uns wird erwartet, dass wir die Botschaft nach einer Weile verstehen. Ein Stundenhoroskop sollte uns etwas jenseits der erwarteten Antwort lehren: Entweder, dass diese Antwort am Ende gar nicht so wichtig war, oder, dass wir alles, was wir wissen müssen, dadurch erhalten, dass wir den astrologischen Mittelsmann herausnehmen und uns selbst direkt in die Situation begeben. Wir können den wettererfahrenen alten Seebär fragen, ob sich ein Sturm zusammenbraut. Aber wenn er uns bei drei oder vier Gelegenheiten immer auf die gleichen Wolkenformationen hingewiesen hat, gebietet es die Höflichkeit, ihn seiner Pfeife zu überlassen und die wolkigen Omen selbst zu deuten."

„Was also passiert, wenn jemand immer wieder dieselbe Frage stellt?"

„Nach einer Weile - einer kurzen Weile - verlieren die Sterne das Interesse. Sie nehmen ihren Ball und gehen nach Hause."

„Also ist es wie in den Märchen, in denen die gute Fee dir drei Wünsche gewährt und das ist alles, was du bekommst."

„Nicht ganz. Aber Stundenastrologie sollte mit Vorsicht gebraucht werden. Überlege mal: Wir haben einen Fan, der fragt: *Wird meine Mannschaft gewinnen?* wenn diese das Prestigeduell gegen den Lokalrivalen spielt. Dann wiederholt er die Frage, wenn sie gegen die übermächtigen Superstars United in einem K.o.-Wettbewerb antreten müssen. Dann nochmal vor dem wichtigen letzten Saisonspiel, das darüber entscheidet, in welcher Liga sie in der nächsten Saison spielen werden. Oder wir haben einen anderen Fan, der vor jedem Spiel fragt: *Wird meine Mannschaft gewinnen*? Da besteht ein großer Unterschied: Der eine gebraucht die Stundenastrologie vernünftig, der andere nicht. Der Unterschied verdoppelt sich sogar, wenn der zweite Fan die Frage zweimal vor jedem Spiel stellt, weil ihm die erste Antwort nicht gefallen hat."

„Richtig, Meister. Wir können nicht zu jeder x-beliebigen Gelegenheit dieselbe Frage stellen. Und ihr habt mir bereits gesagt, dass wir Stundenastrologie nicht anwenden können, wenn der Fragesteller keine Präferenz für die eine oder andere Mannschaft hat."

„Ja. Der gut ausgerüstete Sportastrologe wird so vorausschauend sein, seinen Vorratsschrank mit Anhängern sehr vieler verschiedener Mannschaften zu füllen, die jederzeit bereit sind sich zu melden, um eine stundenastrologische Frage zum nächsten Spiel ihrer Mannschaft zu stellen. Die, die nicht so viel Vorausschau haben, werden sehr bald an die Grenzen der Stundenastrologie stoßen. Tatsächlich werden diese Grenzen in keinem Untersuchungsfeld so offenbar wie in der Sportastrologie."

„Ich dachte, Stundenastrologie sei so eine hervorragende Methode."

„Das ist sie. Sie ist bei weitem die zuverlässigste Methode, aber nur zu besonderen Gelegenheiten. Wenn wir Sportergebnisse täglich vorhersagen wollen, brauchen wir eine andere Technik."

„Ich weiß! Ich weiß!", schrie er und sprang auf und nieder wie ein Jo-Jo. „Wir können *Geburtshoroskope* nehmen."

„Ah ja, der Zugang über das Geburtshoroskop. Wie, würdest du vorschlagen, sollten wir das tun?"

„Wir schauen uns die *Transite* zu den Horoskopen der Teilnehmer an. Das wird uns zeigen, wer einen erfolgreichen Tag haben und wer verlieren wird."

Ich sah auf meinen Stock und wog ihn bedächtig in meiner Hand. Enttäuscht entschied ich gleichwohl, dass er nicht robust genug war, um die Tracht Prügel zu verabreichen, die eine solche Antwort verdiente. Zudem gibt es tatsächlich Astrologen, die behaupten - und das offenbar in allem Ernst -, nach dieser Methode zu arbeiten. „Nehmen wir mal ein Fußballspiel. In jeder Mannschaft gibt es elf Spieler, plus fünf Ersatzspieler, die eingewechselt werden können oder auch nicht. Die Mannschaftsaufstellung wird oft erst kurz vor Spielbeginn bekannt gegeben. Das verschafft dir 32 Horoskope, die du studieren kannst - wobei zehn sich am Ende als unwichtig herausstellen können. Aber du weißt nicht, wie viele und welche es sind. Dann lass uns noch das Horoskop der Trainer dazunehmen. Das sind eine ganze Menge Horoskope. Und hast du alle Geburtszeiten für diese Horoskope? Das bezweifle ich. Und dann musst du alle diese Horoskope studieren."

„Das ist einfach. Alles, was wir wissen müssen, sind die Planetenstände an dem betreffenden Tag."

„Ja, Transite." Ich schnippte mit den Fingern und Sedna kam zu mir gehopst, ein altes, ledergebundenes Buch auf dem Rücken. „Schau, mein Junge: *Euer Wörterbuch der Astrologie.*" Ich schlug es auf und las: „Transit. Babylonisches Wort für ‚Ich bin zu faul für richtige Astrologie'." Er schaute mich an, als wäre ich auf sein Lieblingsspielzeug getreten.

„William Lillys *Christian Astrology* bringt es auf ungefähr 850 Seiten. Transiten widmet er drei Absätze und das sind zweieinhalb mehr als sie verdienen.[20] Aber wenn man manche Astrologen reden hört, könnte man meinen, dass sie die gesamte Kunst der Vorhersage umfassen. Hast du Transite studiert?"

„In der Tat, Meister."

[20] Vgl. William Lilly: *Christian Astrology*, S. 741

„Und du hast niemals bemerkt, wie der von dir gefürchtete Saturntransit... nichts ausgelöst hat? Und der Jupitertransit, den du so sehr herbeigesehnt hast... nichts ausgelöst hat? Im Sport sind die Transitfans besonders scharf auf Marsübergänge. Nach Lilly versetzen Marstransite den Geborenen ‚in Zorn und Leidenschaft'. Wenn einer Profisport betreibt, dann würde ich hoffen, dass sein Puls rast! Erzählt uns dieser Transit irgendetwas jenseits dieser Feststellung?"

„Aber welchen Nutzen haben Transite dann?"

„Äußerst wenig. Und zwar egal, was der Gegenstand unserer astrologischen Untersuchung ist. Transitfans behandeln Astrologie als eine Form von Weissagung aus Büchern: Schlage die Ephemeriden auf, schaue und schon hast du die Vorhersage! Aber dazu braucht es mehr als das. Transite bedeuten gar nichts ohne einen Kontext. Du musst als Erstes das Geburtshoroskop studieren, und zwar sorgfältig. Ohne zu wissen, was Jupiter, zum Beispiel, genau heißt und wie er in diesem Horoskop gestellt ist, können wir nicht wissen, was dieser Jupitertransit bedeutet. Dieser Planet ist weit mehr als die himmlische Version des Weihnachtsmanns. Welche Häuser beherrscht er in der Nativität? Welche Würden hat er? Welche Beziehung hat er zu den anderen Planeten durch Rezeptionen? Wenn wir in der Lage sind, diese Frage zu beantworten, könnten wir unter Umständen erkennen, dass ein Jupitertransit das Letzte ist, was dem Geborenen Erfolg bringen wird. Erst wenn wir uns ein Verständnis des Geburtshoroskops erarbeitet haben, können wir damit anfangen, von ihm aus vorherzusagen."

„Das hört sich nach einer Menge Arbeit an."

„Das ist eine Menge Arbeit. Wie sehr bist du an dem Ergebnis dieses Spiels interessiert? Und wir haben noch kaum angefangen. Als nächstes müssen wir die Progressionen und die Revolutionshoroskope betrachten. Progressionen sind der Kuchen, die Revolutionshoroskope der Zuckerguss. Transite? Sie sind bloß die Kirsche obendrauf. Nimm die Kirsche weg und der Kuchen wird immer noch ziemlich genauso schmecken."

„Ihr meint, ich muss das alles für 34 Horoskope machen? Meister, ich habe mit der Astrologie nicht begonnen, weil ich harte Arbeit so liebe."

„Die harte Arbeit ist nur der Anfang. Es reicht nicht, nur kräftig zu schuften. Du musst auch Feingefühl in der Deutung entwickeln. Du entdeckst also, dass der Star der Mannschaft das Spiel seines Lebens macht - aber er kann immer noch verlieren. Das gilt sogar für Eins-gegen-Eins-Wettkämpfe. Oder du hast vielleicht einen Durchschnittsspieler. Gemeinsam mit seinen Vorbildern in der gegnerischen Mannschaft auf den Rasen zu laufen, ist der größte Moment seines Sportlerlebens. Und noch dazu wäre eine Niederlage nicht mehr als erwartet. Oder du siehst, dass der Torjäger einen rabenschwarzen Tag hat. Er verletzt sich und wird niemals wieder spielen - aber er hat das Siegtor geschossen. Oder die Mannschaft verliert, aber nach dem Spiel unterschreibt der Spieler einen neuen lukrativen Vertrag, also ist es ein erfolgreicher Tag für ihn, trotz der Niederlage."

„Das ist kompliziert."

„Und wir dürfen niemals vergessen, dass Sportler auch Menschen sind. Für den Fan auf der Tribüne mag das Spiel etwas ganz Besonderes sein. Für den Sportler ist es schlicht ein weiterer Tag im Büro. Wichtiger als das Resultat könnte für ihn der Krach sein, den er vor dem Spiel mit dem Trainer hatte. Und der Jupitertransit, der für ihn, wie du denkst, das Spiel gewinnt, steht vielmehr für seine Frau, die ein Kind zur Welt bringt. Der Saturntransit ist sein Auto, das liegen bleibt."

„Oh, Meister, lasst uns keine Vorhersagen aus Geburtshoroskopen machen."

„Sehr weise, mein Junge." Er hatte mittlerweile diesen Ausdruck tiefer Nachdenklichkeit angenommen - leer in eine mittlere Entfernung starrend - der, wie mir klar wurde, darauf hindeutete, dass ich genug gesagt hatte. Gleichzeitig bemerkte ich aber auch ein eigenartiges Zucken seiner Finger. „Du hast eine Frage?"

„Meister, ich verstehe nun, dass der Gebrauch der Transite falsch ist. Schlagt mich bitte für meine Dummheit."

„Du bist ein Student", sagte ich, mein Bestes gebend, um ein wohlwollendes Lächeln auf mein Gesicht zu zaubern, „es ist dein Job, Dinge falsch zu machen." Ich gab ihm eins auf die Schulter, aber mein Herz war nicht dabei.

Nun kam er zu seiner Frage: „Aber Meister, wenn es zu viel Arbeit ist, die Geburtshoroskope aller Spieler zu untersuchen, können wir nicht das Geburtshoroskop der Mannschaft benutzen? Oder angenommen, wir haben einen Eins-gegen-Eins-Wettkampf: Können wir nicht die Geburtshoroskope der Spieler verwenden?"

„Du magst harte Arbeit, nicht wahr?" Ich öffnete eine Flasche des besten Hochland-Himalaya-Malbecs[21], um mich gegen eben diesen Gedanken, den Krafteinsatz für eine Sportvorhersage derart auszuweiten, zu wappnen. Ausreichend gerüstet, begann ich: „Wir haben hier zwei Situationen: den Eins-gegen-Eins-Einzelwettkampf und das Aufeinanderprallen zweier Mannschaften.

Lass uns mit dem *Eins-gegen-Eins-Wettkampf* beginnen." Ich klopfte ihm auf seine Fingerknöchel um sicherzugehen, dass er aufmerksam zuhörte. „Ja, mein Junge, in einem Eins-gegen-Eins-Wettkampf können uns die Nativitäten alles erzählen - wenn du all das, was ich gerade aufgelistet habe, bearbeitest. Und wenn du bestimmte Realitäten im Hinterkopf behältst, die oft all zu leicht vergessen werden."

„Ich bin Student der Astrologie, oh Meister. Die Wirklichkeit ist ein Ort, den ich selten aufsuche. Was meint ihr?"

„Lass uns ein Beispiel aus der Welt der Politik nehmen. Es ist noch nicht so lange her, dass die guten Bürger von Amerika gewählt haben, wer ihre Wünsche in den nächsten vier Jahren ignorieren würde. Der amtierende Präsident, George

---

21 Malbec: alte französische Rotweinrebsorte. (Anm. d. Üb.)

Bush, trat gegen John Kerry an. Astrologen kamen aus allen Löchern und Versenkungen hervorgekrochen, um den Ausgang vorherzusagen."

„Ich erinnere mich gut, Meister. Wenige von ihnen lagen richtig."

„Ja. Wir mögen davon die vielen abziehen, die in den Sternen nicht mehr gesehen haben als ihr eigenes Wunschdenken. Aber selbst unter jenen, die dem Wettstreit neutral gegenüber standen, gab es einen weit verbreiteten Irrtum: zuviel Astrologie und zuwenig Wirklichkeit. Es fehlte, wie der große William Lilly gesagt hätte, ..." - der Junge sprang auf seine Füße und salutierte - „...daran, *Können mit Besonnenheit zu verbinden*."

„Wie kam es dazu, Meister?"

„Die Astrologen hatten Kerrys Horoskop untersucht, seine Progressionen, Revolutionen und, ja leider, auch seine Transite, und sie hatten einige starke positive Zeugnisse gefunden. Sie schlossen deshalb daraus, das er gewinnen musste."

„Und was ist daran falsch?"

„Falsch ist daran, dass die astrologische Untersuchung nicht mit der Wirklichkeit der Situation zusammenpasst. Ein Jahr zuvor hatte noch kaum jemand etwas von Kerry gehört. In der Wahlnacht aber war er auf jedem Fernsehbildschirm der Welt zu sehen. Ihm fehlte am Ende nur ein Bundesstaat, um Präsident zu werden. Natürlich zeigte sein Horoskop Erfolg an: Ob er nun gewonnen oder verloren hat, diese Nacht wird sich im Rückblick vermutlich als die erfolgreichste Nacht seines Lebens erweisen."

„Ich verstehe. In einem anderen Wettkampffeld hätte er eine Silbermedaille gewonnen und wäre glücklich gewesen."

„Genau. Was immer die politische Theorie gewesen sein mag, in der Praxis gab es einen amtierenden Präsidenten. Egal wie gut sich Kerry schlug, er konnte nur gewinnen, wenn ein Wechsel im Status quo angestanden hätte. Wenn Bush nicht verliert, kann Kerry nicht gewinnen. Dann gibt es keine freie Stelle im Weißen Haus, die Kerry besetzen könnte."

„Also müsste die astrologische Untersuchung mit Bushs Horoskop beginnen. Wenn das nicht seine Niederlage anzeigt, brauchen wir nicht mal auf Kerrys Horoskop zu schauen."

„Ja, wir müssten Zeugnisse haben, dass Bush verliert. Oder vielleicht auch, dass er umzieht, denn das Haus hängt an seiner Position. Es gab aber solche Zeugnisse nicht."

„Obwohl es nach einem einfachen Wettkampf ausgesehen hatte, können wir ihn nicht als solchen deuten."

„Richtig. Wir müssen uns klaren Blickes anschauen, von welcher Art dieser Wettkampf ist. Sage mir, Junge, worin liegt der Unterschied zwischen einem Wettkampf wie diesem - oder einem Titelkampf im Boxen - und, sagen wir, dem Finale der Australian Open?"

Sein Gesichtsausdruck verriet mir, dass Gedanken mit schweren Schritten in seinem Kopf herumwanderten. Gleichzeitig hopste Sedna von einem Fuß auf den anderen und krächzte: „Ich weiß! Ich weiß!" Ich ließ den Vogel mir die -

natürlich richtige - Antwort ins Ohr flüstern, bevor ich mich wieder dem Burschen zuwandte. „In einem Titelkampf", erklärte ich, „ist die Situation die gleiche wie bei Bush und Kerry. Egal wie gut der Herausforderer ist, wenn der Champion nicht verliert, gibt es keine freie Stelle zu vergeben. Bei den *Aussi Open* ist das anders. Selbst wenn einer der Finalisten im letzten Jahr das Turnier gewonnen hat, ist er derzeit nicht der Champion."

„Also könnten wir die Nativitäten vergleichen?"

„Könnten wir. Aber wir haben bereits über die Einschränkungen dieser Methode gesprochen - von der dafür erforderlichen Arbeit gar nicht zu sprechen. Wenn dies das einzige Finale wäre, das die Spieler je erreicht hätten, könnten wir einige Zeugnisse in Technicolor im Horoskop erwarten. Aber sollte dies tatsächlich das einzige Finale sein, das diese Spieler je erreicht hätten, dann würden wir selbst im Verliererhoroskop einige mächtige Zeugnisse erwarten. Zweiter geworden zu sein, wäre immer noch ziemlich gut. Hätten wir es andererseits mit dem Horoskop einer Martina Navratilova zu tun, die ein Grand-Slam-Turnier nach dem anderen gewinnt, würden wir nicht erwarten, dass jeder Sieg von einem astrologischen Feuerwerk begleitet wird. Es wäre für sie einfach nur ein weiterer Tag im Büro."

„Aber wir sollten in der Lage sein, auf das Horoskop zu schauen, um zu sehen, wer sich an diesem Tag besser schlagen wird."

„Na und? Vielleicht möchtest du ein Wettrennen im Fliegen mit Sedna austragen. Sednas Horoskop könnte alle erdenklichen Beeinträchtigungen aufweisen. Er könnte die schlechteste Flugvorstellung seines Lebens abliefern. Und du könntest mit deinen Armen energetischer als je in deinem Leben schlagen: Er wird dich besiegen."

„Okay, Meister. Lasst uns individuelle Geburtshoroskope vergessen. Aber können wir auf die *Geburtshoroskope von Mannschaften* schauen?"

„Das klingt nach einer guten Idee, mein Junge, aber nach meiner Erfahrung kommt man damit nicht weit. Das liegt wahrscheinlich daran, dass es schwer ist, das richtige Horoskop zu finden. Schließlich wurden die meisten Sportvereine von einem Haufen junger Burschen gegründet, die auf einem Stück Brachland Ball spielten. Die offiziellen Horoskope beziehen sich im Allgemeinen eher auf den Verein als Wirtschaftsunternehmen, als auf den Verein als Haufen junger Burschen, die ein Spiel spielen. Aber genau das interessiert uns."

„Aber warum können wir dann nicht das sportlich relevante, statt des geschäftlichen Horoskops nehmen?"

„In der Mehrzahl der Fälle wird jeder Anfangsmoment in den Nebeln der Erinnerung verloren gegangen sein. Selbst wenn wir das Datum des ersten Spiels des Klubs haben, fehlt uns doch meistens die Anstoßzeit."

„Was können wir denn sonst nehmen, Meister?

Können wir ein Horoskop von dem Spiel, das uns interessiert, selbst erstellen und aus diesem vorhersagen?"

„Ja. Das Problem hier ist das gleiche wie in vielen Ereignishoroskopen: Wer bekommt welches Haus?"

„Ich habe gehört, dass der Auslöser des Ereignisses das erste Haus bekommt."

„Und du dachtest, das wäre eine gute Idee? Überlege mal: Wenn dich ein Hund beißt und du entschließt dich, ein Horoskop für dieses Ereignis zu erstellen, wer bekommt dann das erste Haus?"

„Der Hund, nehme ich an, Meister. Er hat die Handlung ausgelöst."

„Aber nimm mal an, dass der Hund dich gebissen hat, weil du ihm auf den Schwanz getreten bist. Wer hat dann die Handlung ausgelöst?"

„Ist gar nicht so einfach, Meister, nicht wahr?"

„Nein, wirklich nicht. Es ist gesagt worden, dass wir so an Ereignishoroskope für die Wettkämpfe herangehen könnten.[22] Aber dem ist nicht so. Die Handlung wird gegenseitig ausgelöst. Lee Lehman führt ein Beispiel aus dem Baseball an, wo die Heimmannschaft den ersten Wurf hat. Aber über die Gastmannschaft könnte man genauso gut sagen, sie habe die Handlung ausgelöst, vor allem dadurch, dass sie aufgetaucht ist."

„Was ist dann mit der Mannschaft, die den Münzwurf im Cricket für sich entscheidet oder Anstoß hat?"

Ich war zu lange nachsichtig mit dem Burschen gewesen. Meine Laxheit begann seine Intelligenz zu beeinträchtigen. Nach einem solchen Vorschlag musste ich seinen Kopf zum Kochen bringen. Dass ich ihn für einige Minuten in den Kochtopf tauchte, hatte den erwünschten Effekt auf sein Denken. Aber der seltsame Geschmack, den der Eintopf dadurch bekam, schreckte mich davon ab, diese Korrekturmethode noch einmal anzuwenden.

„Du bist mit dem Wort *Vorher*sage vertraut", fragte ich ihn, nachdem er sich den Kopf abgetrocknet hatte.

„Ja, Meister."

„Wenn wir etwas *vorher*sagen wollen, ist es nützlich, das Ganze *vor* dem Ereignis zu machen."

„Ja, Meister."

„Es ist verführerisch, die natürlichen Herrscher zu benutzen: Mars für die *Red Sox*, den Mond für die *White Sox*. Aber das funktioniert nicht - von den Problemen, die ich vorhin schon erwähnt habe, gar nicht zu reden: Also wenn zum Beispiel die *Reds* gegen die *Reds* spielen oder die *Gunners* gegen die *Red Devils*."

„Ich habe gehört, dass es funktionieren soll, wenn man der Heimmannschaft den Aszendenten gibt."

„Und ich habe gehört, dass der Mond aus Frischkäse gemacht ist. Das funktioniert nicht, egal wie sehr manche Leute darauf insistieren."

„Was also dann?"

---

[22] Z.B. von J. Lee Lehman in: *Predicting the Outcome of Games or Confrontations: Where to Start*, in: *The Horary Practitioner*, vol. 9, issue 24, 1998.

„Lehman schlägt vor, dass viele Wettkampfhoroskope gedeutet werden können, indem man eine Methode benutzt, die sich *Bonattis Anleitung für die Vorhersage des Ausgangs einer militärischen Belagerung* bedient.[23] Ich bin da anderer Meinung. Die Belagerungssituation ist keine passende Metapher. Zum Beispiel behauptet Lehman, dass die Heimmannschaft oft als die belagerte Partei angesehen werden kann, weil in den meisten Sportarten die Heimmannschaft häufiger gewinnt als ihre Gäste. Aber angenommen, mein Land marschiert in deines ein. Wenn meine Armee um deine Hauptstadt herum sitzt, ist das eine Belagerung. Wenn meine Armee sich mit deiner eine reguläre Schlacht liefert, macht die Tatsache, dass deine Mannschaft zu Hause spielt, daraus noch lange keine Belagerung: Es ist eine reguläre Schlacht. Lehman argumentiert, dass die Heimmannschaft einen Vorteil habe und dass es deshalb eine Belagerung sei. Aber hier gibt es kein ‚deshalb'. Es gibt viele Faktoren, die es wahrscheinlicher machen, dass eine Armee die Schlacht gewinnen wird. Die Armee, die die höher liegenden Areale besetzt, hat gegenüber der, die bergauf kämpfen muss, einen Vorteil. Die Armee, die als erste auf das Schlachtfeld kommt und sich den Platz für ihre Aufstellung aussuchen kann, hat einen Vorteil. Aber weder diese noch irgendwelche anderen Faktoren verwandeln eine ordentliche Schlacht in eine Belagerung."

„Ich verstehe."

„Lehman wendet die Belagerungsmethode auch auf Situationen wie Titelkämpfe an, wo der Champion vor allem Champion bleibt, indem er eine Niederlage vermeidet: Als ob eine belagerte Stadt nicht die Angreifer besiegen müsste. Die Bevölkerung müsste nur gespannt dasitzen und darauf warten, dass der Feind abrückt. Aber ein Titelkampf ist keine Belagerung. Belagerung heißt, man setzt sich hin und schlägt sein Lager auf: Die Armee schlägt ihr Lager vor den Toren der Stadt auf. Es wäre höchst ungewöhnlich einen Boxer zu sehen, der versucht den Titel zu gewinnen, indem er sich vor die Füße des Champions setzt, sein Lager aufschlägt und darauf wartet, dass der Champion aufgibt. Oder dass sich sogar der Champion hinsetzt und nichts macht in der Hoffnung, dass der Herausforderer am Ende den Ring verlässt. Es ist die falsche Metapher. Ein Spiel: Champion gegen den Herausforderer, ist keine Angelegenheit des vierten Hauses: *Wird die Stadt der Belagerung widerstehen?*, sondern eine des zehnten Hauses: *Wird der König gestürzt?*."

„Okay, Meister, was also machen wir?"

Die Methode

„Erstelle ein Horoskop für die Zeit und den Ort des Anstoßes. Wähle Placidus-Häuser, so wie bei allen Ereignishoroskopen. Gib dem Favoriten das erste, dem Außenseiter das siebente Haus."

---

[23] Ebd.

„Warum?"

„Weil es funktioniert."

„Wie weiß ich, wer der Favorit ist?"

„Wenn du interessiert genug bist, dir das Horoskop anzuschauen, wird dir deine Kenntnis um die Sportart häufig sagen, wer Favorit ist. Wenn nicht, schau bei den Buchmachern nach."

Er wirkte beunruhigt. „Aber Meister, sind Buchmacher wirklich so seriös, dass wir sie als Schiedsrichter in den himmlischen Sphären anerkennen können?"

„Es wäre nett, wenn uns Engelshände ein Spruchband über den Himmel ausbreiten würden, das uns sagte, welche Mannschaft der wahre Favorit ist. Aber diese Hände scheinen voll mit anderen Dingen beschäftigt zu sein, also müssen wir es selbst machen. Die Wettquoten der Buchmacher sind der beste Maßstab, den wir haben. Sie sind normalerweise ausreichend zuverlässig, aber es gibt bestimmte Sicherheitsregeln. Sei dir bewusst, dass der Zweck der Wettquoten ist, ‚Joe Zocker' dazu zu verleiten, eine Wette abzugeben. Also spiegeln sie nicht genau die Meinung des Buchmachers darüber wider, welche Mannschaft am wahrscheinlichsten gewinnen wird. Nimm mal zum Beispiel an, dass eine Mannschaft aus deinem Land gegen einen Haufen hinterhältiger Ausländer antreten muss."

„Oh ihr, meine großartigen Jungs! Ich würde jeden Tag hinter euch stehen, um diese grässliche Truppe zu besiegen."

„Und viele würden das Gleiche tun, ohne sich allzu sehr um die wirklichen Verdienste der beiden Mannschaften zu kümmern. Also könnten die Quoten für das Team aus deinem Land ein bisschen niedriger sein als sie es wirklich verdienen. Du solltest das im Kopf behalten, wenn die Wetten für beide Mannschaften mehr oder weniger gleich stehen."

„Was, wenn die Wettquoten tatsächlich gleich sind, Meister, wenn es also keinen Favoriten gibt?"

„Dann haben wir Pech, wir können diese Methode nicht anwenden." Er sah sehr geknickt aus, der arme Bursche, mit seinen Flügeln der Erwartung, die umsonst schlugen. „Wir können nicht alles machen. Erfreue dich daran, was wir machen können und beklage nicht, was wir nicht tun können."

„Also, Meister: das erste Haus für die Favoriten und das siebente für die Außenseiter."

„Gib dem Favoriten auch das zehnte und dem Außenseiter das vierte Haus. Das vierte ist das zehnte Haus vom siebenten aus gerechnet, also hat jede Mannschaft ihr jeweiliges Haus des Erfolges. Die anderen Häuser sind neutral."

„Und nun wägen wir die Stärken der Signifikatoren ab?"

„Ich bin froh, dass du das fragst, mein Junge, denn das gibt mir Gelegenheit, einen äußerst wichtigen Punkt hervorzuheben", - was ich tat, indem ich ihn fest und rhythmisch auf seinen Hinterkopf schlug, um ihm die Bedeutung einzubläuen:

„Es ist nicht das Gleiche wie Stundenastrologie, vermische die Methoden nicht."

Für alle Fälle wiederholte ich das. Zweimal.

„Wir sind hier am Ende der astrologischen Nahrungskette angekommen", fuhr ich fort. „Es gibt eine Hierarchie der astrologischen Methoden. Je höher das Niveau, desto gewichtiger sind die Techniken, die dazu passen. In der Stundenastrologie, zum Beispiel, die eine der niederen Ebenen darstellt, ist der Mond sehr wichtig, Fixsterne hingegen normalerweise nicht. Sobald wir die Mundanastrologie erreicht haben, spielt der Mond nur noch eine klitzekleine Rolle. Seine schnelle Fortbewegung ist insgesamt zu flüchtig, um in diesen Angelegenheiten von Bedeutung zu sein. Solche langsam laufenden Tiere wie die Fixsterne und der Zyklus der Großen Konjunktionen treten hingegen in den Vordergrund."

Bei der Erwähnung der sich langsam bewegenden Tiere zuckte Britney im Schlaf, als ob ich etwas von ihr wollte. Ich tätschelte sie, um sie zu beschwichtigen und so beruhigte sie sich wieder. „Hier bewegen wir uns auf einem Niveau sogar unterhalb der Stundenastrologie. Es ist, als studierten wir einige primitive Lebensformen, die nur wenige Fähigkeiten ausgebildet haben und ihre Gegenwart nur dadurch offenbaren, dass gelegentlich der Strahl eines schwachen Lichts das Dunkel der Höhle erhellt. Genauso ist es mit diesen Horoskopen. Geringfügige Bewegungen und bestimmte, eng umschriebene Hausplatzierungen sind alles, was uns interessiert."

„Und die wären?"

CHECKLISTE FÜR EREIGNISHOROSKPOPE

Für den Favoriten:	1. Haus und 10. Haus
Für den Außenseiter:	7. Haus und 4. Haus

Prüfe:

• Hausplatzierung von:	Herren von 1, 7, 10 und 4
	Mond
	Glückspunkt (nur per Antiszie!)
• Aspekte zum oder vom:	Mond
	Glückspunkt (körperlich und per Antiszie)
	Dispositor des Glückspunkts
• sonstige Punkte:	die Mondknoten
	Verbrennung
	die äußeren Planeten

„Überprüfe als erstes die **Hausplatzierung**. Wir schauen uns die Herren von 1, 4, 7 und 10 an. Steht irgendeiner von ihnen nahe bei einer dieser Hausspitzen?"

„Wie nahe?"

„Sehr nahe. Auf der Spitze sitzend, allerhöchstens ein paar Grade davor. Gerade innerhalb des Hauses verstaut, allerhöchstens einige Grade innerhalb desselben."

„Das schränkt den zulässigen Bereich sehr ein. Und bedeutet sicherlich, dass es in den meisten Fällen kein Zeugnis dieser Art geben wird?"

„Richtig. Es ist zwecklos, Zeugnisse anzuhäufen, nur um Zeugnisse anzuhäufen. Wir sollten uns darauf beschränken, was von Belang ist. Und erinnere dich:

Ein Planet auf der Spitze kontrolliert das Haus, ein Planet innerhalb des Hauses wird von diesem kontrolliert.

Also:

- Der Herr von 1 auf der Spitze von 7 sitzend ist ein starkes Zeugnis dafür, dass der Favorit gewinnen wird.
- Der Herr von 1 gerade innerhalb des siebenten Hauses ist ein starkes Zeugnis dafür, dass der Favorit verlieren wird.
- Der Herr von 7 auf der Spitze von 1 begünstigt den Außenseiter.
- Der Herr von 7 gerade innerhalb des ersten Hauses zeigt den Außenseiter in der Gewalt des Favoriten.

Ähnliches gilt für die anderen relevanten Häuser:

- Der Herr von 10 auf der Spitze von 7 begünstigt den Favoriten.
- Der Herr von 10 innerhalb des siebenten Hauses begünstigt den Außenseiter.
- Der Herr von 7 auf der Spitze von 10 begünstigt den Außenseiter.
- Der Herr von 7 innerhalb des zehnten Hauses begünstigt den Favoriten.

Und so weiter."

„Wie sieht es mit Planeten direkt vor oder innerhalb ihrer eigenen Häuser aus?"

„Auch das ist wichtig. Aber diese Zeugnisse sind weniger stark als jene, die das Haus des Gegners einbeziehen. Beispielsweise ist der Herr von 1 auf der Spitze von 1 oder innerhalb des ersten Hauses gestärkt. Aber obwohl gestärkt, fehlt ihm doch das Gefühl der Stärkung im Angesicht des Feindes, das entsteht, wenn er das siebente Haus beherrscht. Das eine ist wie ein Champion, der am einen Ende des Turnierplatzes mit seinem Schwert winkt. Das andere wie ein Champion, der mit seinem Schwert winkt, aber dabei mit seinem Fuß auf dem Hals des Gegners steht."

„Also ist der Herr von 10 vor oder im zehnten Haus ein Zeugnis für den Favoriten."

„Ja,"

„Und der Herr von 4 vor oder im vierten Haus begünstigt den Außenseiter."

„Ja."

„Mal angenommen, der Planet ist rückläufig, Meister?"

„Wenn er rückläufig ist und innerhalb des Hauses seines Gegners steht, macht die Rückläufigkeit keinen Unterschied: Er ist immer noch in der Hand seines Gegners. Ist er aber rückläufig und sitzt *auf* der Spitze des Hauses seines Gegners, bleibt das ein positives Zeugnis, aber weniger stark als stünde er an gleicher Stelle und wäre direktläufig."

„Und die kleinen Tiere, Meister - wie sieht es mit ihnen aus?"

„Gut! Ja, mein Junge, Antiszien sind hier wichtig. Vielleicht nicht so zwingend wie körperliche Stellungen, aber sicherlich wert, notiert zu werden. Also:

- Die Antiszie des Herrn von 1 auf der Spitze von 7 begünstigt den Favoriten.
- Die Antiszie des Herrn von 1 innerhalb von 7 begünstigt den Außenseiter.

Und ganz ähnlich mit den anderen Vertauschungen."

„Was ist mit den anderen Hausstellungen?"

„Unwichtig."

„Der Herr von 1 in einem fallenden Haus?"

„Unwichtig!"

„Ein Signifikator in 12?"

Ein herzhafter Stoß mit meinem Stock brachte meinen Punkt schließlich rüber. „Unwichtig. Unwichtig. Unwichtig! Selbst wenn es keine weiteren Zeugnisse im Horoskop gibt, noch immer unwichtig. Zweifelst du an, dass ich meine, was ich über diese Horoskope gesagt habe? Dass wir hier mit einer äußerst eingeschränkten Palette von Instrumenten arbeiten?

Vergiss die essentiellen Würden.
Vergiss die akzidentiellen Würden.
Vergiss die Rezeptionen.

Die funktionieren in diesen Horoskopen einfach nicht. Jenseits der engen Parameter, die ich dir gegeben habe - von zwei oder drei Grad vor oder hinter der Hausspitze -, bedeutet die Hausstellung gar nichts. Der Herr von 1 ist nicht etwa leicht geschädigt, wenn er sechs Grad innerhalb des siebenten Hauses steht. Er ist überhaupt nicht geschädigt. Der Herr von 1 könnte sechs Grad innerhalb des ersten Hauses stehen, während der Herr von 7 in 12 weggeschlossen ist: das hieße gar nichts."

„Warum das, Meister?"

„Weil wir ein sehr empfindliches Instrument für diese Untersuchung brauchen. Überleg mal: Stundenastrologische Fragen zu Sportereignissen können zu jeder Tages- und, wenn der Astrologe nicht aufpasst, auch Nachtzeit gestellt werden. Die Spiele selbst hingegen beginnen innerhalb einer begrenzten zeitlichen Bandbreite. Vor allem, wenn es uns nur um eine bestimmte Sportart geht. Wenn das Abendspiel heute um 19.30 Uhr angestoßen wird, ist es sehr wahrscheinlich, dass das Abendspiel morgen auch um 19.30 Uhr angestoßen wird und das Spiel am nächsten Montag und das am Freitag in einer Woche ebenso. Wenn wir diese sich langsam verändernden Zeugnisse für die Deutung zuließen, würden wir in all diesen Spielen dasselbe Resultat erhalten: Der Favorit gewinnt oder der Favorit verliert. Aber so wird das nicht ablaufen."

„Also müssen wir uns auf die flüchtigen Sachen konzentrieren."

„Genau. Angenommen wir schauen auf einen Anstoß am Abend mit einem Wassermann-Aszendenten. Saturn regiert den Favoriten, die Sonne die Außenseiter. Weiter angenommen, Saturn steht im Löwen. Wenn wir gemäß der Rezeption deuten würden, bräuchte es eine ungewöhnliche Ansammlung von Zeugnissen, um sie zu übertrumpfen. Die Favoriten würden verlieren - ein Spiel nach dem anderen. Und da Saturn zweieinhalb Jahre in jedem Zeichen verbringt, würde es im nächsten Jahr zur gleichen Zeit genau dieselbe Abfolge von Ergebnissen geben."

„Okay, Meister. Was machen wir als nächstes?"

„Als nächstes schauen wir uns **die Hausstellung des Mondes** an. Der Mond steht für keine der beiden Mannschaften. Meine beste Beschreibung des Sachverhalts ist diese:

Der Mond zeigt den Lauf der Ereignisse.

- Der Mond auf dem Weg zur oder innerhalb der Spitze von 1 oder 10: Der Sieg geht an die Favoriten.
- Der Mond auf dem Weg zur oder innerhalb der Spitze von 7 oder 4: Der Sieg geht an die Außenseiter.
- Schau dir auch die Antiszie des Mondes an.

„Sieht so aus, als ob der Mond in einem der Häuser der Mannschaften wie ein großer Strom von Energie für diese Mannschaft wirkte, fast als wenn sie vom Kosmos angefeuert würde."

„So ungefähr, mein Junge. Hübsch gesagt!"

„Und wenn der Mond woanders im Horoskop steht? Im zweiten Haus oder, sagen wir, im fünften?"

„Unwichtig. Hinsichtlich des Mondes war's das.

Als nächstes schauen wir auf **die Hausplatzierung des Glückspunkts**."

„Langsam habe ich den Dreh raus, Meister. Lasst es mich mal versuchen. Der Glückspunkt gerade innerhalb des ersten Hauses zeigt, dass der Favorit gewinnen wird, gerade innerhalb des siebenten Hauses, dass der Favorit verliert."

„Leider nein. Den Glückpunkt zu deuten ist gar nicht so einfach. Erinnere dich, dass man den Glückspunkt auch als Markierung der Mondphase im Horoskop betrachten kann. Bei Neumond ist der Glückspunkt genau auf dem Aszendenten. Während des Mondmonats macht er dann seinen Weg entgegen dem Uhrzeigersinn um das Horoskop herum, bis er bei Vollmond exakt auf dem Deszendenten steht. In der zweiten Hälfte des Mondmonats vollendet er weiter gegen den Uhrzeigersinn seine Reise zurück zum Aszendenten."

„Also würden die Favoriten - wäre das, was ich gesagt habe, wahr - jedes Spiel, das um Neumond herum beginnt, gewinnen und jedes Spiel, das um Vollmond herum anfängt, verlieren."

„Genau. Aber so läuft das nicht. Wenn das so wäre, könnten wir erwarten, dass daraus schon eine Volksweisheit entstanden wäre."

Er saß eine Zeit in Gedanken versunken da, bis ein listiges Lächeln in seinen Augen aufblitzte. „Ich weiß, Meister, es sind wieder diese kleinen Tiere, nicht wahr? Ihr liebt diese kleinen Tiere."

„Ich gebe zu, sie sind ziemlich niedlich. Aber sie können uns auch ganz hübsch beißen. Meine Zuneigung zu ihnen beruht einzig und allein darauf, dass sie in Horoskopen so wunderbar funktionieren. Ja, du hast Recht: Wir müssen nach unseren Antiszien schauen:

Die Antiszie des Glückspunkts, nicht seine körperliche Platzierung.

Obwohl der Glückspunkt in stetiger Bewegung um das Horoskop herum läuft, springt seine Antiszie - oder sein Spiegelpunkt - kreuz und quer über das Feld. Sie kann jederzeit im Monat überall auftauchen. Und darüber, was sie bedeutet, hast du inzwischen eine allgemeine Vorstellung:

- Die Antiszie des Glückspunkts nahe bei der Spitze von 1: der Favorit gewinnt.
- Die Antiszie des Glückspunkts nahe bei der Spitze von 7: der Favorit verliert.

Und so weiter."

„Es ist nur die Antiszie, also nehme ich an, dass dies ein nicht so starkes Zeugnis ist."

Ich gab ihm eins hinter die Ohren. „Du hast Glück, dass die kleinen Gesellen schon wieder in der Höhle sind und dich deshalb nicht hören können. Da gibt es kein ‚nur' in dieser Sache! Wenn die Antiszie des Glückspunkts an einer wichtigen Stelle steht, ist das eines der mächtigsten Einzelzeugnisse für die Deutung dieser Horoskope. Vielleicht sogar das mächtigste überhaupt."

„Drehe ich die Berechnung des Glückspunkts in Nachthoroskopen um?"

„Niemals! Es gibt schwerwiegendere Gründe dafür, es nicht zu tun, aber auch zwei, die direkt mit unserer Unterhaltung hier in Beziehung stehen. Einer davon ist, dass die Stellung des Glückspunkts während des ganzen Monats eine Abbildung der Mondphase ist. Und die verändert sich nicht, nur weil es Nacht wird. Den anderen liefert die Erfahrung. Der Glückspunkt spielt eine so wichtige Rolle in diesen Horoskopen, dass er allein oft den Ausschlag gibt. Ich habe mit meinen Deutungen durchweg richtig gelegen, wenn ich die Berechnung für den Tag angewandt habe, ob für ein Tages- oder ein Nachthoroskop."

„Wie sieht es mit den anderen *Arabischen Punkten* aus, vielleicht dem Punkt des Sieges?"

„Ich habe sie nie benutzt. Ich habe andere dabei beobachtet, wie sie es machen, aber ich bin nicht überzeugt. Falls du mit ihnen experimentieren möchtest, wenn du hier fertig bist, dann tu das auf jeden Fall. Aber ich habe sie niemals vermisst. Und schließlich, wie viel Arbeit möchtest du dir noch machen?" Das gab ihm etwas zum nachdenken und ich legte eine kleine Pause ein, bevor ich weitermachte:

„Wir gehen nun weiter zu den **Aspekten**."

„Aha! Der Herr von 1 im Quadrat zum Herrn von 7: Die Favoriten gewinnen!"

„Nein mein Junge, nein. Aspekte zwischen unseren Hauptsignifikatoren wird es selten geben, denn sie interessieren uns nur, wenn sie eng sind. Aber selbst wenn es einen solchen Aspekt geben sollte, denke daran, dass wir den akzidentiellen Würden, essentiellen Würden und Rezeptionen hier keinerlei Beachtung schenken. Also haben wir keine Anhaltspunkte dafür, welcher der beiden Signifikatoren besser dran ist."

„Soll ich also Aspekte zwischen den Herren von 1 und 7 ignorieren?"

„Ja, mit einer Ausnahme. Wenn wir ein Stundenhoroskop zu einem Rechtsstreit deuten, sagt uns ein sich anbahnender Aspekt zwischen den Signifikatoren der beiden Parteien, dass sie sich außergerichtlich einigen werden. In den meisten Sporthoroskopen ist so eine Lösung unmöglich: Wenn die *Yankees* gegen die *Red Sox* spielen, können wir annehmen, dass die Spieler ihre Differenzen nicht mitten im Spiel beilegen und sich in die nächste Bar vertagen. Bezieht sich unser Horoskop allerdings auf ein Schachspiel, dann können wir einen Aspekt zwischen den Herren von 1 und 7 als ein Zeugnis für ein Unentschieden nehmen. Spricht kein anderes Zeugnis dagegen, wird es so laufen. Befindet sich aber einer der beiden Spieler in einer deutlich überlegenen Position, dann wird dieses Zeugnis wahrscheinlich überstimmt."

„Wie in einem Boxkampf, wenn die Ecke das Handtuch wirft?"

„Das ist kein Unentschieden, lieber Junge, das ist eine Aufgabe."

„Richtig, Meister. Aber, wenn wir nicht an diesen Aspekten interessiert sind... Ich weiß! Ihr habt gesagt, dass wir uns auf die flüchtigsten Dinge konzentrieren. Das heißt, die Mondaspekte müssen wichtig sein."

„Ja! Obwohl die Hausplatzierung entscheidend sein kann, gibt es in den meisten Horoskopen keine bedeutsamen Platzierungen.

Die Mondaspekte entscheiden vermutlich mehr Horoskope dieser Art als jedes andere Zeugnis. Uns beschäftigen dabei natürlich nur *applikative* Aspekte: also Aspekte, die noch bevorstehen. Und sie interessieren uns nur in einer begrenzten Reichweite, die von Sportart zu Sportart verschieden ist - die Unterschiede in den verschiedenen Ballsportarten eingeschlossen:

Ballsportarten: Spieldauer: **mehr als 80 Minuten**	**maximal fünf Grad** (plus ein Grad, wenn Verlängerung möglich)
weniger als 80 Minuten	**maximal vier Grad** (plus ein Grad, wenn Verlängerung möglich)
Cricket: Ein-Tages-Match	**maximal 13 Grad**
First-Class-Match[24]	**bis zum Ende des gegenwärtigen Zeichens des Mondes**

Wenn ich andere Sportarten deute, habe ich gute Ergebnisse mit der Fünf-Grad-Regel erzielt. Das trifft auch auf Tennis zu, wo Spitzenspiele gewöhnlich länger als Fußballspiele dauern. Wenn du viele Tennis- oder Baseballspiele deutest, kann es passieren, dass dich die Erfahrung lehrt, die Grenzen noch ein wenig zu erweitern."

„Ihr sagt, dass wir, wenn der Mond bei einem Test-Match im Cricket bei ein Grad steht, alle Aspekte zulassen können, bis er 29 Grad später das Zeichen verlässt. Aber angenommen, der Mond steht schon bei 29 Grad?"

„Die Regel lautet:

Das Ende des Zeichens ist die Grenze für die Aspekte.

Beziehe keine Aspekte mit ein, die erfordern, dass der Mond die Zeichengrenze überschreitet. In einem Fußballspiel zum Beispiel, bei dem der Mond auf 28 Grad steht, haben wir nur noch zwei Grad, die er sich weiterbewegen kann. Er nimmt die Angelegenheit nicht in das nächste Zeichen mit - selbst wenn dir der Aspekt, den der Mond dort machen würde, gut gefällt. Aber die Erfahrung lehrt uns, dass wir für *First-Class-Matches* im Cricket - also *Test- oder County-Matches* - eine

---

[24] *First-Class-Matches* sind Cricket-Spiele der höchsten Kategorie. Dazu gehören neben den Test-Matches (vgl. Fußnote 13), auch *County-Matches*, die in England zwischen verschiedenen Grafschaften ausgetragen werden und mindestens drei Tage dauern. (Anm. d. Üb.)

Ausnahme machen können. Der Grund dafür ist ihre ungewöhnliche Dauer von bis zu fünf Tagen, die jene in anderen Sportarten bei weitem übertrifft. Dann - und nur dann -, wenn der Mond in einem Horoskop für ein Match dieser Art in einem der allerletzten Grade steht, können wir die Aspekte im nächsten Zeichen zulassen."

„Wie deuten wir diese Aspekte, Meister? Trigon: gut, Opposition: schlecht?"

„Nein. Die Art der Aspekte scheint keine Rolle zu spielen. Wir haben unsere vier Hauptsignifikatoren: die Herren von 1, 7, 10 und 4. Wer immer von diesen den letzten Aspekt mit dem Mond - innerhalb der zulässigen Wegstrecke - macht, gewinnt:

Der letzte Aspekt des Mondes gewinnt.
Körperliche Konjunktionen sind im Allgemeinen entscheidend.

Sagen wir mal, wir deuten ein Fußballhoroskop. Der Mond steht kurz vor einem Quadrat zum Herren von 10 und macht dann nach viereinhalb weiteren Graden eine Opposition zum Herren von 7. Der letzte Aspekt gilt dem Herren von 7, einem Signifikator der Außenseiter: Die Underdogs werden gewinnen."

„Obwohl es eine Opposition ist?"

„Obwohl es eine Opposition ist."

„Was ist mit dem ersten Aspekt zum Herren von 10? Zeigt das, dass die Favoriten früh in Führung gehen?"

„Es kann anzeigen, dass sie einen frühen Vorteil haben, ja. Das wird nicht immer eins zu eins vom Rasen auf die Ergebnistafel übersetzt, aber oft ist es so."

„Und was, wenn der Mond diesen schnellen Aspekt zum Herren von 10 macht und dann nichts weiter? Würde das heißen, die Favoriten gewinnen?"

„Ja."

„Und wenn der Mond eine schnelle Konjunktion zum Herrn von 10 machte und dann weiterliefe, um die Opposition zum Herren von 7 zu vollenden, dann würde ich die Opposition zum Herrn von 7 ignorieren?"

„Schau nicht weiter, wenn der Mond eine Konjunktion gebildet hat. Behandle die Konjunktion, als sei sie der letzte Aspekt."

„Und wie sieht es mit unseren kleinen Tieren aus?"

„Sie sind sehr wichtig, vor allem, wenn sie Konjunktionen oder Oppositionen bilden. Andere Aspekte zu Antiszien sind weniger zuverlässig. Aber auch sie scheinen zu funktionieren, wenn es nichts gibt, was sie überstimmen kann."

„Und Mondkonjunktionen zu Antiszien wirken auch entscheidend?"

„Nein. Das ist der Grund, weshalb ich von ‚körperlichen' Konjunktionen als im Allgemeinen entscheidend sprach. Konjunktionen per Antiszie sind das normalerweise nicht, zumindest bei Spielen, in denen der Mond die übliche Reichweite von etwa fünf oder sechs Grad hat. Wir können den Mond auch noch weiter als diese fünf oder sechs Grad laufen lassen. Aber wenn wir das tun, um eine Konjunktion per Antiszie zu erreichen, dann scheint er so froh, so weit gekommen zu sein, dass er aufgibt und nicht mehr weiterläuft. Das geschieht vor allem in Cricket-Spielen, in denen wir den Mond über eine sehr viel längere Strecke laufen lassen. Du kannst also sagen: die Langstrecken-Antiszien-Konjunktion entscheidet, die Kurzstreckenvariante nicht."

„Nun, Meister, wir gucken uns die Aspekte des Mondes zu den Herrschern der vier Schlüsselhäuser an. Aber was ist, wenn der Mond eines dieser Häuser selbst beherrscht?"

„Das wäre ärgerlich. Ich finde Schmollen eine angemessene Antwort darauf, aber unglücklicherweise ändert das gar nichts. Der Mond ist in diesen Horoskopen von solch großer Bedeutung, dass diese Verwirrung in den Rollen alles andere als hilfreich ist. Ich empfehle:

- Ist der Mond der Herr von 1 oder 7, nutze den Mond weiterhin als Anzeiger für den Fluss der Ereignisse. Nimm den Dispositor des Mondes als Herrscher dieses Hauses.
- Ist der Mond Herr von 4 oder 10, nutze den Mond weiterhin als Anzeiger für den Fluss der Ereignisse. Komme zu einer Lösung, ohne einen Herrscher für dieses Haus zu haben.

Haben wir zum Beispiel einen Krebsaszendenten und der Mond steht in Skorpion, dann schau dir die Aspekte des Mondes an und bestimme statt seiner Mars zum Herren von 1."

Ich griff nach meinem Stock, um für seine nächste Frage bereit zu sein. Er fragte trotzdem: „Aber was, wenn der Mond in Skorpion steht und Mars, sagen wir, Herr von 10 ist?"

„Zu viele Fragen, mein Junge! Bist du Jungfrau? Wenn die Konstellation so wäre, müssten wir Prioritäten setzen: Mache Mars zum Herren von 1 und komme ohne einen Herren von 10 aus. Solche Anpassungen sind nicht ideal. Aber wie immer: Wir tun, was wir können. Ich bin selten zufrieden mit den Deutungen eines dieser Horoskope, wenn Krebs entweder aufsteigt oder untergeht: Die Doppelrolle des Mondes verursacht Verwirrung. Aber es ist ganz gut, dass wir ab und zu an unsere Grenzen stoßen."

„Ist das alles bezüglich der Aspekte?"

„Nein. Die Mondaspekte sind sehr wichtig - genauso wie die **Aspekte zum Glückspunkt**. Die sind ein bisschen komplizierter. Lass den Glückspunkt natürlich da, wo er ist. Er bewegt sich nicht. Die Dinge bewegen sich auf ihn zu, um ihn zu aspektieren.

- Der Mond auf dem Weg zu Konjunktion, Trigon oder Sextil zum Glückspunkt oder seiner Antiszie begünstigt die Favoriten.
- Der Mond auf dem Weg zu Quadrat oder Opposition zum Glückspunkt oder seiner Antiszie begünstigt die Außenseiter.

Nimm die gleichen Reichweiten wie zuvor. Aber, besonders wichtig:

Aspekte zum Glückspunkt oder zu seiner Antiszie entscheiden.

Wenn also der Mond ein Grad vor einer Opposition zum Glückspunkt steht, können wir alle anderen Aspekte, die er innerhalb der für diesen Sport zulässigen Reichweite machen könnte, vernachlässigen. Und weiter:

- Der Herr von 1 vor einer Konjunktion mit dem Glückspunkt oder seiner Antiszie begünstigt die Favoriten.
- Der Herr von 1 vor einer Opposition mit dem Glückspunkt oder seiner Antiszie begünstigt die Außenseiter.
- Der Herr von 7 vor einer Konjunktion mit dem Glückspunkt oder seiner Antiszie begünstigt die Außenseiter.
- Der Herr von 7 vor einer Opposition mit der Antiszie des Glückspunkts begünstigt die Favoriten.

Hier haben wir eine Anomalie. Meine Erfahrung ist diese:

- Der Herr von 7 in körperlicher Opposition zum Glückspunkt begünstigt die Außenseiter.

Im Grunde sollte das andersherum funktionieren. Wenn du diese Berggegend verlassen haben wirst und anfängst, selbst mit der Methode zu arbeiten, empfehle ich dir, ein wachsames Auge auf diese Eigenart zu haben."

„Das werde ich, Meister. Wie sieht es mit anderen Aspekten der Herren von 1 und 7 zum Glückspunkt aus?

„Die würde ich vernachlässigen. Sie scheinen nicht mit irgendeinem Grad von Zuverlässigkeit zu funktionieren."

„Wie eng müssen diese Aspekte sein?"

„Halte dich an die Grenze von etwa fünf Grad. Aber da wir im Augenblick nicht über den Mond sprechen, ist folgendes äußerst wichtig:

Stelle sicher, dass der Aspekt wirklich zustande kommt.

Wird der Planet rückläufig, bevor er den Glückspunkt erreicht, gibt es keinen Aspekt. Ähnlich sieht es mit anderen Verhinderungen aus: Macht der Herr von 1 einen Aspekt zu einem anderen Planeten, bevor er den Glückspunkt erreicht, zählt der Aspekt zum Glückspunkt nicht. Der sich dazwischen schiebende Planet verhindert das."

„Und Aspekte der Herren von 4 oder 10 zum Glückspunkt?"

„Diese scheinen allein nicht stark genug zu sein, um einen Wettbewerb zu entscheiden. Wenn du verschiedene Zeugnisse hast, kannst du sie zur Unterstützung der einen oder anderen Seite miteinbeziehen, und zwar nach den gleichen Regeln, die für die Herren von 1 und 7 gelten. Ansonsten vernachlässige sie."

„Lasst uns nochmal klar machen, Meister: Wenn wir Hausplatzierungen prüfen, schauen wir nur auf die Antiszie des Glückspunkts. Geht es um Aspekte, schauen wir uns beide an: die körperliche Platzierung und die Antiszie."

„Das ist richtig. Wir müssen auch den Dispositor des Glückspunkts beachten."

„Ihr meint, den Herrscher des Zeichens, in dem sich der Glückspunkt befindet?"

„Ja.

- Der Dispositor auf dem Weg zur Konjunktion mit dem Glückspunkt begünstigt die Favoriten.
- Der Dispositor auf dem Weg zur Opposition mit dem Glückspunkt begünstigt die Außenseiter."

Er öffnete seinen Mund, aber ich kam seiner Frage mit meiner Antwort zuvor: „Wenn der Dispositor des Glückspunkts auch Herr von 10 oder 4 ist, hat seine Rolle als Dispositor des Glückspunkts Vorrang. Ist er auch Herr von 1, Herr von 7 oder der Mond, vergiss seine Rolle als Dispositor des Glückspunkts."

Er sah langsam so aus, als ob ihn die Menge an Informationen, die durch die Ohren in seinen Kopf drangen, ermüdete. „Keine Angst, mein Junge", beruhigte ich ihn, „wir sind fast fertig.

Es sind nur noch einige **sonstige Punkte** übrig. Ich habe dich gelehrt, akzidentielle Würden und Schwächen zu vernachlässigen. Aber es gibt einige Ausnahmen von dieser Regel:

- nördlicher Mondknoten: gut, südlicher Mondknoten: schlecht.
- Verbrennung ist schädlich.

Die Hausplatzierung der **Mondknoten** scheint nicht von Belang zu sein. Der nördliche Mondknoten am Aszendenten würde also nicht den Favoriten begünstigen. Aber Signifikatoren, die auf die Mondknoten fallen, werden helfen oder schaden. Das ist ein mächtiges Zeugnis. In diesem Kontext können wir den Glückspunkt als zum Favoriten gehörend betrachten: Der Glückspunkt auf dem Nordknoten hilft dem Favoriten, auf dem Südknoten dem Außenseiter. Konjunktionen höchstens im Abstand einiger weniger Grade."

„Und der Mond?"

„Er gehört zu keiner Seite, also hat seine Platzierung auf einem der Mondknoten auch keinen Effekt."

„Was ist mit **Cazimi**? Das ist normalerweise außerordentlich stärkend."

„Hier nicht. Ein Planet in Cazimi - also innerhalb eines Orbis von 17 Bogenminuten von der Sonne - steht in dem Ruf, so weit erhoben zu sein, dass er zur Seite des Königs sitzt. Ich befürchte, dass das hier keine Wirkung hat, weil es in diesem Zusammenhang keinen König gibt: Wir haben schlicht unsere beiden Protagonisten, die im Schlamm kämpfen. Kein König der Welt kann sich herunter beugen, um einen der beiden nach oben zu wuchten. Die **Verbrennung** muss in diesem Fall sehr viel enger als normalerweise gehandhabt werden. Wir können sagen, dass jeder Signifikator, der innerhalb eines Orbis' von zwei Grad zur Sonne steht, beschädigt ist."

„Also ist ein verbrannter Glückspunkt eine gute Nachricht für die Außenseiter. Der Mond verbrannt hat keinerlei Bedeutung?"

„Ja."

„Sind Planeten geschwächt, wenn sie **rückläufig** sind?"

„In diesen Horoskopen scheint das nicht so zu sein. Gleichwohl ist die Rückläufigkeit wichtig, wenn wir schauen, ob ein Aspekt zustande kommt. Sie kann also nicht völlig ignoriert werden."

„Und was ist mit den **Fixsternen**, Meister?"

„Dieses Niveau von Astrologie scheint unterhalb ihrer Sphäre zu liegen. Selbst Regulus, der Stern, der mehr als jeder andere Erfolg zu gewährleisten scheint, hat hier keinen sichtbaren Effekt.

Aber die *äußeren Planeten* sind es wert, beachtet zu werden."

Er hob seine Augenbraue und zerbrach sich augenscheinlich den Kopf darüber, ob mir die dünne Luft in dieser Höhe den Verstand geraubt hatte. „Ich habe dir gesagt, dass wir uns hier am unteren Ende der astrologischen Nahrungskette befinden! **Pluto** hat eine mächtige zerstörerische Wirkung, wenn er direkt auf einer relevanten Hausspitze steht. Steht er in Konjunktion oder Opposition zum Glückspunkt - oder dessen Antiszie oder Dispositor -, dann begünstigt das den Außenseiter. Tatsächlich scheint Pluto eine Art Groll gegen Favoriten zu hegen: Er ist weitaus weniger geneigt, seine Bösartigkeit an den Außenseitern auszutoben. Selbst wenn er auf der Spitze des zweiten Hauses steht, beschädigt er die Favoriten."

Er starrte angestrengt auf mich, um herauszufinden, ob ich ihn auf den Arm nehmen wollte. Ich versicherte ihm, dass mir solches Ansinnen fern lag. „Ich habe viele dieser Horoskope allein mit der Stellung von Pluto gedeutet. Und zwar korrekt, merke dir das."

„In Ordnung, Meister", fuhr er, ein Grinsen nur schwer unterdrückend, fort: „Wie sieht es dann mit **Neptun** und **Uranus** aus?"

„Ich habe nicht beobachtet, dass Neptun irgendetwas mit einer gewissen Beständigkeit bewirkt. Es kann sein, dass er ebenfalls die Favoriten nicht so sehr mag, also kannst du immer noch ein Auge darauf haben, wenn du solche Horoskope deutest. Auch Uranus scheint unzuverlässig zu sein. Aber wenn er kurz vor der Konjunktion mit dem MC steht, begünstigt das die Favoriten im starken Maße. Genauso ist es, wenn er auf den Glückspunkt zuläuft. In Opposition zum Glückspunkt begünstigt er den Außenseiter."

„Ich denke, all diese Kontakte der äußeren Planeten müssen sehr eng sein?"

„Sehr eng. Höchstens ein Grad oder so entfernt.

Schließlich kommen wir zu **Saturn**. Abgesehen davon, wenn er Herr von 1 oder 7 ist, scheint er als Übeltäter zu funktionieren, der alles schwächt, mit dem er in Berührung kommt. Dieser Hang zur Bösartigkeit scheint selbst Vorrang vor seinen anderen möglichen Rollen zu haben, wie etwas Herr von 10 zu sein."

„Ihr sagtet ‚schließlich', Meister."

„Ja, Knabe, wir sind fertig. Los, lass uns in die Höhle zurückkehren und die kleinen Kreaturen aufwecken. Dann kannst du Feuer machen und uns etwas zum Mittag kochen." Nach einigen nachdrücklichen Stößen stellte sich Britney wieder auf ihre Füße. Hätte sie Hände gehabt, hätte sie sich die Augen gerieben. Auch Sedna war eingeschlafen, eingelullt von diesem beständig vorbeirieselnden Strom von Zeugnissen.

Nachdem wir eine Weile schweigend gegangen waren, fragte mich der Junge: „Das Abwägen dieser Zeugnisse wird uns zeigen, wer gewinnt und wer verliert. Aber in vielen eurer Vorhersagen in Zeitungen und im Fernsehen habt ihr nicht nur den Gewinner vorhergesagt, sondern auch das korrekte Ergebnis. Wie mache ich das, oh Meister?"

Ich lachte. „Ich gebe dir den Mond, mein Bursche, und noch immer möchtest du die Sterne haben! Ein Ergebnis vorherzusagen, ist keine exakte Wissenschaft. Im besten Falle ist es nicht mehr als eine gut fundierte Vermutung. Wie ich aber auch gezeigt habe, kann die Vermutung häufig fundiert genug sein, um sich als richtig zu erweisen."

„Können wir das für alle Sportarten machen?"

„Nein. Ich habe das nur für Fußball gemacht. Es könnte auch bei anderen Sportarten mit niedrigen Ergebnissen möglich sein, aber sicher nicht im Basketball, anderen Ballsportarten, Cricket und Ähnlichem. Die Ergebnisse sind dort einfach zu hoch und es gibt ein zu großes Spektrum möglicher Ergebnisse. Für eine Fußballmannschaft sind vier geschossene Tore ungewöhnlich viel, sechs Tore zu schießen ist selten. Also haben wir ein begrenztes Spektrum von Wahlmöglichkeiten. Wenn wir aber die Differenz zwischen 79 und 80 Punkten ausmachen wollen, wie sollen wir die Zahl 80 in unserem Horoskop finden?"

„Aber ich habe Leute gehört, die behaupten, sie könnten Ergebnisse im Basketball und American Football vorhersagen."

„Und ich habe Leute Luftgitarre spielen sehen. Die Abwesenheit der Realität - also einer echten Gitarre - macht das Spielen so viel einfacher."

„Erklärt mir die Methode, Meister."

„Als grobe Richtlinie können wir sagen: Je mehr Zeugnisse es gibt, desto mehr Tore werden fallen. Das ist allerdings keine einfache Gleichsetzung von der Art: 2 Zeugnisse = 2 Tore. Es ist eine grobe Richtlinie und nicht mehr. Gibt es also kein Zeugnis für die eine Mannschaft, dann ist es unwahrscheinlich, dass sie ein Tor schießt. Gibt es gleichzeitig jede Menge Zeugnisse zugunsten der anderen Mannschaft, wird diese vermutlich viele Tore schießen."

„Also könnten wir einen 6:0-Sieg vorhersagen!"

„Könntest du, mein Junge. Ich würde das aber nicht tun. Ein 6:0-Sieg ist möglich und es wäre spektakulär, wenn du ihn vorausgesagt hättest. Aber mit den Werkzeugen, die wir zur Verfügung haben, wäre so eine Vorhersage nichts weiter als eine Torheit. 4:0 ist ein hoher Sieg, 6:0 ist ein hoher Sieg. Wir haben nicht die Werkzeuge, um zwischen beiden zu unterscheiden. Und dass am Ende wirklich ein 6:0 herauskommt, ist höchst unwahrscheinlich."

Er sah enttäuscht aus. Ich fuhr fort: „Erinnere dich, was William Lilly so oft gesagt hat: *Verbinde Können mit Besonnenheit.*[25] Mit anderen Worten: *Führe dir die wirkliche Situation vor Augen.* Du spielst hier nicht Luftgitarre! In den meisten Fußballspielen wird die unterlegene Seite nicht mehr als ein Tor erzielen. Und in den meisten Begegnungen wird der Gewinner nur ein oder zwei Tore mehr schießen als der Verlierer. Es ist besser, mit diesen Parametern zu arbeiten und die Dinge richtig hinzubekommen - mit dem Risiko, den gelegentlichen spektakulären Treffer zu verpassen -, als dem Spektakulären nachzujagen. Es passiert nicht oft, genau deshalb ist es spektakulär."

„Und die Unentschieden?"

„Nach demselben Prinzip. Wenn die Zeugnisse ausgeglichen aussehen, können wir ein Unentschieden vorhersagen. Die Anzahl der Zeugnisse wird uns eine vorsichtige Schätzung der Zahl der Tore erlauben. Wir schauen uns später ein typisches Horoskop für ein torloses Unentschieden an, dass du schnell erkennen wirst."

Inzwischen hatten wir die Höhle erreicht. Also schickte ich ihn zu seiner Arbeit, während ich mir ein bisschen Zeit nahm, um mein inneres Gleichgewicht wiederzufinden. Er weckte mich zum Mittagessen und als wir da so aßen, fragte er noch einmal nach: „Diese Methode funktioniert für alle Sportarten, Meister?"

„Nein. Sie funktioniert für alle Sportarten, bei denen ich sie ausprobiert habe, und das sind eine ganze Menge. Aber sie eignet sich nicht für die Massenproduktion. Stell dir mal zum Beispiel den Beginn eines Snooker-Turniers vor: Da könnten wir ein Dutzend Spiele gleichzeitig im selben Raum haben, die alle zur selben Zeit anfangen. Also haben alle das gleiche Horoskop. Theoretisch mag es möglich sein, uns die astrologischen Knochen aus dem Ganzen herauszupicken,

---

[25] Vgl. *Christian Astrology,* ebd.

aber ich habe keine Ahnung, wie wir das anstellen könnten. Doch warte bis zum Finale und die Methode wird dir den Gewinner nennen."

„Also funktioniert sie nur für Endspiele?"

„Nein, aber da funktioniert sie am besten. Für die Vorhersage der Ergebnisse von Finalspielen - ob des Super Bowl, der Australian Open, der Champions League oder des Dart-Turniers in deiner Eckkneipe - hat sie sich hervorragend bewährt. Von diesen Spitzenwerten der Trefferquote müssen wir Abstriche machen, je alltäglicher die Spiele werden. Am Samstagnachmittag um 15.00 Uhr werden im englischen Profifußball 40 oder mehr Spiele angepfiffen. England ist zwar größer als die Snookerhalle, aber nicht wirklich groß. Viele dieser Spiele werden Horoskope haben, die von einem, der nicht Jungfrau ist, nicht unterschieden werden können. In diesen Fällen ist die Methode also ziemlich nutzlos."

„Was ist mit den Ligaspielen, die zu einem anderen Zeitpunkt als die anderen angepfiffen werden?"

„Davon gibt es an einem Sonntag oft zwei oder drei. Dann funktioniert die Methode hinreichend gut. Sie erfüllt die Grundanforderung: Wir erzielen mit ihr bessere Resultate als ohne sie. Am Abend eines Wochentags wird es oft nur ein Spiel geben. Dann funktioniert die Methode erheblich besser, aber immer noch nicht so gut wie bei echten Einzelspielen wie einem Finale. Auch am Samstag bestehen die englischen Fernsehsender oft darauf, dass ein Spiel mittags angepfiffen wird und ein weiteres um 17.15 Uhr. Für diese scheint die Methode nicht zu funktionieren. Es ist fast so, als sollten diese Spiele doch auch um 15.00 Uhr beginnen wie die anderen, damit sie im Allgemeinen Morast des Spieltags versinken können."

„Kann es sein, dass die Methode in diesen Spielen nicht so gut funktioniert, weil auch Unentschieden möglich sind? Damit sind sie anders als Finalbegegnungen, in denen einer gewinnen muss." Ich zog ihm lustlos eins mit dem Stock über.

„Unentschieden sind ein Ärgernis, ja. Aber du wirst genau das gleiche Phänomen im Tennis und anderen Sportarten finden, in denen es kein Unentschieden gibt. Zweite Runde in Wimbledon: Vergiss die Methode. Finale an gleicher Stelle: Sie funktioniert prächtig."

„Aber sicherlich, Meister, wenn diese Methode etwas wert wäre, müsste sie auf allen Niveaus funktionieren. Könnte es einen Endpunkt geben, unterhalb dessen Astrologie einfach aufhört zu funktionieren?"

Es war langsam Zeit für eine Demonstration. Ich ging in die Höhle und kam mit einer Axt zurück. Ich gab sie ihm und forderte ihn auf, ins Dickicht zu gehen und einen Baum zu fällen, um unseren Vorrat an Feuerholz aufzustocken. Nachdem er schon ein Stück gegangen war, pfiff ich hinter ihm her, um nochmal seine Aufmerksamkeit zu erhalten. „Willst du das Holz auf deinen eigenen Schultern bis hierher tragen?", rief ich. „Nimm Britney mit." Sie murmelte etwas in ihren Bart, brachte sich zögerlich wieder auf ihre Füße und trottete in seine Richtung, um sich ihm anzuschließen.

Die Sonne war bereits am Untergehen, als er verschwitzt zurückkam, gefolgt von Britney, die turmhoch mit Holz beladen war und im besten Gossen-Yakkisch vor sich hin grummelte. Sobald er sie von ihrer Last befreit hatte, hieß ich ihn, sich zu setzen und seine rechte Hand auszustrecken. „Dieser Fingernagel muss mal wieder geschnitten werden", sagte ich, nahm die Axt auf und machte mich bereit um auszuholen. Voller Entsetzen schaute er mich an. Ihm war ins Gesicht geschrieben, dass in ihm ein Kampf zwischen seiner Gehorsamkeit als Schüler und seinem Verlangen nach Selbstschutz tobte. „Verstehst du nun", fragte ich ihn und nahm die Axt wieder runter. „Die Tatsache, dass etwas ein gutes Werkzeug für den einen Zweck ist, macht es noch lange nicht zu einem guten Werkzeug für alle Zwecke. Es gibt keinen Endpunkt, an dem die Astrologie aufhört zu funktionieren. Es gibt allerdings einen Endpunkt, an dem eine bestimmte Methode aufhört zu funktionieren. Genauso wie wir die Ereignisse eines individuellen Lebens nicht mit Hilfe der großen Jupiter-Saturn-Konjunktionen deuten werden, die für die Deutung des Lebens von Nationen so außerordentlich nützlich sind."

„Ja, Meister."

„So ist es mit allen Vorhersagetechniken. Sie tun, was sie tun. Bitte sie nicht etwas zu tun, was sie nicht können. Wir müssen zur Astrologie als demütige Bittsteller kommen. Es steht uns nicht zu, von ihr etwas zu fordern. Und erinnere dich immer: Wir müssen nicht alles vorhersagen! Dass wir alles vorhersagen können, ist ein Märchen."

Erschöpft von diesem arbeitsreichen Nachmittag konnte sich der Knabe kaum noch auf den Beinen halten. „Geh und füttere die Antiszien, mein Junge. Frisch und in aller Frühe werden wir morgen beginnen und uns einige Horoskope anschauen."

Und frisch und in aller Frühe gingen wir am nächsten Morgen ans Werk. „Juventus Turin hieß der heiße Favorit auf den Sieg im Finale der Champions League. Die gut informierten Kreise machten sich einzig über die Zahl der Tore Gedanken, mit der sie Borussia Dortmund schlagen würden. Nun, mein Junge, schau dir das mal an. Was siehst du?"

Er schaute auf das Horoskop, dann auf mein Gesicht, dann auf meinen Stock: als hätte er Angst etwas zu sagen.

„Na los, Bursche. Was hast du denn?"

Sich aus meiner direkten Reichweite lehnend, stammelte er: „Meister, ihr habt gesagt, Pl-Pl-Pluto könnte wichtig sein und hier zieht er meine Aufmerksamkeit auf sich."

„Ja, mein Junge! Pluto steht nur eineinhalb Grad vom Aszendenten entfernt und bewegt sich auch noch rückläufig auf diesen zu: Ein mächtiges Zeugnis dafür, dass die Favoriten verlieren werden." Er strahlte erleichtert.

„Was noch?"

Er studierte sorgfältig die Checkliste. „Der nördliche Mondknoten steht direkt auf dem MC, aber ihr habt gesagt, dass das unwichtig ist. Mars läuft auf den MC zu, aber Mars scheint in diesem Horoskop keine Funktion zu haben."

„Sehr richtig. Mars ist keiner unserer Signifikatoren."

„Die Sonne steht im siebenten Haus und sie ist Dispositor des Glückspunkts. Das könnte die Außenseiter begünstigen."

„Gut gesehen. Aber das ist weit weg von der Hausspitze. Zu weit, um von Bedeutung zu sein."

„Meister, ich bin durcheinander. Der Herr von 1 ist Jupiter, der Herr von 7 Merkur. Aber der Herr von 10, der auch für die Favoriten steht, ist ebenfalls Merkur und der von 4 ebenfalls Jupiter. Was mache ich?"

„Wie so oft, ist auch dieses Horoskop nicht so, wie wir es uns wünschen. Aber wir sind gezwungen, mit ihm zu arbeiten. Wir müssen Prioritäten setzen und die liegen eindeutig auf den Herren von 1 und 7, unseren Hauptsignifikatoren. Also müssen wir hier ohne die Herren von 10 und 4 auskommen."

„Danke, Meister. Nun sollte ich überprüfen, was der Mond macht. Der einzige Aspekt, den ich sehe, ist ein Sextil zur Antiszie des Glückspunkts, die bei 4° Stier liegt."

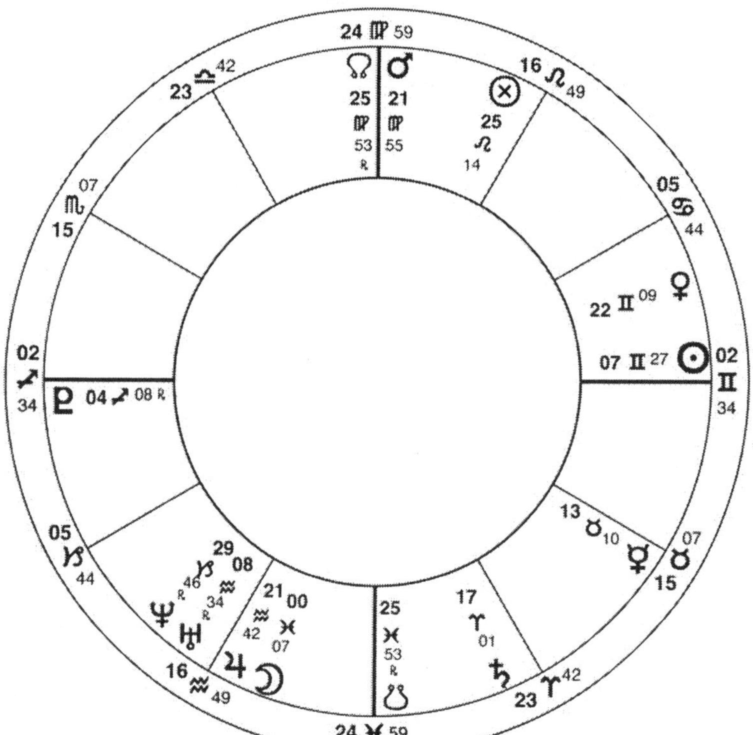

Juventus Turin gegen Borussia Dortmund,
28. Mai 1997, 20.30 Uhr, Mitteleuropäischer Sommerzeit (MEZ/S), München

„Ja, ein Sextil zu einer Antiszie ist nicht stark, aber wert beachtet zu werden. Es kann uns helfen, falls wir versuchen, das Ergebnis vorherzusagen. Und falls wir keine anderen Zeugnisse haben, könnte es sogar den Ausschlag für das Ergebnis geben."

„Ich muss mir anschauen, was unsere Hauptsignifikatoren machen. Oh, seht nur! Jupiter, der Herr von 1, läuft auf eine Opposition zum Glückspunkt zu!"

„Gut. Also haben wir zwei mächtige Zeugnisse zugunsten der Außenseiter und ein kleines zugunsten der Favoriten. Zum Erstaunen der sogenannten Experten gewann Dortmund 3:1. Das Sextil war wesentlich genug, um den Favoriten einen Treffer zu geben."

„Können wir noch eins machen, Meister?"

„Natürlich. In diesem Spiel wurde von Schottland erwartet, dass es Wales schlägt. Was machst du daraus?"

„Der Herr von 1 steht für Schottland. Er ist im zehnten Haus, aber zu weit von der Spitze entfernt, um von Bedeutung zu sein."

„Gut, mein Junge."

„Er steht ziemlich nah beim nördlichen Mondknoten. Das müsste gut für die Favoriten sein."

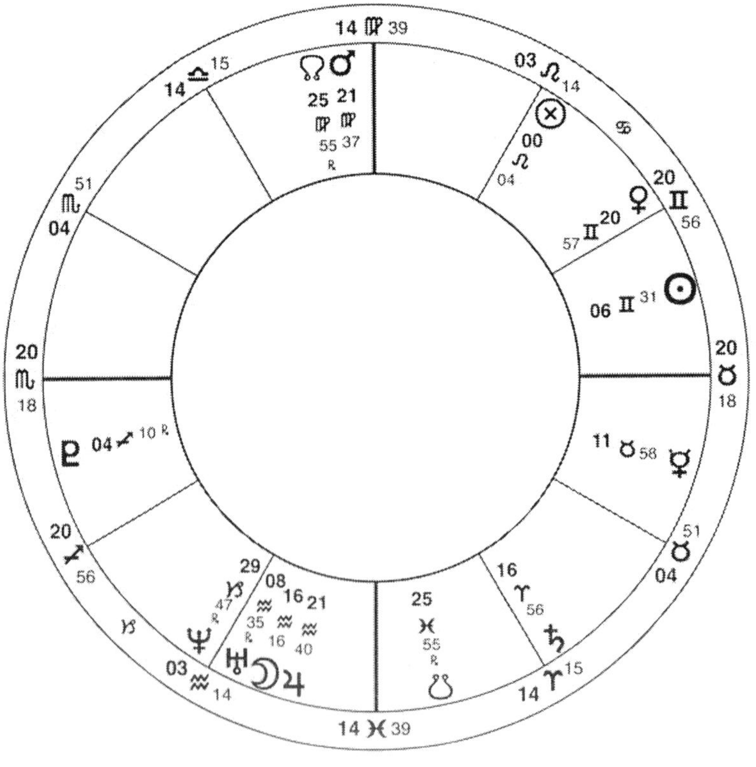

Schottland gegen Wales,
27. Mai 1997, 20.00 Uhr Britischer Sommerzeit (BST), Kilmarnock, Schottland

„Vielleicht. Ich würde sagen, dass es dennoch zu weit weg ist, um eine große Bedeutung zu haben."

„Der Herr von 7 läuft auf ein Quadrat zum Herrn von 1 zu - aber ihr habt gesagt, dass das nicht wichtig ist. Zuvor bildet er ein Trigon zum Herrn von 4. Aber ich nehme an, dass das ebenso wenig wichtig ist."

„Ja, genau. Was ist mit dem Mond?"

„Der Mond steht kurz vor einem Sextil zu Saturn. Saturn agiert hier als Übeltäter..."

„...aber der Mond hat hier die Aufgabe, den Gang der Ereignisse anzuzeigen, also wissen wir nicht, welcher Mannschaft Saturn übel will."

„Anschließend bildet der Mond ein Trigon zu Venus, der Herrin von 7, was für die Außenseiter spricht. Sein letzter Aspekt ist eine Konjunktion mit Jupiter, dem Herrn von 4. Weiter kann ich nichts sehen, Meister. Wales müsste gewinnen."

„Und das taten sie. Es gibt kein Zeugnis für die Favoriten und wichtig ist der letzte Aspekt des Mondes. Wales gewann 1:0."

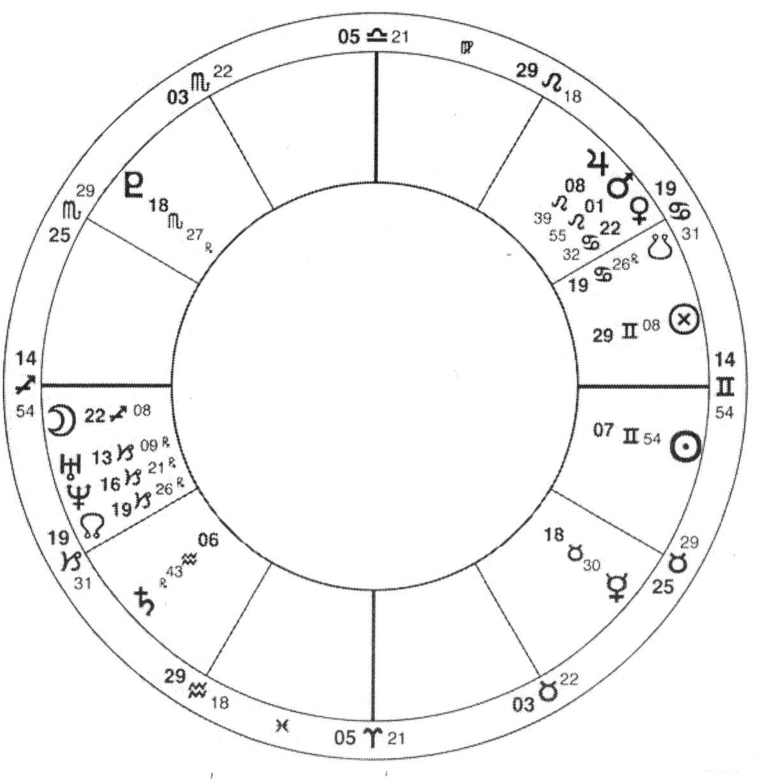

Olympique Marseille gegen Roter Stern Belgrad,
29. Mai 1991, 20.45 Uhr Mitteleuropäischer Sommerzeit (MEZ/S), Bari, Italien

„Schau dir das hier an. Das ist das torlose Unentschieden, von dem ich vorhin gesprochen habe. Es ist ganz typisch dafür. Sage mir, was du siehst."

Indem er ausgiebig brummte, grummelte, auf seinem Daumen herumkaute und sich hinter dem Ohr kratzte, arbeitete er sich durch die Checkliste der Zeugnisse hindurch. „Ich kann überhaupt nichts erkennen, Meister", verkündete er schließlich. „Weder eine Platzierung noch einen Aspekt. Hier passiert absolut nichts."

„Du verstehst also, was ich meine? Das war nicht nur ein torloses Unentschieden, sondern *das* torlose unter allen torlosen Unentschieden - ein Kandidat für den Titel des langweiligsten Fußballspiels aller Zeiten. Marseille und Roter Stern Belgrad hatten sich mit furiosem Angriffsfußball bis ins europäische Cupfinale durchgeschlagen. *Aficionados* aller Länder freuten sich auf ein Spiel voller herrlicher Tricks und spektakulärer Szenen. Leider war der Trainer der Außenseiter, Roter Stern, zu der Erkenntnis gekommen: ‚Wir können Marseille nicht besiegen, es sei denn, sie machen einen Fehler. Also habe ich meinen Spielern gesagt, sie sollen geduldig sein und auf das Elfmeterschießen warten.' Und so haben sie das Spiel nach allen Regeln der Kunst erstickt. Aber so niveaulos es auch war, einer musste gewinnen. Geh nochmal zum Horoskop, Junge. Wer hat gewonnen?"

„Na gut, Meister. Ich weiß, dass es ein torloses Unentschieden war. Also musste es bis zur Verlängerung oder zum Elfmeterschießen ausgedehnt werden. Folglich kann ich dem Mond erlauben, sich ein wenig weiter als gewöhnlich zu bewegen."

„Und was siehst du dann?"

„Meister, er läuft nach sieben Grad in eine Opposition zum Glückspunkt!"

„Ja, die Favoriten mussten verlieren. Die beschämende Strategie von Roter Stern Belgrad ging auf. Sieben Grad ist das absolute Maximum an Bewegung, das wir dem Mond in einem Fußballspiel zubilligen können. Also musste der Sieg nach Elfmeterschießen erfolgen. Und so geschah es."

„Ihr habt das vorausgesagt, Meister?"

„Aber nein! Das war 1991, lange bevor ich diese Methode entwickelt habe. Aber es beweist ihre Tauglichkeit, wenn wir sie auch nachträglich in die Vergangenheit projizieren und auf Spiele wie dieses anwenden können.

Hier ist noch eins. Erzähle mir, was du siehst."

„Die Platzierungen an den Achsen springen mir ins Auge, Meister. Der Herr von 4 ist gerade innerhalb des zehnten Hauses."

„Das heißt...?"

„Der Herr von 4 steht für die Außenseiter, also ist es ein Vorteil für die Favoriten. Aber der Herr von 7 steht unmittelbar vor der Spitze von 10. Das muss positiv für die Außenseiter sein. Und ein sehr viel stärkeres Zeugnis als der Herr von 4 in 10, denn das Ganze ist viel enger zur Spitze."

Manchmal hätte ich am liebsten meine Arme ausgebreitet und den Knaben umarmt. Mein Herz quoll über vor Freude über das, was er inzwischen gelernt hatte. Doch solches Verhalten wäre für einen Meisterastrologen nicht ziemlich gewesen und so klopfte ich ihm stattdessen mit meinem Stock liebevoll auf dem Kopf herum. Er konnte sehen, dass ich mit ihm zufrieden war.

„Nun muss ich mir die Bewegung des Mondes anschauen", fuhr er fort. „Er macht nach drei Grad ein Sextil zum Herrn von 7 und nach knapp über fünf Grad ein weiteres Sextil zum Herrn von 4. Hätte es eine Verlängerung in diesem Spiel geben können?"

„Ja."

„Na gut, dann lautet mein Urteil: Die Außenseiter gewinnen nach Verlängerung und die Favoriten schießen, berücksichtige ich die Stellung des Herrn von 4, mindestens ein Tor."

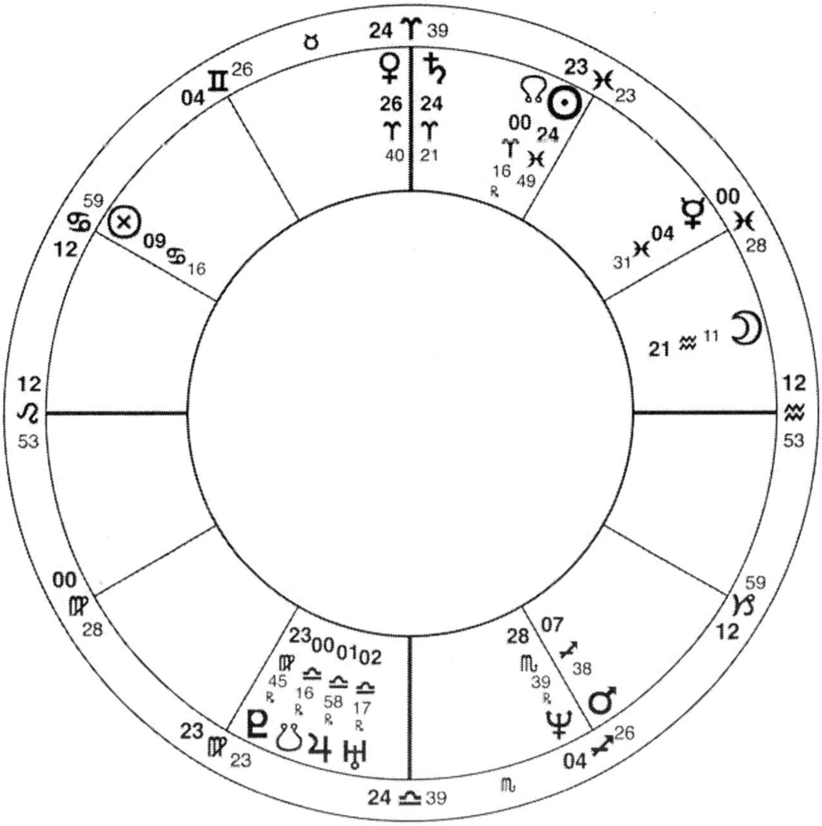

Swindon Town gegen Arsenal,
15. März 1969, 15.00 Uhr Britischer Sommerzeit (BST), London

„Und so geschah es, mein Junge. Swindon Town, ein kleiner Verein aus der dritten Etage des englischen Fußballs, demütigte die scheinbar übermächtigen *Gunners* vom FC Arsenal und gewann 3:1 nach Verlängerung."

Er sah angemessen zufrieden mit sich aus. Aber nach einigen Momenten des Klopfens auf die eigenen Schultern und jeder Menge liebevoller Streicheleinheiten für Sedna, fragte er: „Meister, ich fürchte, dass - sollte ich jemals diese Methode einem eigenen Schüler lehren - ich mich unter die Ungläubigen wagen muss, deren Leben in Leibeigenschaft an diesem dunklen Götzenbild des *Gridiron*[26] hängt. Können wir uns einige American-Football-Horoskope anschauen?"

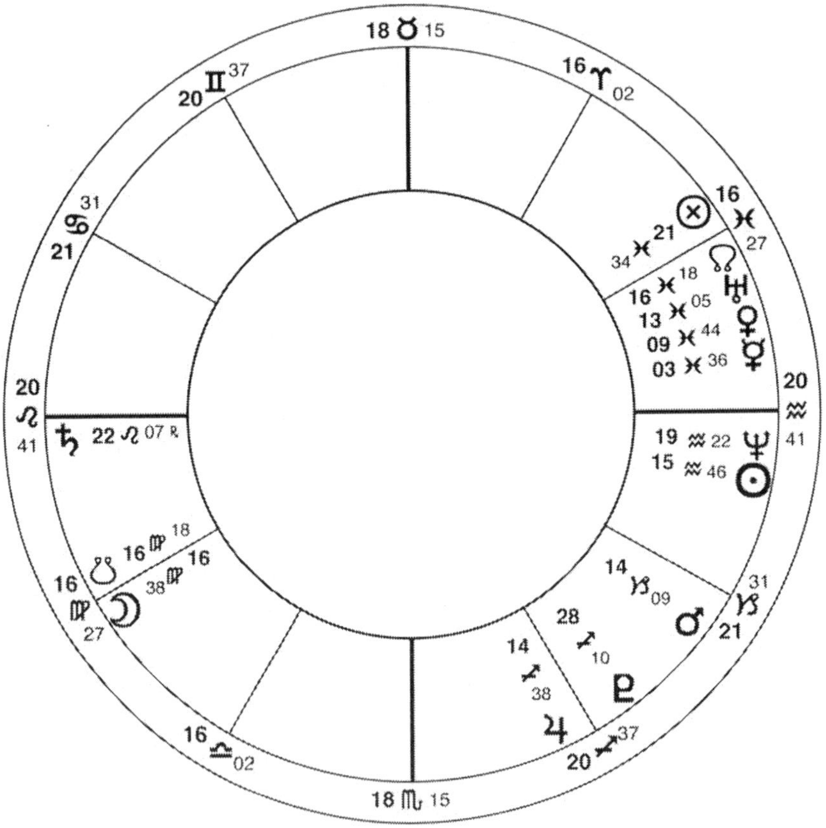

American Football - Super Bowl: Indianapolis Colts gegen Chicago Bears
4. Februar 2007, 18.25 Uhr Ostküstenzeit (EST), Miami Gardens, Florida

26 *Gridiron* wird in einigen Ländern, so zum Beispiel in Australien und Neuseeland, als Synonym für *American Football* benutzt. (Anm. d. Üb.)

„Aber natürlich. Auch für diese Eventualität musst du vorbereitet sein. Dieses Horoskop hier ist das des Super Bowl von 2007. Die Indianapolis Colts waren Favoriten gegen die Chicago Bears. Guck auf deinen Arbeitsbogen und sage mir, was du denkst."

„Ich sehe den Herrn von 7 gerade innerhalb des ersten Hauses. Das gibt den Außenseitern eine sehr schlechte Position. Aber der Herr von 7 ist rückläufig und geht geradewegs auf die Hausspitze zu."

„Egal: Das gibt ihm immer noch keine Macht über die Hausspitze. Es ist seine Platzierung, gefangen in diesem Haus zu sein, die hier wichtig ist. Er mag gegen die Zellentür bummern, aber er befindet sich weiter im Gefängnis. Was sehen wir noch?"

„Der Herr von 1 läuft auf die Spitze von 7 zu. Oder ist das ist zu weit, Meister?"

„Ja, es ist fünf Grad vor der Spitze. Viel zu weit, um uns hier zu beschäftigen. Gibt es irgendwelche Aspekte?"

Er dachte eine Weile nach. „Der Mond läuft in Opposition zum Glückspunkt. Das ist gut für die Bären aus Chicago. Das ist alles, was ich sehen kann, Meister. Ein starkes Zeugnis für jede Mannschaft. Aber wer gewinnt?"

„Diese furchtbare Hausplatzierung muss alles andere aufwiegen. Die Favoriten haben gewonnen. Eine starke Hausplatzierung, vor allem der Herren von 1 und 7, wird im Allgemeinen alles andere an Bedeutung überragen.

Hier ist das nächste Horoskop: Ein Spiel von 1998. Damals schien es ausgemacht, dass Kansas City mit seiner Atem beraubenden Heimbilanz Pittsburgh vom Spielfeld fegen würde."

„Ich sehe, dass der Mond auf ein Sextil mit dem Herrn von 7 zuläuft und dann zu einem Sextil mit dem Herrn von 1. Das scheint den Favoriten zu helfen."

„Schau aber mal auf die Entfernung zum Herrn von 1: sechs Grad. Das ist zu weit für American Football. Also ist der letzte Aspekt innerhalb der zulässigen Reichweite derjenige zum Herrn von 7."

„Aber ich dachte immer, dass Spiele im American Football ewig dauern."

„Das scheint nur so, mein Junge. Zwischen Anstoß und Abpfiff kann in der Tat eine lange Zeit liegen. Aber mit der effektiven Spielzeit von vier Abschnitten à 15 Minuten, ist es eine der Ballsportarten mit der kürzesten Spieldauer. Also hat der Mond eine kürzere Reichweite."

„Merkur, der Herr von 1, nähert sich einem Quadrat zum Glückspunkt. Aber ihr habt gesagt, dass solche Aspekte zu unzuverlässig sind, um sie zu benutzen."

„Ja, es scheint, als ob sie in beide Richtungen wirken könnten. Was noch? Vergiss die kleinen Tiere nicht."

„Ah!" Seine Augen glänzten. „Ich verstehe, was ihr meint. Zunächst macht sich der Herr von 4 daran, die Opposition zur Antiszie des Glückspunkts zu vollenden. Nachdem, was ihr über die Aspekte der Herren von 1 und 7 zum Glückspunkt gesagt habt, nehme ich an, dass dies hier die Favoriten begünstigen sollte."

„Vielleicht. Aber ich wäre damit sehr vorsichtig. Eine Konjunktion wäre wichtig. Wenn überhaupt, wären Aspekte der Herren von 4 und 10 zum Glückspunkt weit schwächer zu bewerten als solche der Herren von 1 und 7. Denke nochmal nach. Die Sonne hat hier, neben ihrer Eigenschaft als Herrin von 4, noch eine weitere Rolle."

Er dachte wieder nach, bis es ihm klar wurde: „Sie ist der Dispositor über den Glückspunkt! Also bewegt sich der Dispositor des Glückspunkts auf eine Opposition zur Antiszie des Glückspunkts zu. Das ist ein Vorteil für die Underdogs."

„Ja, erinnere dich, was ich dir gesagt habe: Wenn der Dispositor des Glückspunkts auch noch Herr von 10 oder 4 ist, musst du seiner Rolle als Dispositor des Glückspunkts den Vorrang geben."

„Ist das alles, Meister?"

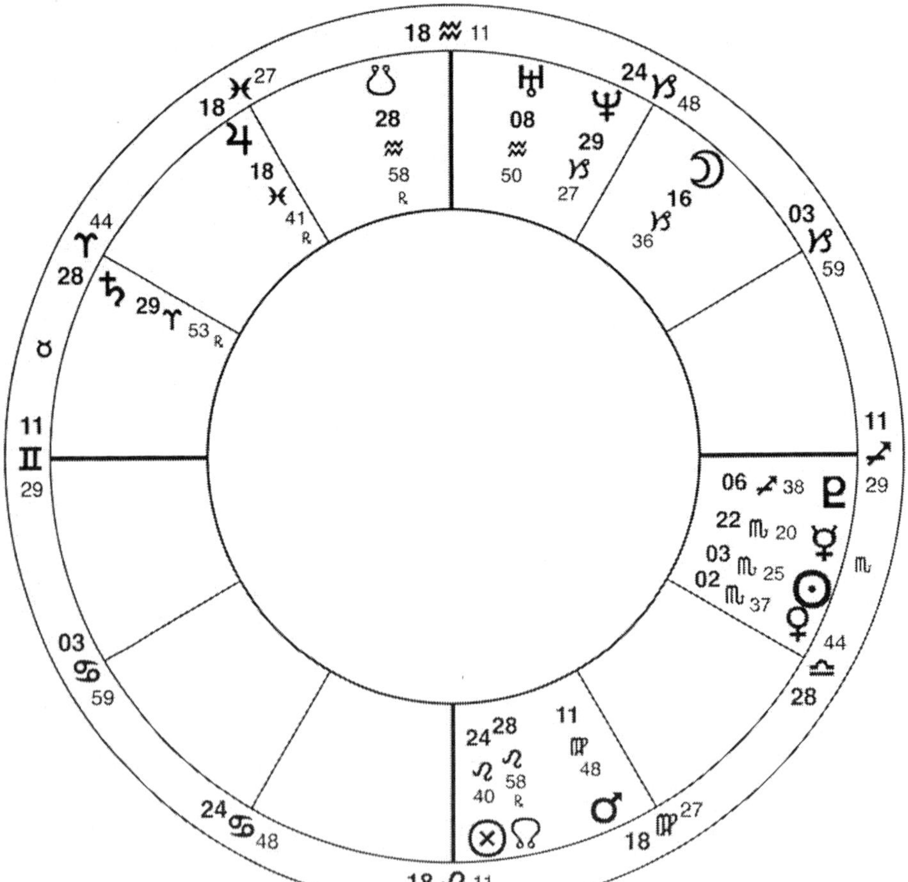

American Football: Kansas City gegen Pittsburgh,
26. Oktober 1998, 19.20 Uhr Central Standard Time (CST), Kansas City, Missouri

„Es gibt noch mehr. Schau auf den Mond."

„Ja! Die Antiszie des Mondes liegt bei 13°24′ Schütze, gerade innerhalb des siebenten Hauses. Die Außenseiter haben das Spiel in der Hand."

„Und so hat es sich erwiesen. Pittsburgh gewann. Noch eins?"

„Ja, bitte, Meister."

„Gehen wir nochmal zurück in die Geschichte. Was machst du hieraus?

„Es gibt kein offensichtliches Zeugnis durch Hausplatzierung. Der Mond läuft auf ein Trigon zum Herrn von 1 zu. Aber da der Mond Herr von 7 ist, glaube ich nicht, dass ich das als relevant bewerten kann."

„Das ist korrekt. Hier können wir den Mond nicht als Anzeiger für den Fluss der Ereignisse benutzen, indem wir seinen Dispositor zum Herrn von 7 machen. Denn sein Dispositor ist schon der Herr von 1. Wir sind Schach matt gesetzt."

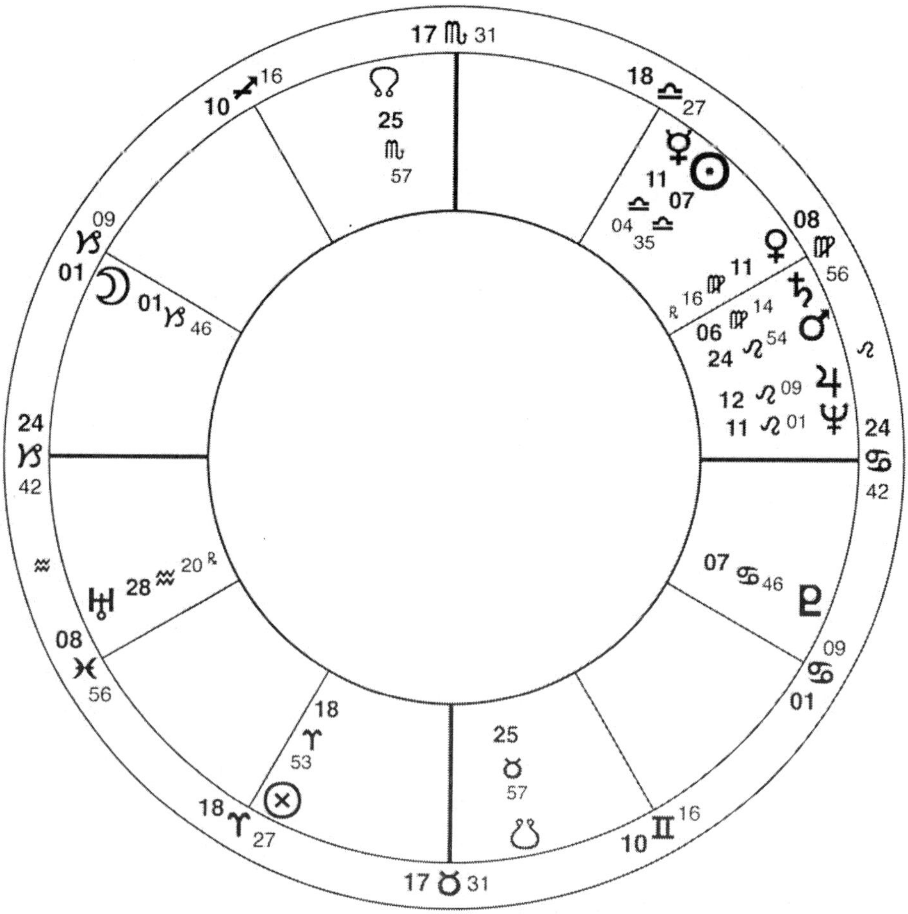

Baseball World Series: Chicago White Sox gegen Cincinnati Reds

1. Oktober 1919, 15.00 Uhr Central War Time (CWT), Cincinnati, Ohio

„Ich prüfe lieber mal die kleinen Tiere, Meister! Der Herr von 4 steht unmittelbar vor einer Konjunktion mit der Antiszie des Glückspunkts. Sonst passiert weiter nichts. Die Favoriten mussten verlieren."

„Und genau das taten sie. Das ist das erste Spiel der Baseball *World Series* von 1919. Der berühmte ‚Black Sox'-Skandal, in dem die Chicago White Sox bestochen wurden, damit sie die Series den Cincinnati Reds überlassen. Du hast bestimmt schon mal von der Redewendung *‚Say it ain't so, Joe'* - Sag, dass das nicht stimmt, Joe - gehört. So lautete angeblich der Appell eines kleinen Jungen an seinen befleckten Baseball-Helden *‚Shoeless'* Joe Jackson. Normalerweise würden wir nicht weiter als bis zum Resultat des Spiels schauen, aber hier haben wir es mit einer interessanten Stellung des Herrn von 2 - das Geld der Favoriten - zu tun. Per Antiszie genau auf dem IC, weist er auf die Verbindung mit dem Erfolg der Außenseiter hin. Außerdem steht er nah genug bei Neptun, um anzunehmen, dass etwas Fischiges hier vor sich gehen könnte Und er steht auf dem Fixstern *Acubens*. Das ist ein heller Stern im Sternbild Krebs. Als solcher wird er in Verbindung gebracht mit spontanen Begierden - finanziellen in diesem Fall - und er wird, nach der Autorität in Sachen Fixsterne, Vivian Robson, mit Bosheit, Lügnern und Mördern[27] assoziiert."

„Ihr meint also, das Zeug funktioniert, Meister?"

Ich gab ihm eins hinter die Ohren, während ich ihm gleichzeitig ein weiteres Horoskop zum studieren vor die Nase setzte.

„Das hier ist wieder der *Super Bowl* im American Football. Die Saint Louis Rams waren Favoriten gegen die Tennessee Titans. Was siehst du?"

„Unübersehbares Zeugnis, Meister: Der Herr von 7 ist gerade innerhalb der Spitze von 10 versteckt. Es bräuchte schon eine Menge, um dieses Indiz für den Gewinn der Favoriten aufzuwiegen."

„Ja, du hast Recht. Es ist gut, das Auge für solche schlagkräftigen Indizien zu schulen, jene Sachen, die im Horoskop fortwährend auf und nieder springen und rufen: ‚Schau mich an! Schau mich an!' Aber wir dürfen uns damit allein nicht zufrieden geben. Wir müssen auch nach weniger offensichtlichen Dingen schauen. Ich weiß nicht, wie viel Zeit man auf derlei Horoskope verwenden sollte: Aber ich denke, wenig. Dennoch erfordern sie stets mehr als nur einen Blick."

„Genau Meister, an die Arbeit." Was erneut eine ganze Menge Grunzen und Kratzen bei ihm auslöste, um zu demonstrieren, dass Denkprozesse im Gange waren. „Der Mond bewegt sich auf ein Sextil zum Herrn von 1 zu. Gut für die Favoriten. Dann bildet er eine Konjunktion mit Pluto. Was heißt das, Meister?"

„Nicht viel. Wäre es eine unmittelbar bevorstehende Konjunktion des Herrn von 1 mit Pluto, könnten das eine schlechte Nachricht für die Favoriten sein. Aber ich habe keinerlei Bedeutung für eine Mond-Konjunktion mit Pluto bemerkt. - Und weiter?"

[27] Vgl. Robson ebd., S. 104.

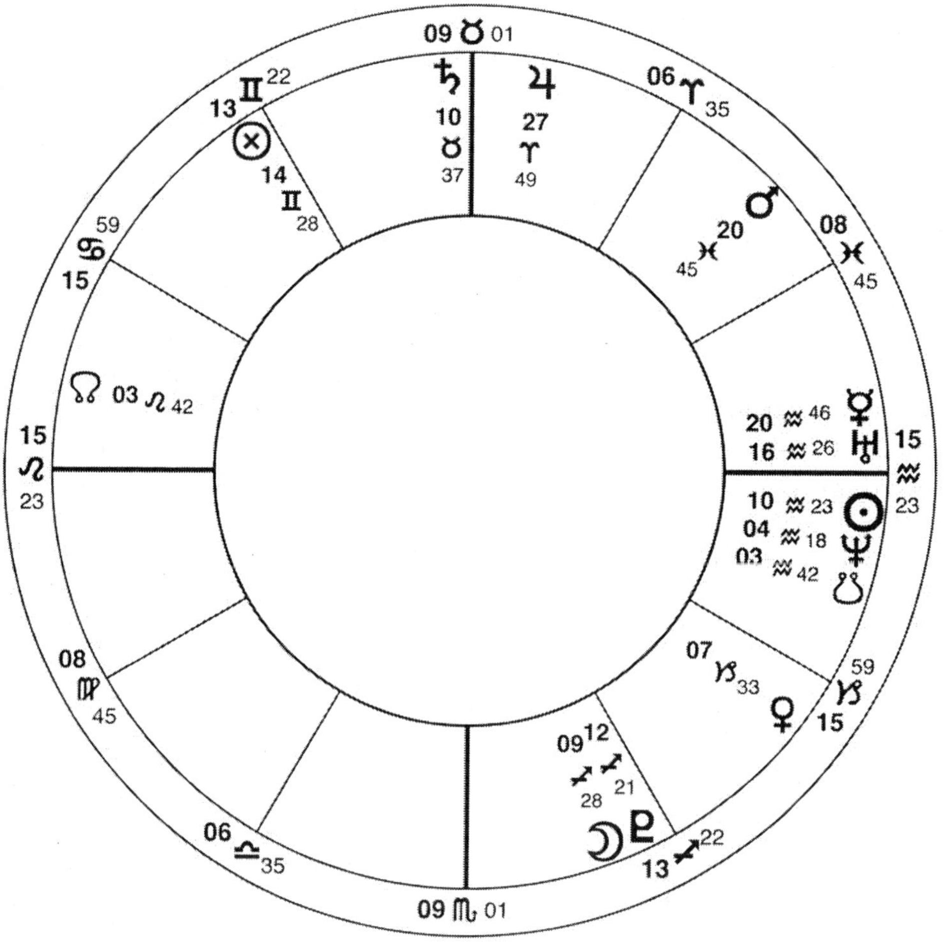

Super Bowl: Saint Louis Rams gegen Tennessee Titans
30. Januar 2000, 18.26 Uhr Ostküstenzeit (EST), Atlanta, Georgia

„Nach genau fünf Grad erreicht er die Opposition zum Glückspunkt. Das ist ein starkes Zeugnis für die Außenseiter."

„Wer also gewinnt?"

„Ihr habt mir gesagt, dass es eine entsetzliche Menge braucht, um ein machtvolles Zeugnis per Hausplatzierung aufzuwiegen. So eng in das zehnte Haus gestopft, ist die Stellung des Herrn von 7 sehr machtvoll. Und fünf Grad ist für den Mond vermutlich eine zu weite Reise im American Football. Die Favoriten müssen gewinnen."

„Und das taten sie, mein Junge, und das taten sie.

Nun vergleiche mal dieses Horoskop, wieder ein Super Bowl. Die New England Patriots waren Favoriten gegen die Carolina Panthers. Wer gewinnt?"

„Das Erste, was ich sehe, ist der Herr von 10 direkt auf der Spitze von 10. Was für ein starkes Zeugnis für die Favoriten. Muss ich wirklich weiterschauen, Meister?"

Mein Stock gab ihm die Antwort. „In Ordnung, Meister. Der Herr von 1 ist im siebenten Haus. Aber viel zu weit von der Spitze entfernt, um von Bedeutung zu sein."

„Gut, mein Junge."

„Der Mond steht in Konjunktion mit der Antiszie von Saturn. Das muss die Außenseiter begünstigen."

Wieder trat mein Stock in Aktion. „Schau, Junge, schau richtig hin! Wo ist die Antiszie von Saturn?" Im Staub des Berghangs kratzend, rechnete er zusammen: „Saturn steht auf 7°22′ Krebs. Die Antiszien von allem, was in Krebs steht, liegen in Zwilling. Um herauszufinden, auf welchem Grad von Zwilling, ziehe ich 7°22′ von 30 Grad ab. Um das arithmetisch zu vereinfachen, kann ich statt 30° auch 29°60′ sagen.

Also:	29°60′
	- 7°22′
	22°38′

Damit fällt die Antiszie von Saturn, der auf 7°22′ Krebs steht, auf 22°38′ Zwilling."

„Ja. Und das heißt...?"

„Ach ja, Meister. Der Mond steht auf 22°43′ Zwilling. Also bewegt er sich bereits weg von der Antiszie Saturns. Die Konjunktion ist schon Vergangenheit, und das heißt irrelevant."

„So ist es. Pech für die Außenseiter, wie es aussieht: Hätte das Spiel nur wenige Augenblicke früher begonnen, wären wir vielleicht zum Schluss gekommen, dass die Favoriten verlieren. Aber das ist die Zauberwelt des *Was wäre wenn*, in der alles passieren kann. Wir sind aber nur an der Welt des *Was ist* interessiert. Das ist alles, was wir haben, um damit zu arbeiten. Und auch alles, was wir haben, um damit zu leben."

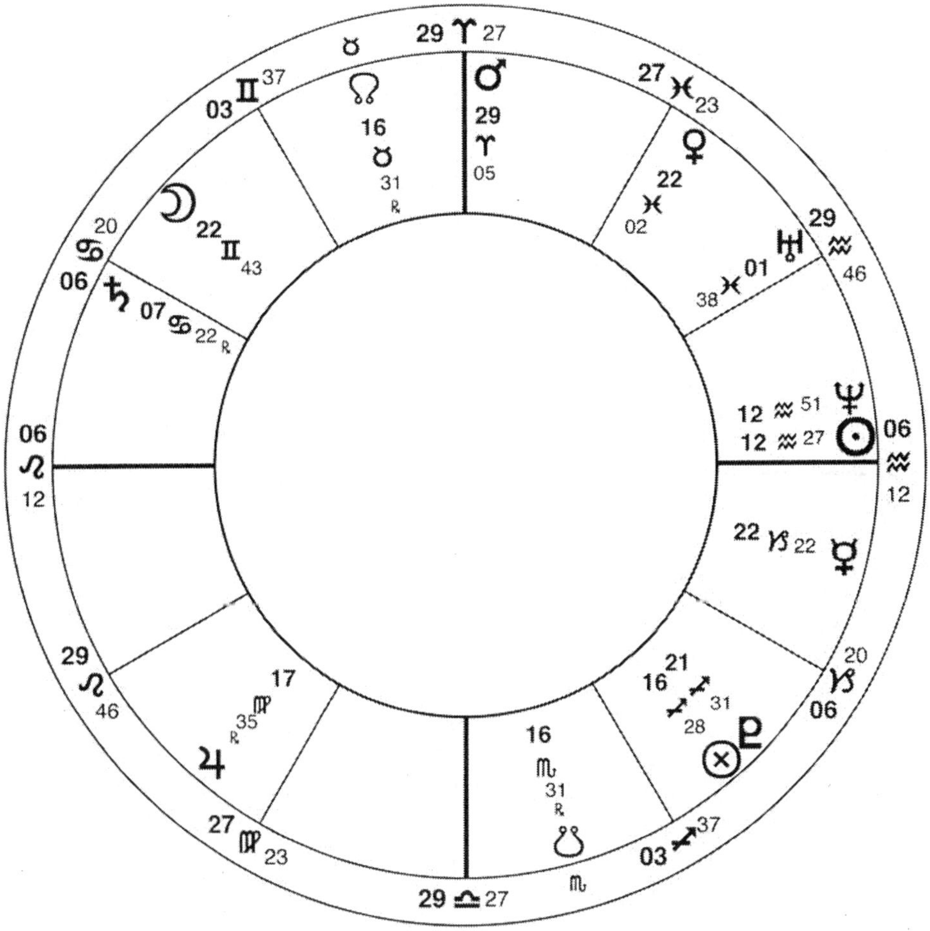

Super Bowl: New England Patriots gegen Carolina Panthers
1. Februar 2004, 17.25 Uhr Central Standard Time (CST) Houston, Texas

„Das einzige wichtige Zeugnis ist also der Herr von 10 auf der Spitze von 10. Die Favoriten gewinnen."

„Und so geschah es, mein Junge. Hier ist noch eines."

„Oh Meister, hier gibt es aber jede Menge Platzierungen! Der Glückspunkt ist auf dem MC - obwohl ihr gesagt habt, dass die körperliche Platzierung des Glückspunkts nicht wichtig ist."

„Gut. Aber du musst prüfen, wohin seine Antiszie fällt."

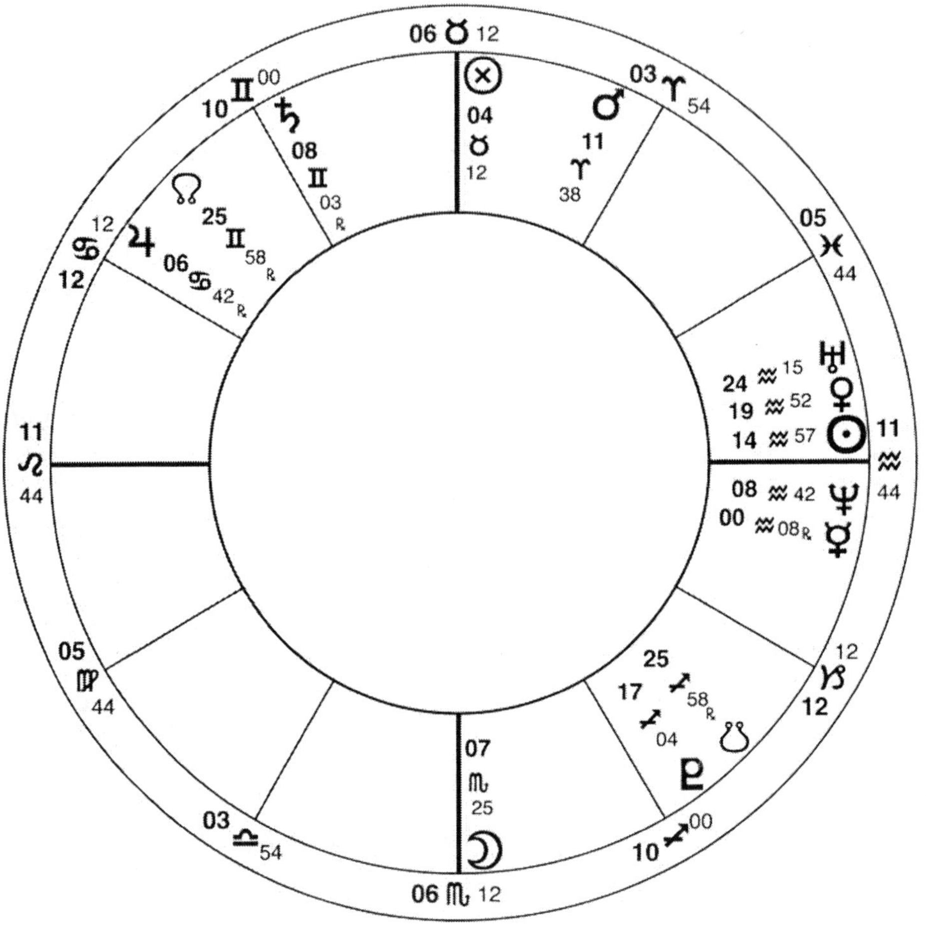

Super Bowl: New England Patriots gegen Saint Louis Rams
3. Februar 2002, 17.20 Uhr Central Standard Time (CST), New Orleans, Louisiana

„Der Glückspunkt steht auf 4°12 Stier, also liegt seine Antiszie bei 25°48' Löwe. Damit schwimmt sie mitten im Haus herum, also: keine Bedeutung. Aber sie steht in Opposition zu Uranus. Ist das eng genug für unsere Überlegungen?"

„Eineinhalb Grad entfernt: Das hieße, die Dinge ein wenig dehnen. Aber es mag die Außenseiter begünstigen."

„Dann haben wir den Herrn von 1 im siebenten Haus. Das ist ein klares Zeugnis für die Underdogs."

„Drei Grad innerhalb des Hauses. Damit liegen wir knapp an der Grenze, bis zu der sich eine Berücksichtigung lohnt. Aber ich denke, wir sollten es dazunehmen."

„Dann ist da der Mond, sehr eng innerhalb der Spitze von 4. Das muss die Außenseiter favorisieren."

„Ja, ein starkes Zeugnis. Gibt es noch etwas - einen Aspekt vielleicht?"

Er streifte eine Weile im Horoskop umher, um schließlich zu verkünden: „Ja! Der Mond läuft auf eine Konjunktion mit der Antiszie der Venus, der Herrin von 10, auf 10°08′ Skorpion zu. Das ist etwas auf die Waagschale der Favoriten."

„Aber der überwältigende Richterspruch fällt zugunsten der Außenseiter aus, vor allem wegen dieser machtvollen Mondstellung. Die New England Patriots schlugen die Saint Louis Rams in einer der größten Überraschungen der Super Bowl-Geschichte."

„Meister, ich habe keine Ahnung von American Football. Ist das ein Problem? Sind Kenntnisse über die Sportart hilfreich?"

„Jenseits der Beachtung der wichtigsten Grundregeln, wie etwa der, ob ein Unentschieden ein mögliches Resultat ist oder ob das Spiel einen Gewinner haben muss, würde ich sagen: nein. Tatsächlich können Kenntnisse auch eine Behinderung sein. Dann würde ich oft ein Horoskop deuten und denken: ‚Nein, dieses Ergebnis ist nicht möglich. Soundso muss einfach gewinnen.' Am Ende bliebe mir dann nichts anderes übrig als zuzugeben, dass die Sterne offenbar weit mehr über Sport wissen als ich. Mein vermeintliches Expertenwissen sähe dagegen ziemlich abgedroschen aus."

„Das ist beruhigend, Meister!"

„Lass uns noch ein paar andere Sportarten anschauen. Vergleiche diese beiden Horoskope. Worin liegt der entscheidende Unterschied?"

„Beide Horoskope sind nahezu identisch, Meister. Sie müssen für dieselbe Zeit, aber verschiedene Orte erstellt worden sein."

„Ja, hier geht es um die beiden Halbfinal-Begegnungen der *NatWest-Trophy*, einem Ein-Tages-Cricket-Wettkampf. In dem Manchester-Spiel war die Grafschaft Lancashire favorisiert gegen Yorkshire und in London die Grafschaft Surrey gegen Essex. Was ist der große Unterschied zwischen beiden Horoskopen?"

„Es ist Mars, Meister. Im Manchester-Horoskop steht er *innerhalb* des zehnten Hauses, in London sitzt er *auf* der Spitze des zehnten Hauses."

„Gut. Und was sagt dir das?"

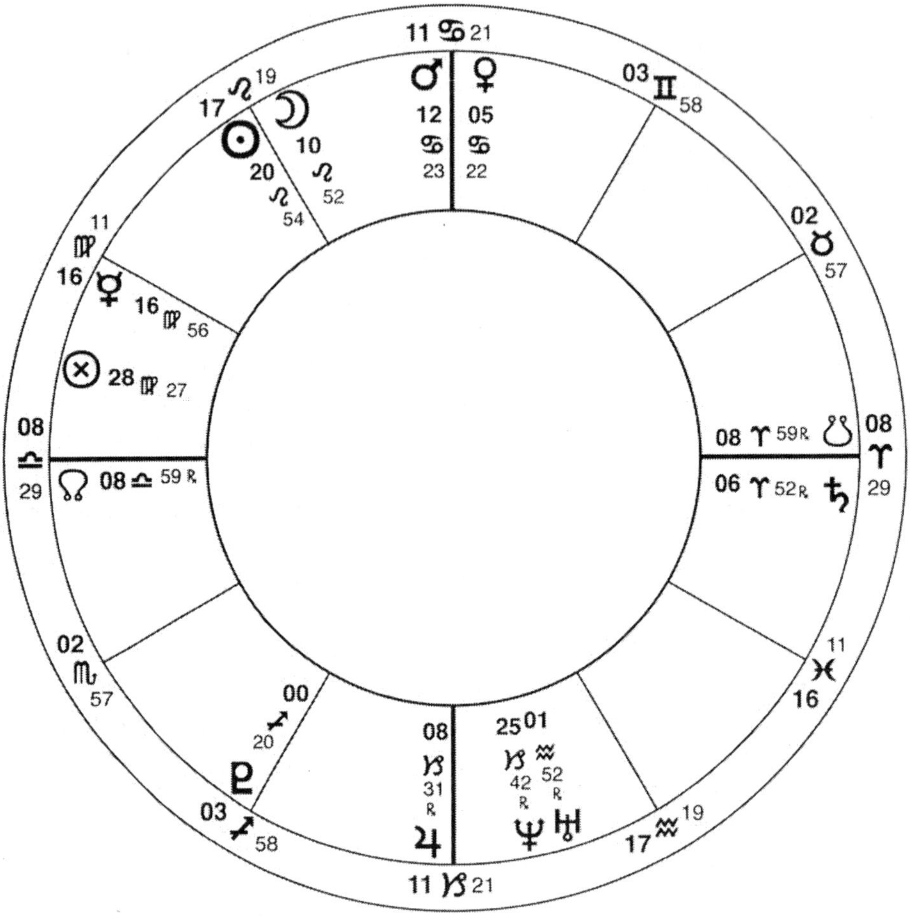

Cricket - NatWest-Trophy-Halbfinale: Lancashire gegen Yorkshire
13. August 1996, 10.30 Uhr Britischer Sommerzeit (BST), Manchester

„Mars ist Herr von 7, der Hauptsignifikator für die Außenseiter. Ein so starkes Zeugnis, ein Zeugnis durch Platzierung, wird den Ausschlag geben. In London beherrscht der Herr von 7 das zehnte Haus, die Außenseiter müssen gewinnen. In Manchester ist er gefangen im zehnten Haus, also müssen die Außenseiter verlieren."

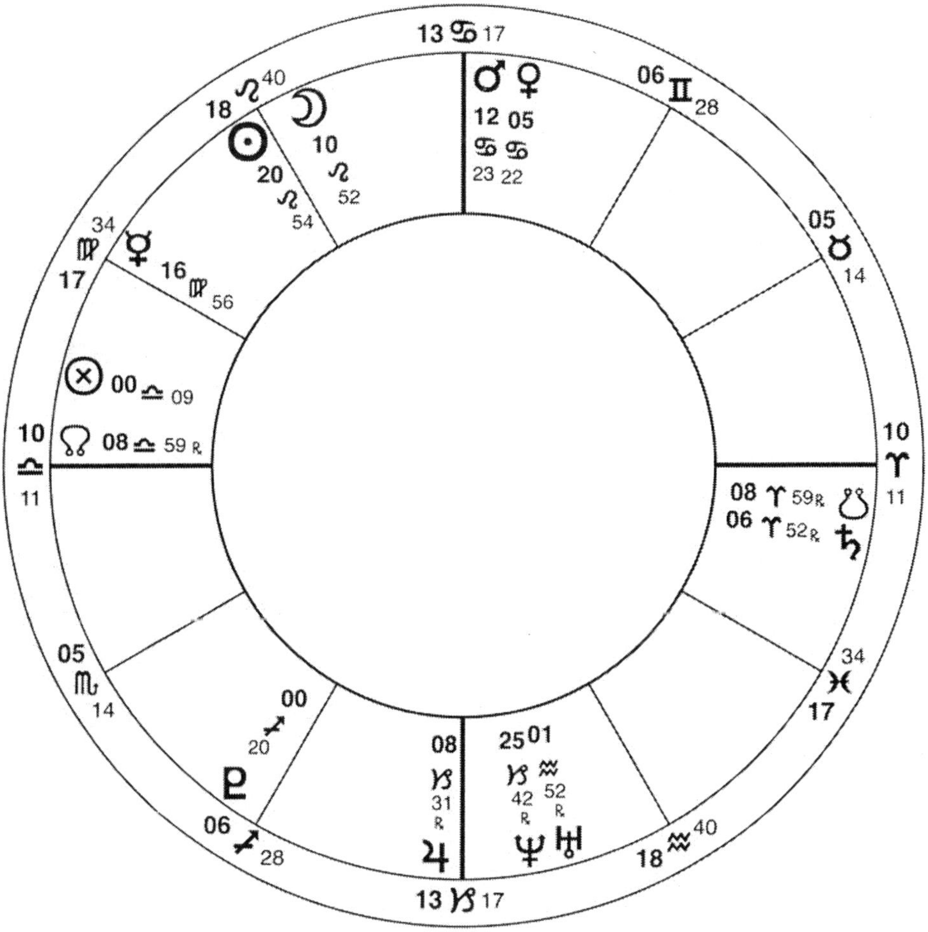

Cricket - NatWest-Trophy-Halbfinale: Surrey gegen Essex
13. August 1996, 10.30 Uhr Britischer Sommerzeit (BST), London

„Und so geschah es, mein Junge. Du siehst, wie einfach ein Horoskop sein kann?"

„Ja, Meister, das ist wunderbar! Wir können so viel sagen, nur aufgrund einer so kleinen Differenz in der Stellung eines Planeten."

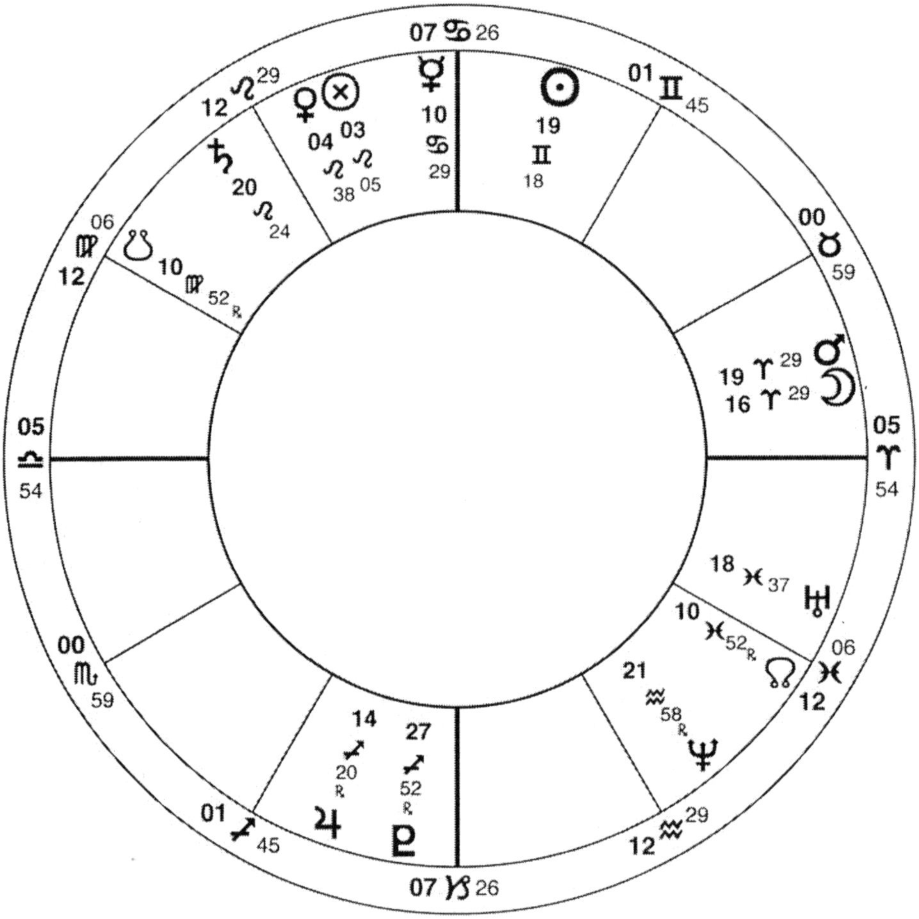

Tennis - French Open, Finale der Männe: Federer gegen Nadal,
10. Juni 2007, 15.09 Uhr Mitteleuropäischer Sommerzeit (MEZ/S), Paris

„Jetzt zu einem Tennishoroskop. Es ist das Männerfinale der French Open. Die größte Schwierigkeit bei der Vorhersage von Tennismatches - oder auch von Boxkämpfen - ist zu wissen, wann der Wettkampf beginnen wird. Wir wissen das normalerweise nicht, bevor er tatsächlich angefangen hat. Nun verstehst du, warum wir ein schnelles und einfaches System brauchen!"

„Richtig, Meister. Ich sehe Merkur sehr prominent stehen, gerade innerhalb des zehnten Hauses. Aber er scheint in diesem Horoskop keine Funktion zu haben, also kann ich ihn beiseite lassen."

„Gut. Fühle dich nicht verpflichtet, ihn hier mit hineinzuziehen, nur weil er dort steht."

„Der Mond steht unmittelbar vor der Konjunktion mit dem Herren von 7 und läuft dann weiter, um ein Trigon mit dem Herrn von 4 zu bilden. Das sind starke Zeugnisse für den Außenseiter. Sonst kann ich nichts weiter sehen. Der Favorit verliert."

„Das ist ein starkes Zeugnis, ja. Konjunktionen sind gewöhnlich entscheidende Punkte in der Aspektreihe des Mondes. Also müssen wir jenseits dieser nicht weiter nachschauen. Wir können den Aspekt des Mondes zu Saturn vernachlässigen. Wir können auch seinen ersten Aspekt vernachlässigen, ein Sextil zur Sonne. Die Sonne ist Dispositor über den Glückspunkt, also ist das Sextil wahrscheinlich ein kleines Zeugnis für den Favoriten. Aber ich würde dem nicht allzu viel Bedeutung beimessen. Aber schau nochmal. Du hast etwas Wichtiges übersehen."

„Der Herr von 1 steht in Konjunktion mit dem Glückspunkt, aber separativ, also nicht relevant." Er verstummte für eine Weile.

„Schau nochmal auf den Herrn von 7 und denke an unsere kleinen Tiere."

„Ach so! Die Antiszie von Mars liegt bei 10°31′ Jungfrau und damit genau auf dem südlichen Mondknoten. Das ist eine Schwächung."

„Ja, und wie ich dir gesagt habe, eine ernste Schwächung. In diesem Fall ist sie so mächtig, dass sie die Wirkung des Mondaspekts zunichte machen kann. Wenn der Außenseiter derart geschwächt ist, muss der Favorit gewinnen - was er auch tat: Rafael Nadal besiegte Roger Federer."

„Wie sieht es hier mit der Bewegung aus? Bewegt sich die Antiszie auf den südlichen Mondknoten zu oder umgekehrt? In dem meisterlichen Werk *The Horary Textbook* wird uns geraten nicht zu versuchen, die Antiszien zu bewegen, weil wir sonst Gefahr liefen, bleibende Schäden an unseren Gehirnen davonzutragen."[28]

„Sehr richtig. Bewege weder die Antiszien noch die Mondknoten. Aber hier brauchen wir keine Bewegung. Der *südliche Mondknoten* ist das Zentrum eines kleinen Gebiets der Bösartigkeit. Sich in diesem Areal zu befinden, reicht vollkommen aus, egal wohin sich der Planet bewegt. Ganz ähnlich, ist der *nördliche Mondknoten* das Zentrum eines kleinen Gebiets der Nettigkeit."

„Mehr bitte, Meister."

Wie wohltuend war sein Enthusiasmus!

„Versuche mal dieses hier. Es ist für ein Test-Match im Cricket."

„Wieder springt eine Platzierung ins Auge: Die Sonne auf der Spitze des zehnten Hauses. Aber auch hier kann ich nicht erkennen, dass die Sonne eine Funktion hat."

„Gut. Sie hat keine."

[28] Vgl. ebd. S. 104.

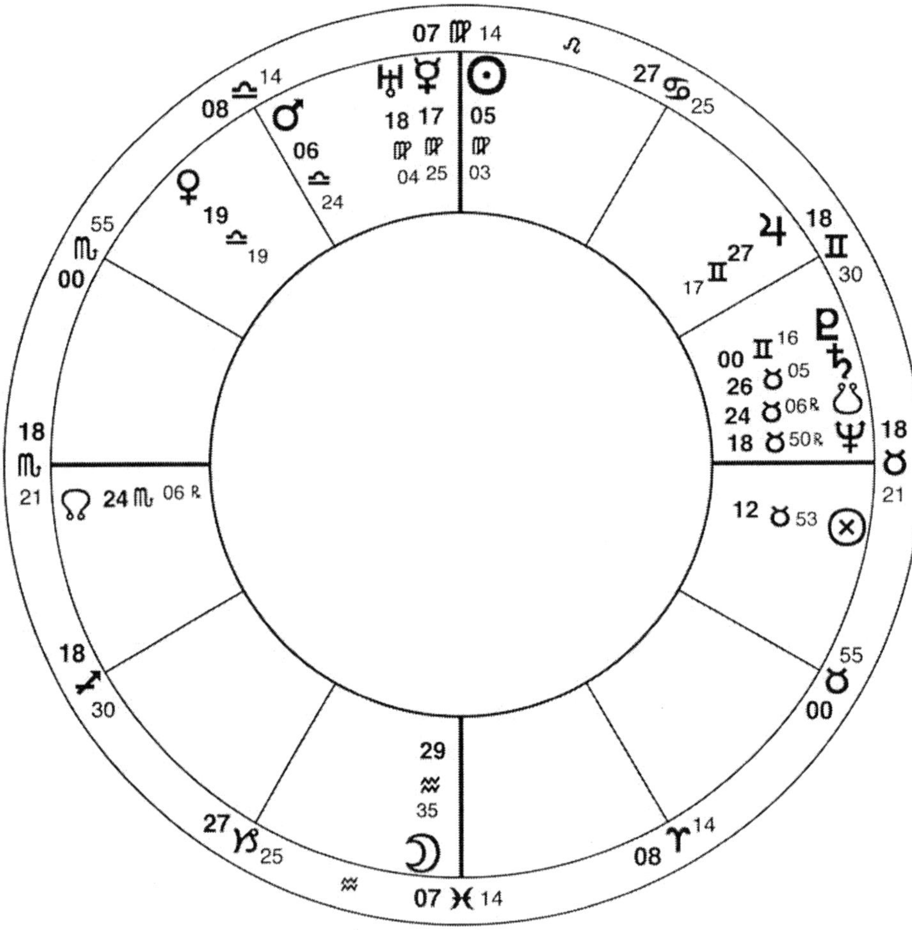

Cricket - Test-Match: England gegen Australien,
28. August 1882, 12.10 Uhr Greenwich Mean Time (GMT), London

„Dann seht Neptun, wie er rückwärts auf die Spitze des siebenten Hauses zuläuft. Das ist hier so eng, dass es wichtig sein könnte. Aber was heißt das, Meister?"

„Deine Vermutung ist in diesem Fall ebenso gut wie meine. Du bist jung, mein Junge. Du wirst noch jede Menge Gelegenheit haben, diesen Planeten zu beobachten und seine trickreichen Wege zu studieren. Wie ich dir bereits sagte, habe ich nicht bemerkt, dass Neptun irgendetwas mit einer wie auch immer gearteten Konsistenz macht."

„Dann ist da der Herr von 10, Merkur, der auf eine Konjunktion mit Uranus zuläuft. Was ist damit?"

„Wenn ich dazu Stellung nehmen müsste, würde ich sagen, dass es die Außenseiter begünstigt. Aber ich weiß es wirklich nicht. Nochmal, ich habe bisher nicht viel Konsistenz in den Handlungen von Uranus erkennen können."

„Ich muss sagen, Meister", begann er, wobei er, auf allen Vieren kriechend, hinter Britneys schlummernder Masse Schutz suchte, „für einen Meisterastrologen wisst ihr aber eine ganze Menge nicht."

„So ist es, ungeheure Mengen sogar. Von deiner niedrigen Perspektive aus kannst du dir die Ausblicke ins Nichtwissen nicht einmal vorstellen, die ich überblicke. Ich hatte mal einen Freund. Der war sehr groß, obwohl sein Kopf nirgends dem Himmel wirklich nahe kam."

Ich dachte daran, ihm für seine Unverschämtheit eine Tracht Prügel zu verpassen, aber ich wollte den Yak nicht aufwecken. Ich verschob das auf später. Von seinem Versteck aus fuhr der Knabe fort: „Hinsichtlich der Platzierungen kann ich nichts weiter erkennen. Der Mond ist zu weit von der Spitze von 4 entfernt, um zu zählen."

„Ja, bezüglich der Stellung ist es wichtig, wo der Planet *ist*, nicht, wohin er geht."

„Ich kann keine wichtigen Aspekte sehen, Meister. Soweit, wie der Mond in seinem Zeichen schon gelaufen ist, gibt es wenig Chancen, dass er noch etwas macht."

„Erinnere dich, was ich dir gesagt habe: Dies ist ein Horoskop für ein Cricket-Test-Match. Also kannst du den Mond in das nächste Zeichen weiterlaufen lassen. Und erinnere dich jener kleinen...."

„...Tiere. Ja, Meister, ich erinnere mich an sie. Lasst mich mal sehen. Die Antiszie des Herrn von 1 ist auf 23°36′ Fische. Der Mond wird sie schließlich erreichen und eine Konjunktion mit ihr bilden. Aber die Antiszie des Herrn von 7 liegt auf 10°41′ Fische. Mit ihr macht der Mond zuerst eine Konjunktion."

„Und was habe ich dir über Konjunktionen gesagt?"

„Dass sie normalerweise die Dinge entscheiden und beenden, Meister. Aber das ist eine Konjunktion mit einer Antiszie. Hätte sich der Mond nur einige wenige Grade bewegt, um sie zu vollenden, wäre es nicht entscheidend gewesen. Aber über diese Distanz - über zehn Grad - ist es entscheidend. Also ist es die erste Konjunktion mit dem Herrn von 7, die hier zählt. Die Favoriten verlieren. Ist das richtig?"

„Das ist es. Das geschah, als ein Haufen von Australiern nach England kam und die Frechheit besaß, uns in unserem Nationalspiel zu schlagen. Es wurde ein Nachruf veröffentlicht, der über den Tod des englischen Crickets jammerte und behauptete, sein Körper wäre verbrannt und eingeäschert nach Australien verfrachtet worden. Heute kämpfen England und Australien alle paar Jahre um den Besitz dieser Asche."

Sich in seinem Versteck sicher fühlend, kicherte er. „Also war das ein Horoskop aus der Frühzeit eurer Karriere, Meister?" Ich blickte zu Sedna hinüber, der, sobald er sein eigenes Gegacker in den Griff bekommen hatte, hinter den

Knaben flog, um ihm heftig auf dem Kopf herumzuhacken. Das bereitete seinem Gekicher ein Ende.

„Lass uns auf einige Horoskope von Englands jüngsten Versuchen schauen, die Asche zurückzubekommen. Was machst du aus diesem hier? Australien war der klare Favorit."

„Hinsichtlich der Platzierungen passiert hier nichts. Ich muss also die Aspekte prüfen."

„Kleine Tiere?"

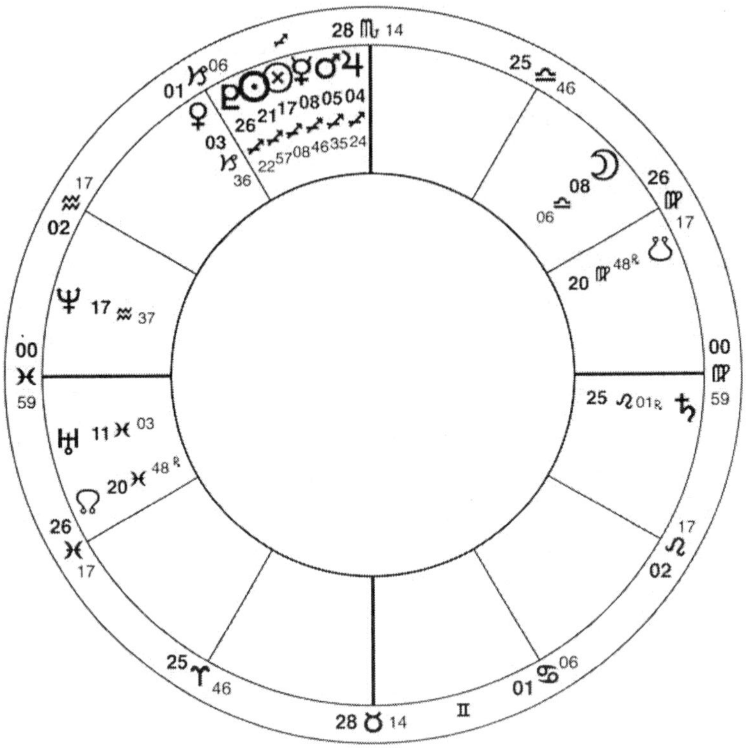

Cricket - Test-Match: Australien gegen England

14. Dezember 2006, 10.30 Uhr Westaustralischer Sommerzeit (AWDT), Perth, Australien

„Na gut, Meister. Ach, ich sehe: Der Herr von 4 steht per Antiszie in enger Konjunktion zu Pluto. Das sieht nicht sehr vielversprechend für England, den Außenseiter, aus."

„Was macht der Mond?"

„Er steht unmittelbar vor einem Sextil mit dem Herrn von 7. Bedeutet das, dass England einen guten Start hat?"

„Ja. Und weiter?"

„Der Mond läuft per Antiszie auf den nördlichen Mondknoten. Aber der Mond steht hier für den Gang der Ereignisse. Ich kann nicht sehen, dass uns diese Konjunktion irgendetwas in die eine oder andere Richtung sagt."

„Korrekt. Und weiter?"

„Nun, der letzte Mondaspekt ist ein Quadrat zur Antiszie des Herrn von 1, Jupiter. Dieser steht auf 4°24′ Schütze, also ist seine Antiszie auf 25°36′ Steinbock. Der letzte Aspekt erfolgt zum Herrn von 1: Die Favoriten gewinnen."

„Und das taten sie.

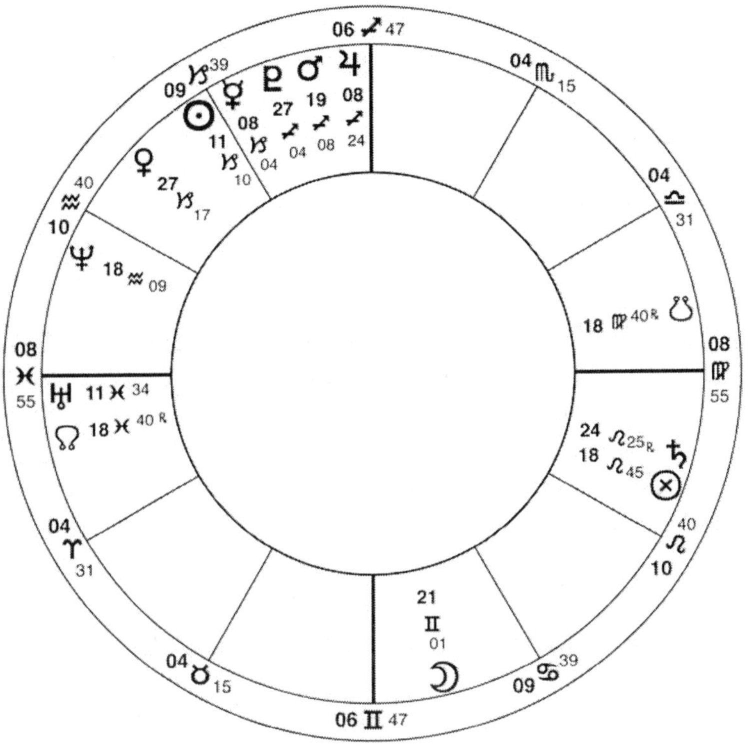

Cricket - Test-Match: Australien gegen England,
2. Januar 2007, 10.30 Uhr Ostaustralischer Sommerzeit (AEDT), Sidney, Australien

Wie sieht es mit dem hier aus? Ein weiteres Spiel aus derselben Test-Match-Serie."

„Oh Meister, hier haben wir ein knackiges Zeugnis durch Platzierung! Der Herr von 1, Jupiter, steht gerade innerhalb des zehnten Hauses. Hat England eine Chance?"

„Nicht wirklich."

Jedes Zeugnis in jedem Horoskop kann überstimmt werden,

aber je stärker das Zeugnis ist, desto weniger wahrscheinlich ist es, dass so etwas passieren wird. Das hier schreit geradezu: ‚Die Aussies werden gewinnen!'. Und trotzdem müssen wir uns im Horoskop umschauen, um zu sehen, ob es etwas gibt, was dagegen spricht."

„Ich prüfe mal die Aspekte, Meister. Der Mond macht in Kürze eine Opposition zur Antiszie des Herrn von 7, die auf 21°56' Schütze liegt. Das kann schwerlich gut für die Außenseiter sein."

„Hast du geschlafen, als ich zu dir sprach? Ich habe dir gesagt" - und ich beulte dabei schlagkräftig seinen Schädel aus in der Hoffnung, dass dadurch die Information in denselben hineingezwungen würde - „ich habe dir gesagt, dass ein Aspekt, sogar eine Opposition, diesen Signifikator begünstigt. Der Mond geht in Opposition zum Herrn von 7 per Antiszie: Also haben die Außenseiter einen guten Start. Und weiter?"

„Der Mond bewegt sich in die Opposition zu Pluto. Aber ihr habt mir gesagt, dass das nicht viel bedeutet."

„Gut."

„Weiter nichts. Der Mond ist viel zu weit vom Ende des Zeichens entfernt, um die Angelegenheit noch in das nächste hinüber zu nehmen. Ich denke, dieses Horoskop wird am Ende durch die Platzierung des Herrn von 1 entschieden. Die Favoriten müssen gewinnen."

„Und so hat es sich erwiesen. Selbst wenn wir hier nicht dieses starke Zeugnis für Australien hätten, müssen wir uns immer die Ausgangsoption vergegenwärtigen: *Was passiert, wenn nichts passiert?*

Die Favoriten werden gewinnen, wenn es keinen Beweis für das Gegenteil gibt.

Das ist der Grund, warum sie Favoriten sind. Du musst hier deinen gesunden Menschenverstand gebrauchen. Ist eine Partei in dem Spiel nur schwach favorisiert, bräuchte es nicht viele Beweise, um zur Deutung zu gelangen, dass sie verlieren wird. Wenn aber Manchester United gegen deine Kneipentruppe antritt, bräuchten wir etwas sehr Überzeugendes, bevor wir gegen Manchester entscheiden. Ich sage es noch einmal:

Verbinde Können mit Besonnenheit.

Hast du das verstanden?"

„Oh ja, Meister."

„Nun lass uns mal ein Rugby-Horoskop anschauen. Bath war der heiße Favorit gegen Newcastle."

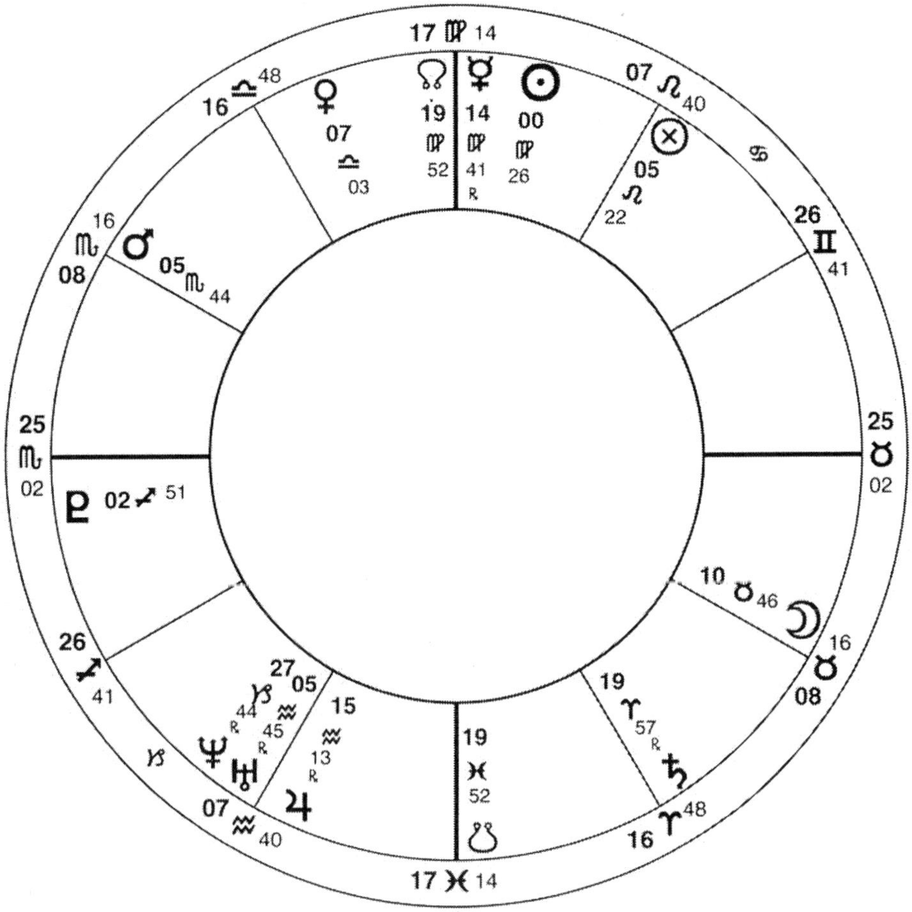

Rugby: Bath gegen Newcastle,
23. August 1997, 14.15 Uhr Britischer Sommerzeit (BST), Bath, England

„Hinsichtlich der Platzierungen sehe ich den Herren von 10 nahe an der Spitze des zehnten Hauses. Aber er ist nicht besonders nahe und bewegt sich zudem rückläufig von der Spitze weg."

„Ja, das ist ein Zeugnis für die Favoriten, aber kein besonders starkes."

„Ach Meister! Unsere kleinen Tiere wieder! Die Antiszie des Glückspunkts liegt bei 24°38′ Stier, genau auf der Spitze des siebenten Hauses: ein schwergewichtiges Zeugnis zugunsten der Außenseiter."

„Ja und eins der mächtigst möglichen überhaupt. Gut!"

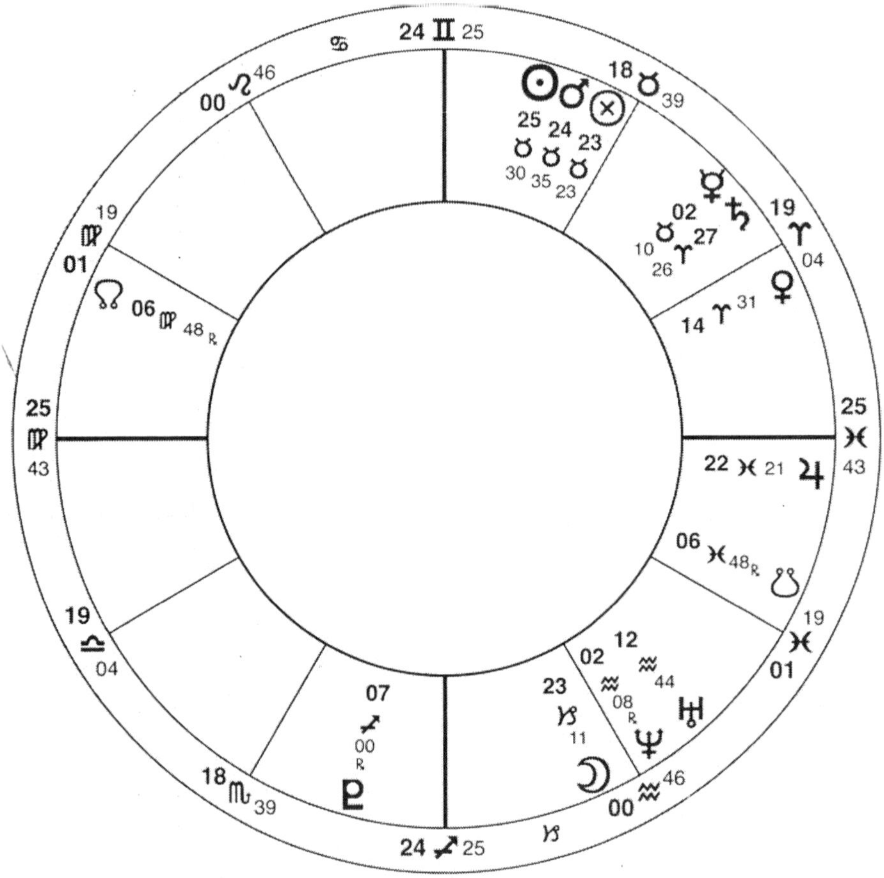

Englisches FA-Pokalfinale: Arsenal gegen Newcastle,
16. Mai 1998, 15.00 Uhr Britischer Sommerzeit (BST), London

„Nun muss ich die Aspekte überprüfen. Der Mond wirft ein Trigon auf Merkur, den Herren von 10. Dann bewegt er sich weiter in ein Quadrat zu Jupiter, den Herren von 4. Das ist sein letzter Aspekt innerhalb der Fünf-Grad-Zone. Der Herr von 4 ist für die Underdogs: Bath muss verlieren."

„Und so geschah es, mein Junge. Langsam hast du den Dreh raus.

Vergleiche mal diese beiden Horoskope. Wir sind zurück beim Fußball: das englische und das schottische Pokalfinale. Anstoß war zur selben Zeit, einmal in London und einmal in Glasgow."

„Sie sind wirklich sehr ähnlich, Meister."

„Wie wir es erwarten würden. London und Glasgow liegen nicht sehr weit voneinander entfernt. Was siehst du?"

„Es gibt ein Zeugnis durch Platzierung: Der Herr von 7 auf der Spitze von 7. Das sieht gut für die Außenseiter aus."

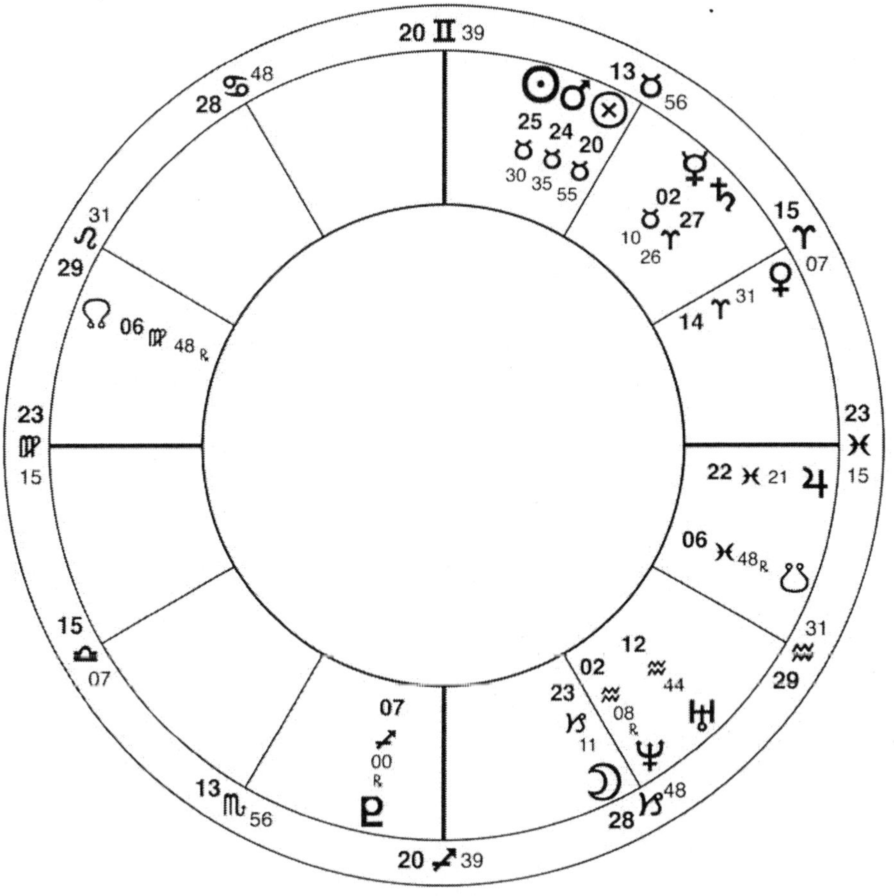

Schottisches FA-Pokalfinale: Glasgow Rangers gegen Hearts of Midlothian,
16. Mai 1998, 15.00 Uhr Britischer Sommerzeit (BST), Glasgow

„Irgendwelche Gedanken zum Vergleich der beiden Horoskope?"

Er kratzte sich am Kinn. „Im Glasgow-Horoskop ist es viel enger. In London ist das Ganze mehr als drei Grad entfernt. Ist das nicht zu weit?"

„Ja. Was also sagt dir das?"

„In Schottland sieht es so aus, als ob die Außenseiter gewännen."

„So weit richtig, ja. Was siehst du noch?"

„Nichts außer den Mondaspekten. Er läuft auf ein Trigon zum Glückspunkt zu. Das ist gut für die Favoriten."

„Bist du sicher? Sieh nochmal hin, prüfe beide Horoskope."

„Ach Meister, das Trigon wirft der Mond nur in London auf den Glückspunkt, in Glasgow ist dieser Aspekt bereits vorüber. Das heißt, in London haben wir ein gutes Zeugnis für die Favoriten und keins für die Underdogs, in Glasgow haben wir ein starkes Zeugnis für die Underdogs und keins für die Favoriten."

„Und genauso sind die Spiele ausgegangen. In London schlug Arsenal Newcastle wie erwartet. In Schottland errangen die Hearts of Midlothian einen vollkommen unerwarteten Sieg gegen die Glasgow Rangers."

„Habt ihr das Ergebnis schon vorher gewusst, Meister? Ist es nicht einfach, den Ausgang von Ereignissen im Nachhinein vorherzusagen?"

„Das erste Cricket-Test-Match England-Australien habe ich verpasst. Aber für diese beiden wie für so viele andere Horoskope, die ich dir hier zeige, habe ich die Ergebnisse vor dem Ereignis vorhergesagt, ohne dass dies allerdings - im Fernsehen oder gedruckt - zuvor veröffentlicht worden wäre."

Wir saßen eine Weile in Gedanken da. Er sinnierte über die Horoskope, die ich ihm gezeigt hatte, ich beobachtete einen Adler, der hoch droben in den klaren Lüften über meinem Kopf seine Kreise zog. „Diese Grundsätze scheinen sehr einfach zu sein", hub er schließlich an. „Gibt es da nicht noch mehr als diese?"

„Es gibt immer mehr. Ich war versucht, dir eine lange Liste all der vielen Zeugnisse zu geben, die ich in dem einen oder anderen Horoskop gesehen habe und von denen ich glaubte, sie hätte einige Bedeutung. Aber das würde dein Hirn zum Überkochen bringen und mehr Verwirrung als Aufklärung stiften. Ich könnte dich mit einem Schwall von Zeugnissen überwältigen, aber was hättest du davon? Die meisten wären in der Mehrzahl der Fälle irrelevant, und viele würden sich als vollkommen falsch herausstellen. Ich glaube, es ist besser mit dem zu arbeiten, was ich dir hier gebe: einige einfache Grundsätze. Sei dir bewusst: Ich habe mit ihnen konsistente Ergebnisse produziert. Komme mit dem, was ich dir gesagt habe, soweit wie du kannst. Und dann erweitere diese Liste vernünftig, indem du dich durch deine eigene Erfahrung leiten lässt."

„Das hört sich an, als ob ihr von mir einige Arbeit erwarten würdet, Meister."

Erstaunt taumelte ich zurück, stolperte über Britneys ausgestrecktes Bein und landete unter Verlust eines guten Teils meiner Würde hart auf dem Boden. Ein scharfer Blick zu Sedna ermahnte ihn, sich seines Gegackers zu enthalten. Der Bursche hatte Recht. Er war auf das Geheimnis aller Geheimnisse gestoßen, das Große Arkana, die Zugangsstraße zur Astrologischen Erleuchtung. „Ja, lieber Junge, du hast Recht. Du wirst jetzt einiges zu arbeiten haben. Ich kann dir nicht jede Antwort geben. Nicht dass ich nicht wollte: Ich bemühe mich hier, dir alles, was ich kann, beizubringen. Aber Beibringen heißt nicht, das Hirn mit Informationen voll zu stopfen. Ich kann dir die Rohstoffe geben, aber sie müssen verarbeitet werden. Nur Anstrengung von deiner Seite wird letztlich die nötige feurige Alchemie erzeugen, die es braucht, um das, was ich dir erzählt habe, in etwas zu verwandeln, das dir eigen ist."

Er schaute von Sedna zu Britney und wieder zurück, als ob er hoffte, dass einer von beiden bei mir intervenieren oder ihm anbieten würde, die notwendige Anstrengung statt seiner auf sich zu nehmen. Britney schlief, trotz meines Stolperns über ihr Bein, hörbar noch immer. Sedna erwiderte kalt seinen flehenden Blick. Versuche nie, einen Raben mit einem Blick aus der Fassung zu bringen: Du wirst keinen Erfolg haben.

Er war enttäuscht, fast schon am Boden zerstört. Der Zauberstab war nicht gerade von der Art, die er erwartet hatte. Denn der lag einzig und allein in ihm selbst. Aber ich hatte den Jungen nur als meinen Schüler akzeptiert, weil ich einiges Potential in ihm erkannt hatte. Ich wusste, dass er den Charakter hatte, der am Ende all die notwendige Anstrengung leisten würde. Also raffte er sich auf und überwand sich: „Ich werde diese Arbeit erbringen, Meister, wenn das der einzige Weg ist, der mich zur Meisterschaft in diesem Handwerk führt. Ich möchte euch nacheifern. Stellt euch vor: In den kommenden Jahren könnte *ich* die Vorhersagen im Fernsehen machen! Ruhm! Glück!"

Ich lächelte. Es war gut, dass er eine Mohrrübe vor seine Nase baumeln hatte. Und wenn die auch noch ein wenig Zucker auf ihrer Spitze hatte, warum nicht? Ich nahm ihm nicht seine Illusion von Ruhm und Glück, doch ich sagte: „Das Fernsehen hat mich eine ganze Menge gelehrt. Wenn man den Bildschirm mal mit einer Truppe entblößter Zwerge geteilt hat, ist es schwierig, sich all zuviel auf sich selbst einzubilden.[29] Oder aber, wenn die eigenen meisterlichen Vorhersagen zwischen zwei Folgen der *Topless Darts* (Darts oben ohne) gezwängt wurden.[30]

Er schaute entsetzt über soviel Majestätsbeleidigung drein.

Ich erlöste ihn von seinem Grauen, indem ich einige Blätter nahm, auf die ich Horoskope zeichnete, die er alleine deuten sollte. Hier sind sie. In allen geht es um Favoriten gegen Außenseiter. Die Sportarten sind jeweils vermerkt. Die Deutungen dazu finden sich in Anhang 4 (S. 219-222).

Indem ich zur Höhle zurückging und ihn seiner Arbeit an den Horoskopen überließ, gab ich ihm noch einen letzten Rat: „Behalte immer im Hinterkopf, mein Bursche: Wenn nicht das Ergebnis herauskommt, das du erwartest hast, dann ist das nicht dein Fehler. Beschuldige die Spieler, die es nicht geschafft haben, sich an das Drehbuch zu halten." Als er das hörte, flatterte Sedna auf meine Schulter und gab meinem Ohr das, was unter Raben als Kuss durchgeht.

---

[29] Die Zwerge traten unter dem Namen *The Half Monty* in der Sendung *Richard Littlejohn - Live and Direct* auf.

[30] Im Kabelkanal *LIVE TV*

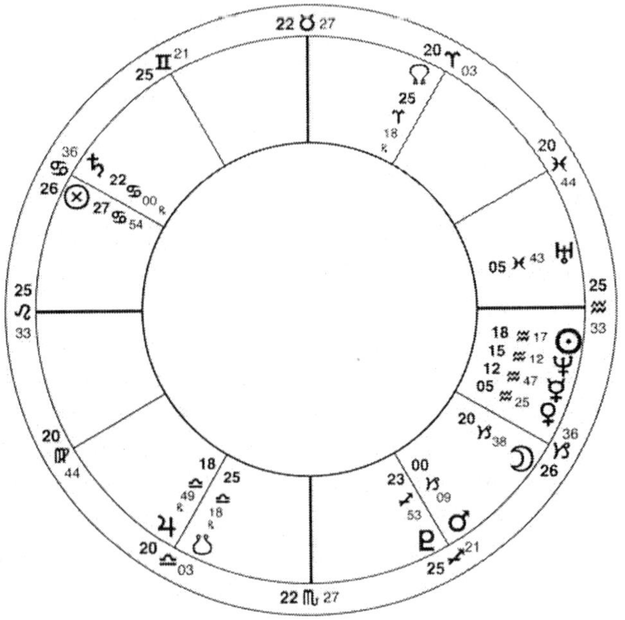

Test-Horoskop 7: *American Football,*
6. Februar 2005, 18.38 Uhr Ostküstenzeit (EST), Jacksonville, Florida

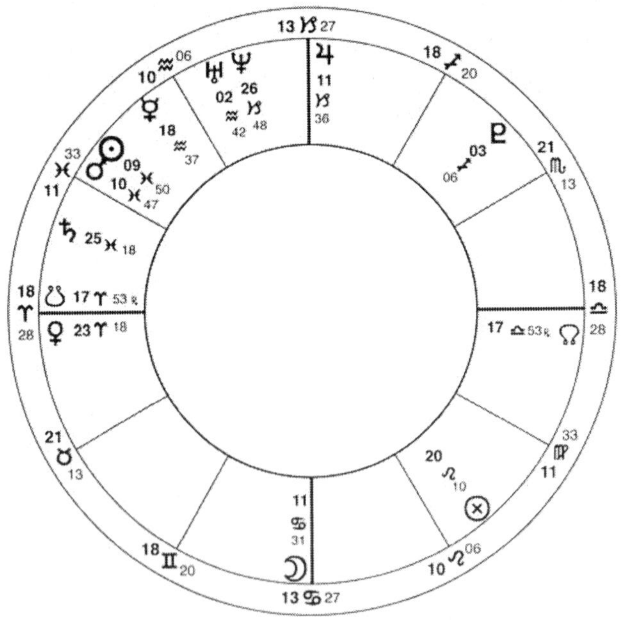

Test-Horoskop 8: *Cricket, Ein-Tages-Match,*
29. Februar 1996, 9.00 Uhr Indischer Zeit (IST), Poona, Indien

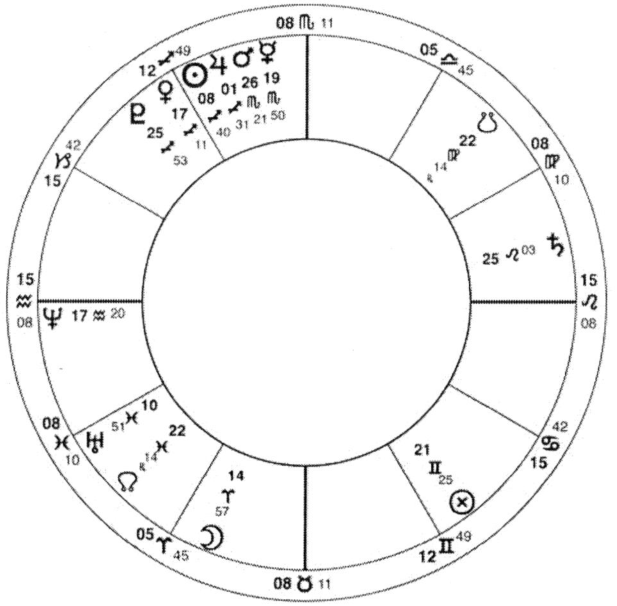

Test-Horoskop 9: *Cricket, Test-Match,*
1. Dezember 2006, 11.00 Uhr Zentralaustralischer Sommerzeit (ACDT), Adelaide, Australien

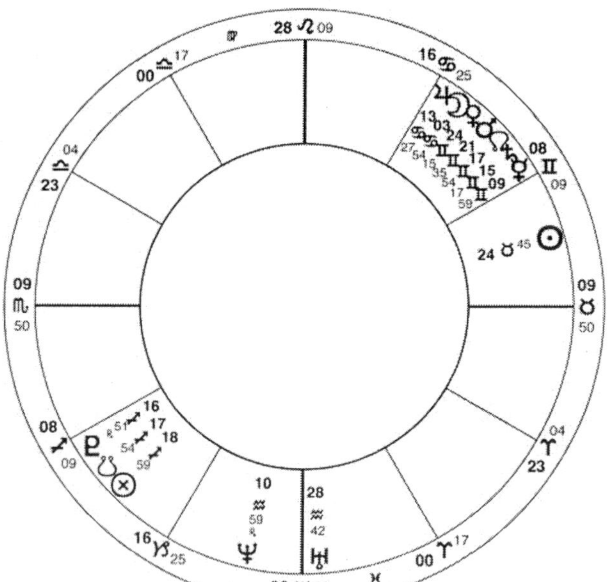

Test-Horoskop 10: *Fußball, Verlängerung möglich,*
15. Mai 2002, 19.45 Uhr Britischer Sommerzeit (BST), Glasgow, Schottland

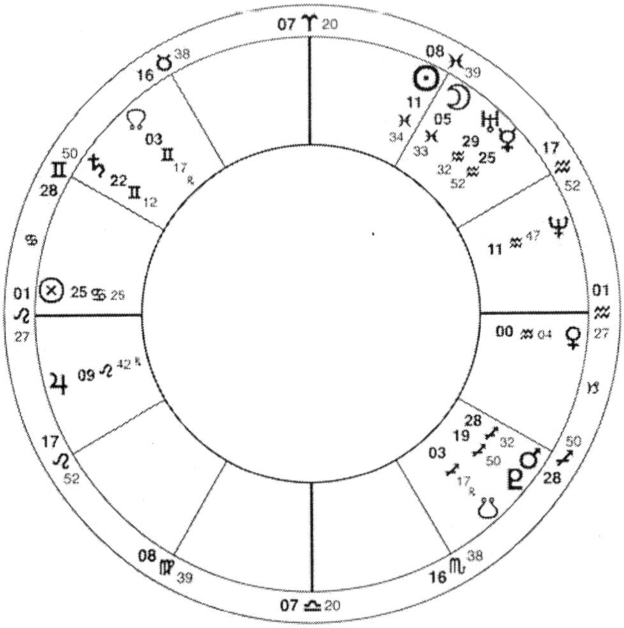

Test-Horoskop 11: *Fußball, Verlängerung möglich*
2. März 2003, 14.00 Uhr Greenwich Mean Time (GMT), Cardiff, Wales

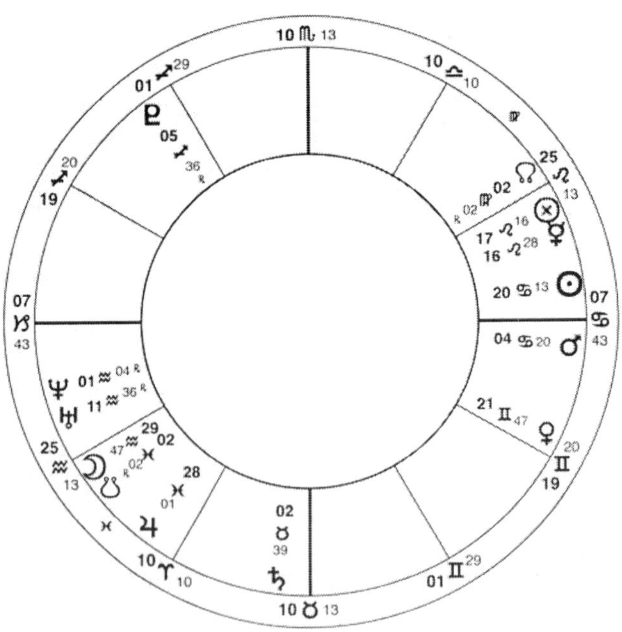

Test-Horoskop 12: *Fußball, Verlängerung möglich*
12. Juli 1998, 21.00 Uhr Mitteleuropäischer Sommerzeit (MEZ/S), Paris

ZWISCHENSPIEL:

„BABE“ RUTH SCHAFFT 60 HOME RUNS

Als George Ruth seinen ersten Baseballvertrag unterschrieb - bei den Baltimore Orioles -, brachte ihm sein kindlicher Charakter bald den Spitznamen „Babe“ ein. Hätten seine Kollegen sein Horoskop studiert, hätten sie keinen passenderen Namen für ihn finden können. Wie würden Sie sonst jemanden nennen, der einen Krebs-Aszendenten hat und dessen Mond, ebenfalls in Krebs, gerade innerhalb des Aszendenten verstaut ist?

Ein Planet innerhalb des Aszendenten ist die erste Wahl für den Signifikator des Verhaltens[31], ein Titel, der genau das ausdrückt, was er sagt: Dieser Planet zeigt, wie sich die Person benimmt. Wenn dieser Planet auch noch der Herr über den Aszendenten ist, dann reicht diese Veranlagung tief. Steht er in Krebs, dann werden die Grenzen und die Disziplin schwach entwickelt sein - und das um so mehr, wenn es sich bei diesem Planeten um den Mond handelt. Grenzen werden mit all der Sorglosigkeit eines Kleinkinds missachtet. Mit allen Vor- und Nachteilen: Derselbe Mann, den der Eigentümer der Red Sox, Harry Frazee, als „einen der selbstsüchtigsten und rücksichtslosesten Männer, die je eine Baseballmontur angezogen haben“, bezeichnete, widmete einen beträchtlichen Teil seiner Zeit und seines Geldes der karitativen Tätigkeit für sozial benachteiligte Kinder. Sein Mannschaftskamerad Ernie Shore nannte ihn „den großmütigsten Kerl, der je gelebt hat. Er würde dir sein letztes Hemd geben.“ Sein Appetit auf Essen, Trinken, Tabak und Frauen kannte keine Grenzen, sein Temperament nur sehr wenige. Aber stelle einen Mann mit einer solch angeborenen Missachtung von Grenzen, einer Blindheit für alle Schilder mit der Aufschrift: „Kein Eintritt“, in ein Sportstadion und er wird alle Rekorde brechen - mit Leichtigkeit.

---

[31] Englischer Terminus nach William Lilly: *Significator of Manner.* (Anm. d. Üb.)

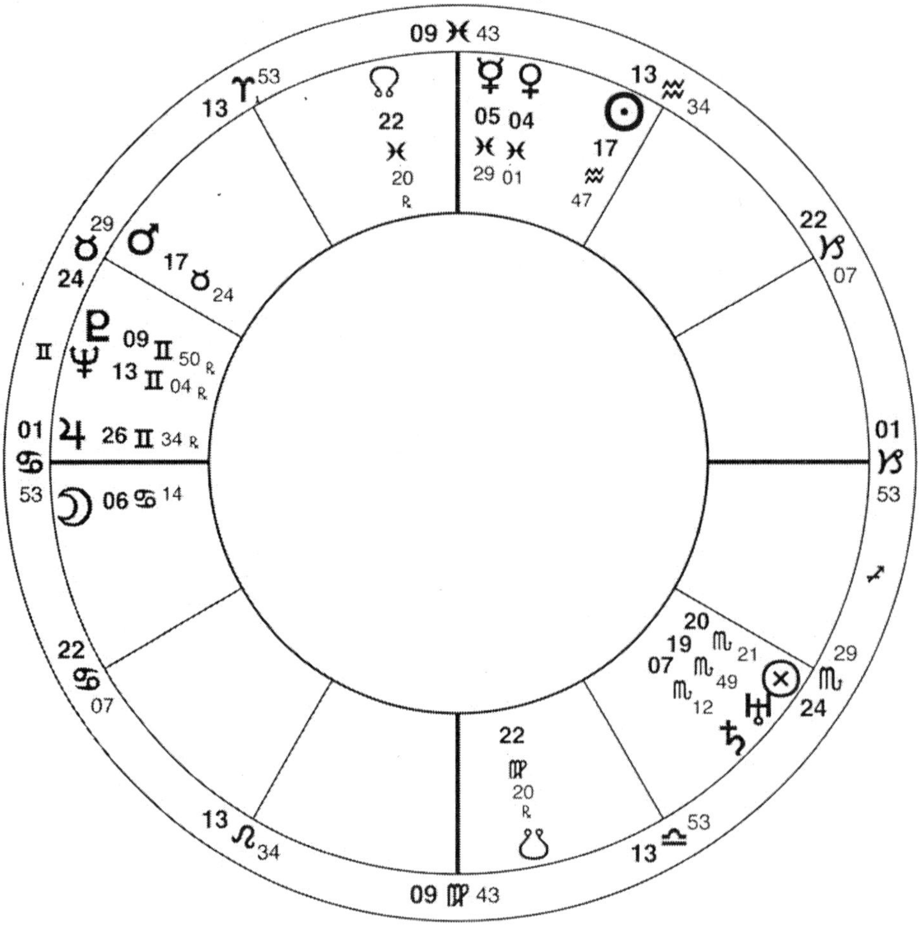

George „Babe" Ruth,
6. Februar 1895, 13.45 Uhr Ostküstenzeit (EST), Baltimore, Maryland

Natürlich nur, wenn er die körperlichen Voraussetzungen mitbringt, um seine mentalen Fähigkeiten umzusetzen. Sonst wäre der einzige Rekord, den er brechen würde, der im Anwärmen von Sofas. Ruths Mond fiel direkt auf den Jupiter im Horoskop der vorgeburtlichen Finsternis. Jupiter in seiner Erhöhung: Auch der hat keine Achtung vor Grenzen. Er ist machtvoll. Er ist weder pingelig noch präzise. Ruth machte der merkurischen Präzision des „wissenschaftlichen Baseball", bei dem die Schläge genau zwischen zwei Feldspieler platziert wurden, den Garaus. Der *Sultan of Swat* (der Sultan des Schlages) ging raus und wuchtete den Ball härter und weiter, als man es je für möglich gehalten hatte. Seine Trefferquote von 1920 blieb für 80 Jahre unübertroffen. Und als dieser Rekord gebrochen wurde, hatte sich Baseball stark verändert.

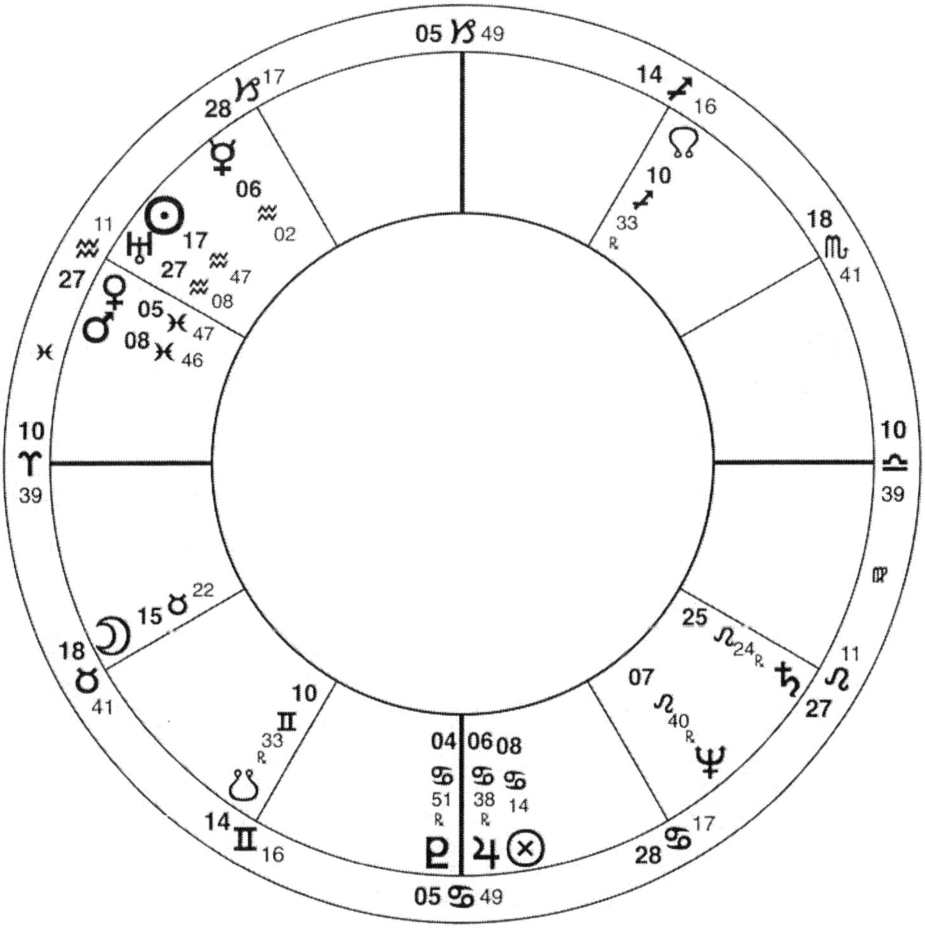

George „Babe“ Ruth, Solarhoroskop 1919

In Ruths Solarhoroskop für 1919 fällt der erhöhte Jupiter exakt auf den Geburtsmond, der wiederum exakt auf den Jupiter der vorgeburtlichen Finsternis fiel. Der Mond, Aszendentenherrscher im Geburtshoroskop und damit Hauptsignifikator für Ruth selbst, ist im Solar ebenfalls erhöht. Und obendrein ist die erhöhte Venus des Geburtshoroskops zu ihrer Ausgangsposition zurückgekehrt. In dieser Saison schaffte Ruth 29 Home Runs und brach einen Rekord, der zuvor 35 Jahre gehalten hatte.

Im folgenden Jahr ging dann die Post ab. Die starken Verbindungen zwischen dem Solarhoroskop 1919 und der Nativität hatten ausgereicht, um dem alten Rekord zwei weitere Home Runs hinzuzufügen. Das Solarhoroskop für 1920 schloss sich dann direkt an die vorgeburtliche Finsternis an: Ruth legte nochmal 25 Home Runs auf seinen eigenen Rekord von 29 drauf, schaffte 54 *homers* und stellte zusätzlich noch besagten Schlagrekord auf.

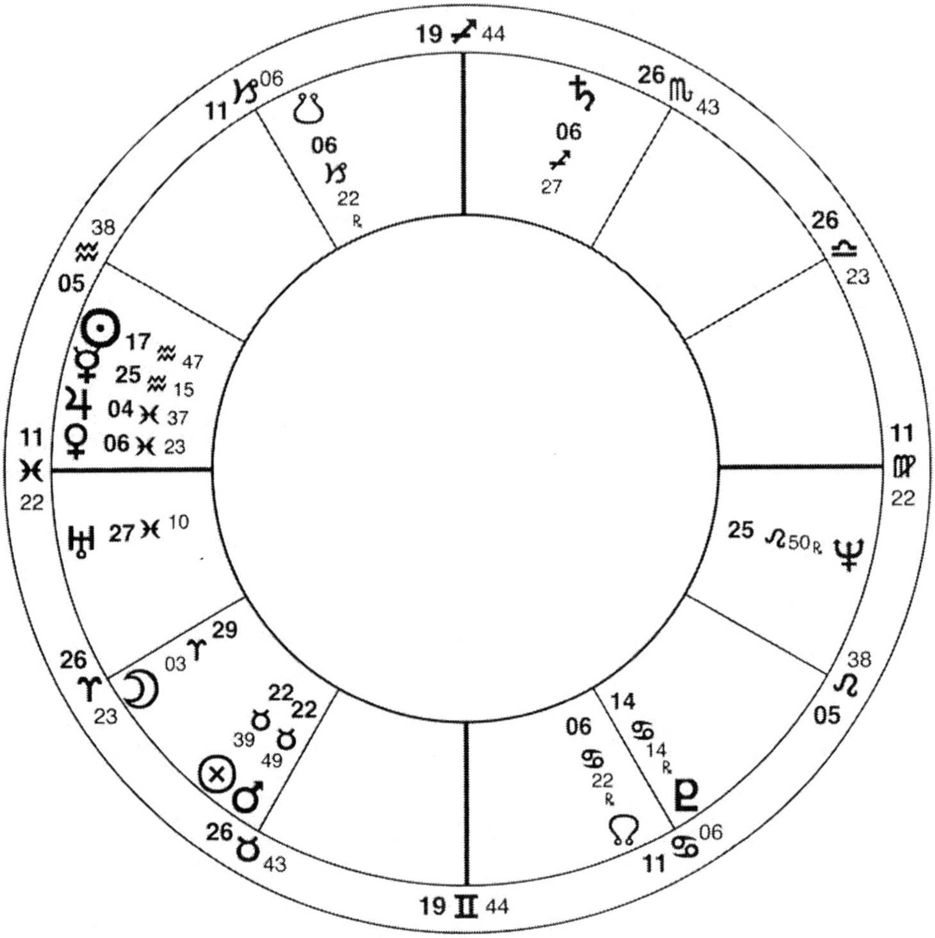

George „Babe" Ruth, *Solarhoroskop 1927*

Es folgte Saison auf Saison, eine so außergewöhnlich wie die andere - bis Ruths progressiver Mond 1925 in Opposition zu seinem Geburtssaturn lief. Mehr als 300 Jahre zuvor hatte William Lilly geschrieben, dass eine solche Progression „extreme Gefahren und Qualen für Körper und Geist...hitzige und extreme Fieber... sowie Bauchschmerzen mit sich bringt"[32].

Ruth hatte bis dahin jede Menge Potential für derartige Fehlfunktionen angesammelt. Er litt an „schwerwiegenden Bauchkrämpfen und Fieber"[33], was sich bis zu Zusammenbruch und Delirium verschlimmerte. Ein Darmgeschwür wurde diagnostiziert und operiert. Wie zu erwarten, war dies eine schwache

---

[32] *Christian Astrology* S. 697

[33] http://en.wikipedia.org/wiki/Babe_Ruth

Saison, seine schlechteste überhaupt, obwohl er noch in der Blüte seiner Baseballjahre stand. Dies wird durch den Solar-Aszendenten bestätigt, der in diesem Jahr auf den südlichen Mondknoten seines Geburtshoroskops fällt, während der südliche Mondknoten des Solars auf seine Sonne zu liegen kommt. Der Solar-Mond, Signifikator von Ruth selbst, steht kurz davor, sein eigenes Zeichen Krebs zu verlassen: ein starkes Zeugnis, dass es mit dem Leben bergab geht. Aber in der darauffolgenden Saison war er wieder da und erneut der beste Schläger der Liga.

Doch es war die Saison 1927, in der er seinen eigenen Home Run-Rekord noch einmal brach. Wenn es möglich wäre, ein Solarhoroskop wie eine Pizza per Telefon zu bestellen, dann wäre Ruths Solar von 1927 eines, das jeder Sportler mit Wonne ordern würde. Der Solar-Aszendent nimmt die Himmelsmitte seines Geburtshoroskops auf, was immer ein gutes Zeichen ist, vor allem in allen Karriereangelegenheiten. Über dem Aszendenten schwebt Venus, die zu ihrer Geburtsstellung zurückgekehrt ist, genau wie im Solar von 1919, dem Jahr, als er den Home Run-Rekord zum ersten Mal brach. Diesmal wird sie jedoch von einem mächtigen Jupiter begleitet, in seinem eigenen Zeichen und mit mächtigen gegenseitigen Rezeptionen zwischen ihm und Venus. Jupiter beherrscht das zehnte Haus sowohl im Geburts- als auch im Solarhoroskop, während Venus das fünfte Haus des Geburtshoroskops regiert. Damit zielt die Ehrfurcht gebietende wohltätige Kraft dieser Konjunktion voll auf seine Karriere, welche natürlich einen Fünfthaus-Charakter hatte. Die Spitze des fünften Solarhauses wird dadurch hervorgehoben, dass sie genau den Geburtsmond aufgreift, der als Aszendentenherrscher Ruth selbst darstellt, sowie durch die wohltätige, expansive Kraft des nördlichen Mondknotens in diesem Haus. Der Mondknoten fällt - was seine expansive Kraft noch verstärkt - genau auf den Geburtsmond, der wiederum genau auf dem erhöhten expansiven Jupiter der vorgeburtlichen Finsternis steht. Es gibt hier einiges an expansivem Zeug! Im Gegensatz zum Solar von 1925, als er so krank war, steht der Mond diesmal vor dem Eintritt in das Zeichen seiner Erhöhung: ein starkes Zeugnis dafür, dass es mit dem Leben bergauf geht, und zwar schnell.

Als ob das noch nicht ausreichte, fiel die totale Sonnenfinsternis vom 29. Juni 1927 genau auf Ruths Geburtsmond. Das Bambino schaffte in jener Saison 60 Home Runs, ein Heldenstück, das erst 1961 übertroffen wurde, als die Baseballsaison um acht Spiele länger war.

3

Ein Tag auf der Rennbahn

Eines Morgens, als ich so dasaß und mit Hilfe eines besonders edlen Tropfens tibetischen Shiraz'[34] über die Bewegung der himmlischen Sphären nachdachte, kam er, in seiner Hast Purzelbäume schlagend, den Berghang heruntergestürzt.

„Meister, Meister!", schrie er und zeigte dabei ins Tal, „was ist denn da unten los?"

Sedna flüsterte mir die Information ins Ohr. „Es ist der siebente Tag des siebenten Neumonds", sagte ich, „der Tag des Jahrmarkts im Dorf."

„Können wir dort hingehen, Meister? Oh bitte, können wir hingehen?"

Ich entschied, dass ein Feiertag nicht schaden könne - und Sedna flatterte vor Begeisterung über diese Idee auf und nieder. Dennoch dachte ich mir, ich sollte ihn nochmal prüfen, ob er sich den Feiertag wirklich verdient hatte. „Wer hat die Dampfmaschine erfunden?", fragte ich ihn.

„William Lilly!", gab er ohne Zögern zur Antwort.

„Du hast gut studiert, mein Junge. Ja, du sollst zum Jahrmarkt gehen."

Er machte sich daran, aus Bergblumen eine Girlande zu flechten, um sie Britney um den Hals zu hängen, während ich mich in die Höhle zurückzog, um meine Meisterastrologen-Ausgehklamotten anzulegen: ein sternengeschmücktes, mitternachtsblaues Gewand und einen spitzen Hut. Bald waren wir fertig zum Gehen.

„Gibt es da auch Yakrennen? Wir könnten Britney aufbieten." Ein eines Löwen würdiges grimmiges Gebrüll machte uns klar, dass diese Idee nicht auf ungeteilte Zustimmung stieß - woraufhin der Bursche zu Boden fiel und schmerzverzerrt seine Knie umklammerte. Dummer Junge, einfach so hinter Britney stehen und dann einen derartigen Vorschlag zu machen. Er war nun unfähig zu laufen. Also hob ich ihn auf Britneys Rücken, nicht ohne ihr einen strengen Blick zuzuwerfen, auf dass sie nicht auf weitere Ideen komme, wie sie ihm Manieren beibringen könnte.

So machten wir uns auf den Weg ins Tal. Er hielt sich an Britneys Fell fest und Sedna ritt lautstark auf meiner Schulter, während ich neben ihnen herging.

---

[34] Vermutlich aus dem Rhônetal stammende rote Edelrebsorte - auch *Syrah* genannt. (Anm. d. Üb.)

Es gab tatsächlich Yakrennen auf dem Jahrmarkt. Seine Augen leuchteten auf: „Können wir die Gewinner vorhersagen, Meister? Zeigt mir, wie man das macht."

„Es gibt eine Menge Methoden, um Gewinner astrologisch zu bestimmen. So viele, dass ich manchmal denke, dass Buchmacher extra Leute beschäftigen, die plausibel klingende, aber tatsächlich vollkommen trügerische Methoden entwickeln, um leichtgläubige Astrologen zu ködern, ihr Geld damit zu verpulvern. Es ist ziemlich einfach, irgendeinen Yak mit Hilfe der Astrologie auszuwählen. Das Problem ist nur, es muss der richtige sein. Dafür wiederum sind die meisten publizierten Methoden ziemlich wertlos."

„Wirklich Meister? Aber ich habe über so viele von ihnen in astrologischen Zeitschriften gelesen."

„Viele davon geben jeden Anlass zu der Vermutung, dass sie nicht ein einziges Mal ausprobiert wurden, sondern das leere Produkt der Tagträume von irgendjemandem in seiner Badewanne sind. Viele andere - und wir wissen das, weil wir ein ausgedrucktes Horoskop vor die Nase gesetzt bekommen, das den Erfolg der Methode beweisen soll - haben einmal funktioniert. Ich kann einen Gewinner bestimmen, indem ich den Yak auswähle, dessen Name mich an meine Oma erinnert: Das heißt noch lange nicht, dass dies eine lohnende Methode ist. Ein Glückstreffer ist, wie jeder Spieler weiß, nicht mehr als ein Irrlicht, das den Unvorsichtigen tief in den Morast führt."

„Wir brauchen eine Methode, die immer funktioniert." Mit dem Stock in der einen Hand und dem Rest Shiraz in der anderen, zögerte ich, welchen von beiden ich nun nach so einer Bemerkung zur Anwendung bringen sollte. Ich wählte den Shiraz und antwortete ihm in angeheitertem Ton: „Wo fange ich an, dies zu beantworten, Junge? Tatsächlich *brauchen* wir keine einzige Methode. Wir hätten nur gerne eine. Genauso wenig können wir eine Methode erwarten, die immer funktioniert. So eine Methode gibt es nicht, in keinem Zweig der Astrologie und die Welt fährt ganz gut damit. Kannst du dir vorstellen, was passieren würde, wenn die Astrologen eine unfehlbare Methode hätten?" Er schaute mich an, ohne zu antworten. Offensichtlich dachte er, dass der Shiraz mich in seiner Gewalt hätte. Wenig wusste der Bursche davon, dass - gewöhnt wie ich an den berauschenden Effekt der dünnen Höhenluft, in der Meisterastrologen wohnen, bin - solche ordinären Rauschmittel der Klarheit meiner Gedanken nichts anhaben können. „Hast du überhaupt jemals irgendwelche Astrologen kennen gelernt?", fuhr ich fort. „Aber um auf den Punkt zu kommen: Ob eine vollkommene Methode nun wünschenswert ist oder nicht: Sie ist unmöglich. Gott ist vollkommen. Die Schöpfung ist nicht Gott. *Comprende*?"

„Ja, Meister,"

„Wenn die Schöpfung nicht Gott ist, kann sie auch nicht vollkommen sein."

„Aber Meister, ein Yak kann ein vollkommener Yak sein, ein Rabe ein vollkommener Rabe. Solche Dinge schließen sich nicht gegenseitig aus."

„Hör zu, Junge. Vollkommenheit ist etwas, das an keine Voraussetzung gebunden ist. Etwas ist vollkommen oder es ist nicht vollkommen. Es kann nicht ein bisschen vollkommen sein. Die Schöpfung ist so perfekt wie sie als Schöpfung sein kann. Das heißt noch lange nicht, dass sie vollkommen ist. Britney mag so yakkisch sein wie jeder andere Yak, aber das macht sie nicht vollkommen. Zum Beispiel: Egal wie yakkisch sie ist, eines Tages wird sie sterben. Das ist ein Beweis für Veränderung, während das, was vollkommen ist, sich nicht verändern kann."

„Also kann ein Ding ein sehr gutes Beispiel für seine eigene Art sein, aber das heißt nicht, dass es vollkommen ist."

„Genau. Es ist eine sehr gute Schöpfung, aber es ist nicht vollkommen. Das kann es nicht sein. Schau mal." Während ich sprach, flatterte Sedna hinunter auf Britneys Rücken, setzte sich direkt vor den Jungen und ritzte mit seinem Schnabel folgende Logik in Britneys Haar:

$$\text{Gott} = \text{vollkommen}$$
$$\text{Schöpfung} \neq \text{Gott}$$
$$\text{Schöpfung} \neq \text{vollkommen}$$

„Oh!", rief er aus, „ich verstehe."

„Ist dir das im astrologischen Kindergarten beigebracht worden?"

„Nein, Meister."

„Das ist eine Tragödie, denn die gesamte Astrologie wird von dieser einen Tatsache abgeleitet. Die Astrologie ereignet sich innerhalb der Schöpfung. Vollkommenheit ist da für uns nicht zu haben. Es gibt immer einen Wertverlust zwischen dem großen Plan und dem, wie sich die Dinge am Ende auf der Erde manifestieren. Anders geht es nicht. Also ist der Gedanke, dass es irgendeine vollkommene Methode in der Astrologie geben könnte, eine Illusion. Geboren aus unserer Arroganz." Wir hielten kurz an, um den Blick zu bewundern: Die leeren Berge, die sich dem Himmel entgegenreckten, und unten diese winzigen, sich bewegenden Farbpunkte, welche die anderen Menschen waren, die sich auf ihren beschwerlichen Weg zum Jahrmarkt gemacht hatten.

Der Junge konnte es kaum erwarten, zum Jahrmarkt zu kommen. Ich war nicht sicher, ob sein Interesse für das kunterbunte Leben im Dorf ein Zeugnis seines Strebens war, ein Meisterastrologe zu werden. Aber er war noch jung. Als ich ihm wieder auf Britneys Rücken half, fragte er mich: „Erzählt mir mehr über diese Methoden, den Gewinner herauszufinden, Meister.

Können wir die *Geburtshoroskope* konsultieren?"

„Hast du die Geburtshoroskope aller Jockeys in dem Rennen?"

„Nein, Meister."

„Angenommen, du hättest sie: Hast du eine Neigung zu langer, harter Arbeit?"

„Nein, Meister."

„Die wäre aber dafür notwendig. Außerdem erinnere dich, dass der Jockey kein Sportautomat ist, der nur ins Lebens gesprungen ist, um zu reiten: Der Erfolg, den wir in seinem Geburtshoroskop sehen, findet nicht notwendigerweise auf der Rennbahn statt. Und selbst wenn, der Jockey wird fünf bis sechs Rennen an einem Nachmittag reiten. Egal wie intensiv wir sein Horoskop studieren, wir werden nicht in der Lage sein zu bestimmen, welches Rennen davon er gewinnen wird. Oder überlege dir mal den Maßstab für Erfolg: Er könnte in einem Rennen Dritter, in allen anderen Letzter werden und diesen Tag dennoch einen erfolgreichen nennen - auch wenn wir anderer Meinung wären. Wir könnten Anhaltspunkte in seinem Horoskop finden. Aber der Haufen Arbeit, um sie zu finden - die Ephemeriden aufschlagen und bemerken, dass Jupiter nahe bei seiner Sonne steht, reicht nicht! -, wird nicht durch die mageren Erfolgsaussichten aufgewogen."

„Ich meinte die Geburtshoroskope der Pferde, Meister."

Ich begann an der Zurechnungsfähigkeit des Jungen zu zweifeln. „Wie, würdest du vorschlagen, sollen wir die zeitgenauen Geburtshoroskope aller Pferde in einem Rennen zusammenkriegen? Es ist schwer genug, verlässliche Geburtsdaten für Menschen zu finden. Und um die Dinge noch komplizierter zu machen: Alle Rennpferde haben - zumindest in Großbritannien - amtlich denselben Geburtstag. Das macht die Suche nach ihren wahren Horoskopen noch schwieriger. Und weiter: Rennfans versichern uns, dass Pferde, sich selbst überlassen, nichts lieber täten, als Renntage zu organisieren - weil sie den Nervenkitzel der Rennen so lieben. Dennoch könnten wir Zweifel hegen, ob die Tatsache, Erster zu werden, für die Pferde wirklich so wichtig ist." Britney grunzte zustimmend. „Oder für den Yak", fügte ich hinzu und streichelte ihren Hals.

„Die Besitzer, die Trainer?"

„Das gleiche Problem, mein Junge. Auch sie haben ein Leben abseits des Sports. Ein Besitzer hat wahrscheinlich viele Interessen, sowohl auf als auch abseits der Rennbahn. Ein Trainer hat sehr wahrscheinlich mehrere Pferde laufen. Und", ich lehnte mich zu ihm rüber, damit ich flüstern konnte, „einige nichtsnutzige Kerle haben schon mal vorgeschlagen, dass es gelegentlich als Erfolg betrachtet werden könnte, ein Pferd zu reiten, um zu verlieren." Er schaute entgeistert.

Ich erwog, ihm einen guten Schluck meines Shiraz anzubieten, damit er seine Fassung zurückgewänne. Aber in Anbetracht des langen Tages, der noch vor uns lag, kam ich zu dem Schluss, dass das nicht sehr weise wäre. Ein eleganter Klaps mit meinem Stock tat es auch.

„Alles klar", fuhr er fort, „Geburtshoroskope sind gestrichen. Aber können wir die *Stundenastrologie* benutzen?"

„Im Prinzip, ja. Aber wir sind umringt von Einschränkungen. Lass uns die Möglichkeiten durchspielen. Erstens können wir, wie ich dir schon gesagt habe, die Stundenastrologie nicht mechanisch benutzen. Die reine Häufigkeit von Wettrennen ist ein Problem. Jemand, der fragt: *Wer wird um 14.30 Uhr in Kempton Park gewinnen?*, wird sehr wahrscheinlich ebenso fragen: *Wer wird um 15.00 Uhr in Kempton Park gewinnen?* - von 14.35 Uhr in Sandown, 14.40 Uhr in Ascot und was sonst noch an diesem Tag auf dem Programm steht, gar nicht zu reden. Und das Tag für Tag. Die Stundenastrologie ist kein Spielautomat."

„Was aber, wenn unser Fragesteller nicht ein notorischer Wetter ist, sondern nur für dieses eine Rennen fragt?"

„Stundenastrologie kann funktionieren, wenn es sich um die jährliche Frage zum Ausgang des *Grand National* oder des *Melbourne Cup* handelt: *Wer wird gewinnen?* Dabei wählen wir den Gewinner aus einem Feld von Wettbewerbern aus. Also würden wir nach dem ersten Aspekt vom oder zum Herrscher des zehnten Hauses schauen. Der aspektierte Planet wird uns, per Assoziation seines Namens, das Siegerpferd nennen."

„Das hört sich ziemlich einfach an."

Ich unterdrückte ein Lachen und fuhr fort: „Oft aber haben wir bei Wettrennen das Problem, die wirkliche Frage zu bestimmen. Worin liegt das wirkliche Interesse des Fragestellers? Bin ich der Besitzer oder ein Anteilseigner des Pferdes, ist die Frage einfach: *Wird mein Pferd gewinnen?* Eine Zwölfthaus-Angelegenheit[35]. Oder auch nur scheinbar, denn oft ist das Pferd kaum von Interesse. Die wirkliche Frage lautet: *Werde ich gewinnen?* Oder, noch öfter: *Werde ich einen finanziellen Gewinn erzielen?"*

„Also könnte es eine Frage des zwölften, ersten oder zweiten Hauses sein."

„Ja, du beginnst, die Schwierigkeit zu verstehen. Und ich bin sicher, dass ich noch ein paar mehr Häuser finden könnte, wenn ich mich damit beschäftigen würde. Nimm mal an, dass mir das Pferd nicht gehört. Es gibt ein paar Pferde, die ihren eigenen Fanklub haben. Also könnte die Frage gelegentlich lauten: *Werden wir gewinnen?* - wobei das Pferd genauso wie eine Fußballmannschaft mit ‚uns' gleichgesetzt wird. Aber kratze nur ein bisschen an der Oberfläche und du wirst finden, dass die wirkliche Frage lautet: *Werde ich finanziell gewinnen, indem ich auf Golden Socks setze?* Also ist es eine Frage nach einem finanziellen Gewinn und keine Wettkampffrage."

„Aber was, wenn der Fragesteller gar nicht wettet?"

„Dann ist es höchst unwahrscheinlich, dass der Fragesteller diese Frage stellt. Vielleicht könnte er es dennoch tun - etwa aus Neugier -, aber warum? Wenn es nicht um einen finanziellen Gewinn geht, dann höchstwahrscheinlich darum, die Stundenastrologie auf die Probe zu stellen. Dann ist die reale Frage nicht: *Wird Golden Socks gewinnen?*, sondern: *Funktioniert die Stundenastrologie?* Und jeder, der so etwas als stundenastrologische Frage stellt, ist ein Dummkopf."

[35] Das zwölfte Haus beherbergt unter anderem die großen Tiere. (Anm. d. Üb.)

„Kann es trotzdem eine Siebthaus-Frage sein? Vielleicht fragt jemand, ob Golden Socks gewinnen wird, ohne ein besonderes Interesse an Golden Socks zu haben."

„Du denkst zuviel, mein Junge. Es ist sehr unwahrscheinlich, dass wir eine gültige Siebthaus-Frage finden, eine Frage über ‚irgendein ausgewachsenes Pferd', weil es höchst unwahrscheinlich ist, dass so eine Frage gestellt wird - außer von einem, der sich Geld von der Vorhersage verspricht. Also ist die gestellte Frage: *Wird Golden Socks gewinnen?,* nicht die wahre Frage. Was der Fragesteller im Kopf hat, ist: *Werde ich davon finanziell profitieren, wenn ich auf Golden Socks setze?"*

„Aber sicherlich werden beide Fragen die gleiche Antwort ergeben?"

„Das mag so scheinen. Hast du einen Computer in deinem Heimatland?"

„Ja, Meister."

„Dann wirst du schon gemerkt haben, dass der Computer nicht deine Gedanken lesen kann. Er macht, was du ihm sagst, nicht was du meinst ihm zu sagen. Das kann sehr frustrierend sein. Und ziemlich genauso ist es in der Stundenastrologie. Wenn eine Diskrepanz zwischen der Frage, wie sie gestellt wurde, und der, wie sie tatsächlich gemeint war, besteht, haben wir ein Problem. Der Astrologe wird nach etwas Bestimmtem suchen, während im Horoskop etwas anderes gezeigt wird. Das wiederum wird der Astrologe beiseite lassen, weil es für die gestellte Frage unwichtig ist. Wenn allerdings die gestellte Frage wirklich die Frage ist, dann ist es dieses ‚etwas anderes', was unwichtig ist."

„Ganz schön verwirrend, Meister."

„Weil die Frage so verwirrend ist. Manchmal ist es trotzdem klar. Wenn der Besitzer fragt: *Wird mein Pferd um 14.30 Uhr gewinnen?,* würden wir den Herrn von 12 für das Pferd nehmen, das zehnte Haus und den Herrn von 10 für den Sieg. Dann würden wir in genau derselben Weise deuten wie wir es bei Fragen vom Typ: *Wird meine Mannschaft die Liga gewinnen?* gemacht haben.[36] Wir müssen dafür das zehnte Haus des Horoskops nehmen, nicht das gedrehte zehnte Haus (also das zehnte vom zwölften Haus): Wir sind daran interessiert, ob das Pferd dieses Rennen gewinnt und nicht an seinen Karriereaussichten."

„Das ist hinreichend klar, Meister."

„Da wir im Moment über den Besitzer des Pferdes sprechen, beantworte mir dies hier: Nehmen wir an, die Frage lautete: *Soll ich dieses Pferd kaufen?* Nach welcher akzidentiellen Würde sollten wir Ausschau halten?"

Er dachte eine Weile nach. „Cazimi?", fragte er, nicht sehr überzeugt.

„Der Signifikator des Pferdes in Cazimi wäre höchst ermutigend, ja. Aber das ist nicht wirklich etwas, wonach wir suchen müssten. Er ist entweder Cazimi oder er ist es nicht und das ist sehr offensichtlich im Horoskop zu sehen."

„Eine Konjunktion mit Regulus."

---

[36] Siehe oben S. 60-66.

„Auch das wäre ermutigend. Aber auch dies wäre nicht etwas, was wir überprüfen müssten. Es gibt diese Konjunktion oder nicht. Denk mal nach: Was erwartet der Besitzer von dem Pferd?"

„Dass es Rennen gewinnt, Meister."

„Und wie wird es das tun?"

„Indem es rennt, Meister."

„Und das heißt...?" Sein Gesichtsausdruck sagte mir, dass sein Hirn sich festgefressen hatte. Ich gab ihm einen Klaps auf den Hinterkopf, um die Maschinerie wieder in Gang zu bringen, aber ohne jeden Erfolg. „Denke drüber nach. Die Antwort wirst du in Anhang 3 (S.215) finden. In der Zwischenzeit habe ich hier ein paar Leute, die du kennen lernen solltest."

Wir hatten vor einer Höhle Halt gemacht, aus deren Tiefe, angelockt durch Sednas Krächzen, zwei Männer hervorstürzten, um uns zu begrüßen. Der eine von ihnen war voll jugendlicher Vitalität und hatte ungewöhnlich stechende Augen, so klar und scharf wie die eines Adlers. Der andere war so alt, dass er gut und gerne der Zwilling des Berges hätte sein können, auf dem er stand. Gleichzeitig aber war seine Haltung von solchem Adel, dass jedes seiner Worte und jede Bewegung von der Qualität eines Steins war, der in einen stillen Teich fällt.

„Begegne ihnen mit Respekt", flüsterte ich dem Burschen zu, „denn dies sind die besten Freunde, die sich ein Astrologe nur wünschen kann." Ich sprach nun lauter und streckte meine Arme nach den beiden aus: „Darf ich dir vorstellen: Meine gelehrten Freunde Dr. Vernunft und Dr. Erfahrung."

Der Junge schaute überrascht. „Waren diese Beiden nicht auch jene guten Freunde, von denen Nicolas Culpeper schrieb, vor langen, langen Zeiten?"

„Genau dieselben", strahlte ich. „Einst lebten sie im Trubel der Großstadt und genau dort hatte sie Meister Culpeper kennen gelernt. Doch heute werden sie so wenig beachtet, so selten gesucht und konsultiert, dass sie ob dieses völligen Desinteresses der Großstadt entsagt haben, zugunsten eines Einsiedlerlebens in diesen Bergen. Leider hat nicht mal jemand bemerkt, dass sie verschwunden sind."

Ich konnte sehen, wie der Junge sich freute sie kennen zu lernen. Und das, obwohl ich wusste, dass er noch keine Ahnung davon hatte, wie wichtig sie für ihn sein könnten, wenn er nur einige Momente darauf verwendete, ihre Bekanntschaft zu machen. Um dies zu fördern, lud ich die beiden ein, uns zum Jahrmarkt zu begleiten. Gelangweilt von ihrem isolierten Leben - denn beide sehnten sich nach Gesellschaft, mit der sie ihre Einsichten teilen konnten - stimmten sie bereitwillig zu, mit uns zu gehen. Sedna ließ meine Schulter im Stich, um sich einen Platz auf der von Dr. Vernunft zu suchen. Beide hegten eine besondere Zuneigung füreinander und begannen sofort, sich in der Vogelsprache zu unterhalten.

Indem wir uns anschickten weiterzugehen, fuhr ich fort: „*Henry Coley*, Lillys Schützling, nennt in seinem Buch ‚*Key to the Whole Art of Astrology*' [37] zwei stundenastrologische Methoden, die er von dem arabischen Astrologen Haly übernommen hat. Eine ist für Fragen vom Typ: *Wird Golden Socks gewinnen?*, die andere für das allgemeine: *Wer wird gewinnen?* Beide beruhen auf der Platzierung und dem Zustand des *Herrschers der Stunde*."

Ich war mir nicht sicher, ob sich sein Hirn bereits von dem Klebstoff befreit hatte. Also dachte ich, ich täte gut daran, die Dinge zu erklären. „Die Zeitspannen von Sonnenaufgang bis Sonnenuntergang und von Sonnenuntergang bis Sonnenaufgang werden in je zwölf gleich große Abschnitte unterteilt. Das sind die astrologischen Stunden. Anders als unsere Zeitstunden verändert sich ihre Länge von Tag zu Tag und von geographischer Breite zu geographischer Breite. Der Herr der Stunde ist der Planet, der über die jeweilige Stunde herrscht. Der Tag beginnt dabei mit dem Sonnenaufgang. Die Stunde, die mit Sonnenaufgang anfängt, wird von dem Planeten beherrscht, der auch über den Tag herrscht: also der Mond am Montag, Mars am Dienstag, Merkur am Mittwoch, Jupiter am Donnerstag, Venus am Freitag, Saturn am Samstag und die Sonne am Sonntag. Die Folge der Stundenherrscher ist der chaldäischen Reihe der Planeten entlehnt: Saturn, Jupiter, Mars, Sonne, Venus, Merkur und Mond. Dementsprechend wird am Montag die erste Stunde vom Mond beherrscht, die zweite von Saturn, gefolgt von Jupiter, Mars und so weiter. An einem Dienstag wird die erste Stunde von Mars beherrscht, die zweite von der Sonne, dann Venus, Merkur, Mond, Saturn und so weiter."[38]

„Das ist ja einfach, Meister."

„Ja. Coleys Methode für: *Wird Golden Socks gewinnen?* ist, ein Horoskop zu erstellen und dann den Herrscher der Stunde zu suchen. Ist er im ersten Haus, wird das Pferd gewinnen. Im dritten, zehnten und elften Haus wird es Zweiter werden, im siebenten weder Erster noch Letzter, im vierten Letzter. Stehen der Herr der Stunde oder der Herrscher von 1 in ihrem Fall, wird der Jockey nervös sein und könnte vom Pferd fallen. Wenn feindlich aspektiert, könnte er sich verletzen."

„Und was ist mit der Methode für die allgemeine Frage: *Wer wird gewinnen?*"

„Da wird es komplizierter und Coleys Darstellung ist etwas wirr. Erneut erstellen wir ein Horoskop und orten darin den Herrn der Stunde. Ist er im ersten, zehnten oder elften Haus, wird das Siegerpferd von derselben Farbe sein wie ein Planet, der in diesen drei Häusern steht."

„Was ist, wenn dort viele Planeten stehen?"

„Eben. Was Coley offenbar meint, ist, dass wir nach dem Herrn der Stunde deuten, wo immer er sich auch befindet. Steht er in einem dieser drei Häuser und

---

[37] Vgl. Henry Coley: *Key to the Whole Art of Astrology*, London 1676, Nachdruck Nottingham, ohne Jahrgang, S. 231-232. Bonatti nennt mehr oder weniger dieselben Methoden und mag tatsächlich Coleys eigentliche Quelle sein. Vgl. Guido Bonatti: *Book of Astronomy*, S. 618-620, übersetzt von Benjamin Dykes, Minnesota, 2007.

[38] Wenn Sie wissen wollen, wie eine Stunde aussieht, schauen Sie sich Rubens' Gemälde „Der Sturz des Phaethon" an. Die Frauen in diesem Gemälde stellen die Stunden dar.

hat er gute essentielle Würden, dann wird sich der Gewinner unter den Favoriten befinden. Die Gewinnquote auf den Sieger erhöht sich, wenn sich die Würden des Herrn der Stunde verringern. Ist der Herr der Stunde in einem der anderen Häuser, und mit einigen Würden versehen, wird die Quote für den Gewinner ein wenig höher sein. In einem anderen Haus und ohne Würden, wird es ein krasser Außenseiter sein. Ist der Herr der Stunde oriental[39], wird es ein junges Pferd sein. Ist er oxidental, ein altes. Im vierten Haus wird es sehr alt sein."

„Das verstehe ich nicht, Meister. Warum sollten wir für diese speziellen Fragestellungen all unsere üblichen stundenastrologischen Prinzipien über Bord werfen? Wir deuten doch auch sonst keine Fragen allein mit dem Herrn der Stunde."

Ich bedeutete ihm, die Frage an Dr. Vernunft zu richten, der wie immer erfreut war zu antworten: „Du hast Recht dies zu fragen, Junge. Wir können Dinge nicht einfach nur übernehmen, nur weil sie in den Büchern stehen. Selbst wenn diese sehr alt sind! Wie mein guter Freund Nicolas Culpeper einst schrieb:

Möge jeder, der danach strebt, astrologischer Künstler genannt zu werden, sein Wissen in seinem Kopf (das ist nämlich der passende Ort dafür) haben und nicht in seinen Büchern.[40]

Bei freundlichster Bewertung haben wir hier die verschlissenen Restposten von dem, was einst eine praktikable Methode war. So, wie es da steht, ist es sicherlich nicht zu gebrauchen." Er wandte sich lächelnd zu mir: „Der Knabe ist viel versprechend. Er hat genau den richtigen Einspruch erhoben."

„Er hat Talent", gab ich zu.

Der gute Doktor fuhr fort: „Aber das wäre eine recht großzügige Einschätzung der Methode. Sie klingt eher nach Jahrmarktsastrologie. Astrologie als Volksbelustigung und Wahrsagerei. Etwas, das den Ausübenden in die Lage versetzt, jemandem, den er nie wiedersieht oder der die Vorhersage ohnehin nicht wirklich ernst nimmt, eine schnelle Antwort zu geben."

„Genau wie Zeitungshoroskope", warf der Knabe ein.

„Ja, Junge, so ziemlich dasselbe."

„Also sollte ich Coleys Methode nicht benutzen, wenn wir im Dorf sind, Meister?"

„Ich denke, Dr. Vernunft hat das bereits angemessen beantwortet, nicht wahr?"

---

39 Ein Planet wird als *oriental* bezeichnet, wenn er vor der Sonne auf- bzw. untergeht, *oxidental*, wenn er nach der Sonne auf- bzw. untergeht. (Anm. d. Üb.)

40 Nicolas Culpeper: *Astrological Judgement of Diseases from the Decumbiture of the Sick*, London 1655, Nachdruck Nottingham, ohne Jahrgang, S. 67

Eine Weile gingen wir so in Schweigen dahin, genug Raum für Sedna und Dr. Vernunft, miteinander zu krächzen. Dr. Erfahrung war zufrieden damit, die Szene zu betrachten und seine Ansichten solange für sich zu behalten, bis sie gebraucht würden. Britney schien versunken in ihren eigenen Gedanken, genauso wie der Knabe. In einem Moment, da das fröhlich krächzende Paar uns ein paar Schritte voraus geeilt war, zog er mich vorsichtig am Ärmel.

„Meister", begann er mit einer Stimme, die kaum lauter als die Stille war, „ihr erinnert euch, dass Dr. Vernunft vorhin gesagt hat, ich hätte genau den richtigen Einspruch gegen Coleys Methode erhoben?"

„Ja, mein Junge."

„Nun, Meister, er war mit mir zufrieden. Aber ich habe das nicht gesagt, weil ich darüber nachgedacht habe. Coleys Methode ist einfach irgendwie... - sie klang einfach nicht richtig."

Ich lachte laut auf und drückte ihn an meinen Busen. „Du musst unbedingt noch mehr Bekanntschaft mit dem guten Doktor machen. Bis jetzt beruht das, was du von ihm weißt, mehr auf Gerüchten und Missverständnissen als auf der Wahrheit. Vernunft ist nicht nur die kalte Logik staubiger Texte. Richtig eingesetzt ist sie so schön wie eine Göttin, die sich aus den Himmeln herabbeugt, um uns einen Kuss auf die Stirn zu schenken. Du sagst, Coleys Worte ‚klangen' nicht richtig. Auch das ist Vernunft. Die Musik - die Musik der Vernunft - klang nicht harmonisch. Du hast es gehört. Ich wiederum rieche es. Für mich riechen Coleys Worte nicht richtig. Andere fühlen es. Oder sehen es."

Er schien mir zu folgen. Also fuhr ich fort: „Das einzige, was du brauchst, ist Klarheit: Eine dunkle Ahnung dieser göttlichen Klarheit, in welcher Form sie dich auch immer streift. Keiner erwartet geistige Saltos von dir, mein Junge. Nun lass uns mal zu den Beiden da vorne aufschließen. Wir kommen dem Dorf langsam näher und müssen noch einige andere Methoden besprechen, bevor wir da sind."

Ich rief nach Dr. Vernunft, um seine Aufmerksamkeit zu erlangen und bat ihn, noch zu weiteren Methoden für die Vorhersage von Gewinnern Stellung zu nehmen. Er wandte sich sogleich mit einer Frage an den Burschen: „Was, mein Junge, gewinnt ein Pferderennen?"

Das Gesicht des Knaben nahm den mir nur zu gut bekannten Ausdruck desjenigen an, der sich tapfer durch dicke Nebel kämpft. „Das ist keine schwierige Frage, mein Junge. Sag mir einfach: Was wird ein Pferderennen gewinnen?"

Er gab das tapfere Kämpfen auf und schlug vor: „Ein Pferd".

„Ja! Ein Pferd. Das ist eine einfache Tatsache. Aber die meisten Theorien über die Vorhersage von Rennen mit Hilfe der Sterne ignorieren sie. Viele Theorien - im Allgemeinen abgeleitet von Sepharials ‚silbernem Schlüssel' - benutzen die

Sterne, um das Handikap-Gewicht[41] vorherzusagen. Aber was ist ein solches Gewicht? Es hat keine direkte Verbindung zu dem Pferd, das es trägt. In der Tat ist es ein Hindernis. Man hat es eingeführt, um das Pferd daran zu hindern, schneller zu rennen. Warum sollten wir dieses Gewicht in den Sternen sehen?"

„Das macht keinen Sinn, Doktor."

„Das allerdings ist leider nur selten eine Barriere zwischen der astrologischen Theorie und dem Bücherregal. Wie der liebe Nicky - oh, wie ich ihn vermisse - einst sagte: ‚Viele Autoren denken sich irgendwelche närrischen Dinge aus, und wenn sie damit fertig sind, schreiben sie diese für die Nachwelt nieder, als ob sie wahr wären.'[42] Selbst wenn die Berechnung des Gewichts in einer solch Ehrfurcht gebietenden Weise präsentiert wird, wie:

$$d = \frac{(x-9)\,4n}{81} + 4$$

von Herrn Sutaria[43], bleibt auch dieser Gedanke schlichter Unsinn."

„Was hat das noch mit Astrologie zu tun, Doktor?"

„Herzlich wenig, mein Junge.

Dann gibt es da noch die Theorien, die Planeten dafür benutzen, um die Startnummer, die das Siegerpferd trägt, herauszubekommen."

„Aber Startnummern werden wohl oder übel zugeteilt. Das Pferd hat keine aussagefähige Verbindung mit der Nummer, die es trägt."

„Genau. Es gibt wenig, was der Verbindung von Planeten mit Zahlen an wohlklingendem Hokuspokus gleichkommt. Selbiger war besonders in den theosophischen Zirkeln populär. Dort war wohlklingender Hokuspokus an der Tagesordnung. An ihren Wurzeln gibt es gleichwohl eine fundierte und schöne Beziehung zwischen Planeten und Zahlen: Wann immer du dein Gehirn einigen strengen Übungen unterziehen möchtest, versuche mal Iamblichos' *Theologie der Arithmetik*[44], die sich gründlich mit diesem Thema befasst, zu lesen - oder noch besser, zu verstehen. Aber ihre wahre Verbindung war schon lange vergessen zu der Zeit, als die modernen Weisen sich entschlossen, die neu entdeckten Planeten in das System hineinzuschaufeln. Früher wäre dies eine Entweihung gewesen - hätte es für die Täter noch irgendetwas Heiliges gegeben, das sie hätten entweihen können. Aber selbst wenn wir die Beziehung zwischen Zahlen und Planeten zuließen: Es gibt keine essentielle Verbindung zwischen Zahlen und Pferden."

---

[41] Zusätzliches Gewicht, das höherklassige Pferde in Ausgleichs- oder Handikaprennen tragen müssen. (Anm. d. Üb.)

[42] Culpeper S. 68.

[43] R. L. Sutaria: *Astrology of the Race Cource*, Bombay, ohne Jahrgang, S. 93

[44] Iamblichos von Chalkis, neuplatonischer griechischer Philosoph, ca. 250-330 n. Chr. (Anm. d. Üb.)

„Also macht es keinen Sinn, das Pferd über seine Startnummer herauszufinden."

„So ist es.

Des Weiteren gibt es noch andere Theorien, die Farben benutzen."

„Aber Doktor, Pferde treten nicht in vielen verschiedenen Farben auf."

„Nein. Also richten die Theoretiker, die unbedingt ein grünes Pferd brauchen, ihre Aufmerksamkeit, statt auf das Pferd, auf den Reiter. Sie benutzen die Farbe des Trikots des Jockeys."

Dr. Erfahrung, der bisher schweigend zugehört hatte, unterbrach ihn: „Ich warte noch immer auf den Tag, da ich einen Jockey sein Pferd über die Ziellinie tragen sehe. Wenn ich das je erleben sollte, werde ich sofort zugeben, dass es der Jockey ist und nicht das Pferd, der das Rennen gewinnt."

Dr. Vernunfts Lächeln zeigte, dass er zum gleichen Schluss gekommen war. Also fuhr er fort: „Wir haben somit einige zweifelhafte, wenngleich populäre Ansätze, die Planeten mit Pferden verbinden. Wir haben ebenso zweifelhafte und ebenso populäre Ansätze, den Planeten auszuwählen, der für den Sieger steht. Es gibt da eine Falle, in die so viele Theorien tappen:

Es gibt jede Menge Horoskope da draußen - nicht nur das, welches du gerade unter deiner Nase hast.

Weil das so viele vergessen, werden so viele unseriöse Theorien produziert."

„Wahre Worte! In der Tat wahre Worte, Dr. Vernunft", warf ich ein. „Diese Vergesslichkeit ist der Grund für den großen Anteil an Müll, der sich als Astrologie verkleidet in all ihren Teilgebieten tummelt. Dieses Venus-Neptun-Quadrat bedeutet, dass du ein Alkoholiker bist - du und die Milliarde anderer, mit denen du dieses Quadrat teilst. Pluto im Transit über deiner Sonne heißt, dass du sterben wirst - du und jeder, der den gleichen Geburtstag wie du hat." Sedna knabberte an meinem Ohr herum, um mich zu warnen, dass ich im Begriff war, mich zu ereifern. Ich beherzigte seinen Rat und machte Platz für weisere Zungen.

Dr. Vernunft fasste seine Argumentation nochmal zusammen: „Wir gehen unseren Weg den Berg hinab zum Dorf. Das nächste Dorf liegt eine Tagesreise entfernt. Das nächste Dorf, das Yak-Rennen veranstaltet, ist noch viel weiter entfernt. Rennen werden hier wie dort, nur einmal im Jahr, und zwar an unterschiedlichen Tagen veranstaltet. Das ist nicht die Situation, mit der du es zu tun haben wirst, wenn du diese Gegend verlässt, mein Junge."

„Nein. Anderenorts sind Rennen eine tägliche Erscheinung."

„Nimm nur mal England, ein Land, so klein, dass ich es mit einer Handfläche umschließen könnte. In diesen kleinen Raum gestopft, werden dort jeden Nachmittag wenigstens drei Rennmeetings veranstaltet. Am Samstag sind es sieben, acht oder noch mehr. Bei jedem dieser Meetings wird alle dreißig Minuten ein Rennen gestartet. Auch wenn die Startzeiten von Kurs zu Kurs gestaffelt sind, werden sie ähnliche Horoskope produzieren. Wenn zum Start um 14.40 Uhr in Wincanton ein Planet nahe der Himmelmitte steht, dann wird er auch um 14.30 Uhr in Uttoxeter und 14.45 Uhr in Lingfield nahe der Himmelsmitte sein. Wenn wir den Planeten, der am nächsten einer Achse steht, als unseren Gewinner nehmen - eine weitverbreitete Theorie -, dann werden wir sehen, dass die Planeten abwechselnd drei oder vier Rennen in Folge dominieren werden. Häufig sogar mehr. Also würden wir erwarten, dass die Sieger dieser Rennen alle ein ähnliches Gewicht, ähnliche Nummern, Farben oder Namen haben. Aber so läuft das nicht."

Dr. Erfahrung fügte hinzu: „Wenn, zum Beispiel, ein Sieg des Pferdes mit dem höchsten Handikap-Gewicht in Uttoxeter normalerweise innerhalb der nächsten zehn oder fünfzehn Minuten von einem Sieg des Pferdes mit dem höchsten Handikap-Gewicht auf einer anderen Rennbahn gefolgt würde, würden wir erwarten, dass Joe Zocker dies schon bemerkt hätte. Genauso, wenn ein Sieg eines Jockeys mit rotem Dress eine ganze Flut von Siegen rotgekleideter Jockeys einleiten würde."

„Richtig, wie immer, mein Freund", fuhr Dr. Vernunft fort. „Egal, welches Kriterium wir benutzen, um Planet und Pferd zu verbinden: Wir brauchen eine feinere Methode, um den richtigen Planeten zu ermitteln. Es ist einfach, ein isoliertes Beispiel vorzustellen, das uns den am nächsten zum Aszendenten oder zur Himmelsmitte stehenden Planeten als Sieger präsentiert. Es ist einfach, Einzelbeispiele zu finden, um irgendeine verrückte Theorie zu belegen. Das ist kein Beweis, dass die Methode funktioniert."

„Erzählt ihm von den Planetenstunden", schlug ich vor.

„Sutaria, zum Beispiel, schlägt uns vor, den Herrn der Stunde zu benutzen, um den Siegerplaneten zu ermitteln.[45] Er siebt ihn aus, indem er jedem Fünf-Minuten-Abschnitt der Stunde einen eigenen Nebenherrscher zuweist. Trotzdem bleibt der Nebenherrscher genau das: ein Nebenherrscher. Er wird den Stundenherrscher modifizieren, aber nicht überstimmen. Also haben wir weiterhin das gleiche Problem: Was in Uttoxeter gewinnt, sollte auch zehn Minuten später in Wincanton gewinnen. Doch so läuft das nicht."

Ich konnte sehen, dass der Eifer des Jungen dabei war, sich in Unruhe zu verwandeln. Und ich glaubte zu wissen, warum. Wenn Dr. Vernunft erst einmal das Wort hatte, war er schwer zu stoppen - und wir hatten das Dorf schon so gut wie erreicht. Ich sprach zu dem gelehrten Paar: „Ihr habt überzeugend gezeigt, dass diese Theorien auf Sand gebaut sind. Aber habt ihr sie auch überprüft? Nur für den Fall der Fälle." Dr. Erfahrung schwieg. Aber mit einer Geste, die mehr sagte als jedes Wort, stülpte er seine Taschen nach außen und brachte damit nichts mehr zum Vorschein als puren Staub.

---

[45] Sutaria S. 84. Sutarias Behandlung der Planetenstunden ist höchst originell.

Derweil begann der Bursche an meinen Ärmeln zu zerren. „Meister, wir sind schon fast da. Mir wurde viel darüber erzählt, was ich nicht tun soll. Aber was soll ich tun?"

„Meinst du etwa, dass das eine wertlose Unterhaltung war, Junge? Bloßer vergeudeter Atem? Überlegst du, bei diesen Yak-Rennen zu wetten?"

„Ja, Meister", strahlte er und holte eine funkelnde Münze aus seiner Tasche ans Tageslicht.

„Wie du siehst, haben wir dir noch ein bisschen Geld übrig gelassen." Ich nahm die Münze, die er hielt, als Bezahlung. Ich brauchte einen neuen Stock.

„Nun, wenn du etwas haben willst, das funktioniert, versuche dies:

John Addeys Methode

John Addey, einer der führenden britischen Astrologen des 20. Jahrhunderts, veröffentlichte diese Methode in *The Astrological Journal*. Dort schrieb er: ‚Ich setze mein Vertrauen in diese Methode, nachdem ich sie in gut tausend Rennen ausprobiert habe'[46] - ein Grad an Überprüfung, der sich deutlich von den ‚Ein-Glückstreffer'-Methoden unterscheidet, die bei Schreibern über dieses Thema so beliebt sind."

„Auch ich habe diese Methode gründlich getestet", fügte Dr. Erfahrung hinzu. „Ich habe sie bei jedem Rennen in Großbritannien und bei vielen in anderen Ländern über einen Zeitraum von etwa drei Jahren ausprobiert. Das sind wirklich eine ganze Menge Rennen."

Die Augen des Jungen strahlten heller als die Mittagssonne in der Wüste: „Und sie funktioniert immer?"

Der gute Doktor lachte. „Nein, mein Junge, sicher nicht. Aber es ist nicht notwendig für eine Methode, Unfehlbarkeit zu gewährleisten oder irgendetwas, das der Unfehlbarkeit nahe käme. Sie muss nur wirksam sein. Alles, was sie leisten muss, ist uns bessere Ergebnisse zu produzieren, als wenn wir sie nicht anwendeten. Und das leistet Addeys Methode sicherlich. Über die Zeit gesehen, bringt sie uns einen wesentlichen Vorteil."

„Also kann ich nicht garantieren, dass sie mir die Gewinner der Yak-Rennen heute Nachmittag zeigt?"

Der Doktor sah enttäuscht zu mir herüber. „Ich dachte, ihr hättet den Knaben unterrichtet", sagte er. „Warum macht er sich dann noch immer Gedanken über Garantien und Unfehlbarkeit?"

Ich zuckte mit den Achseln: „Er ist unbelehrbar. Aber er ist noch jung."

„Richtig", stimmte der Doktor zu. „Die Zeit wird ihn lehren, was ihr ihn nicht lehren konntet." Ich half der Zeit nach, indem ich dem Burschen eins an

---

[46] In: *The Astrological Journal*, Vol. 2, No. 2 (1960), S. 16-18. Charles Carter macht eine flüchtige Bemerkung zu einer ähnlichen Methode in einer Fußnote in seinen *Essays on the Foundation of Astrology*, London, 1947 (?), S. 156. Mein Dank gilt Christian Borup, der mich darauf hingewiesen hat.

den Hinterkopf gab. Das ließ diese Gedanken für einige Zeit von ihm abfallen und brachte ihn wieder in eine realistischere Gemütsverfassung.

„Dann sagt mir, Meister, wie diese Methode funktioniert."

„Erstelle das Horoskop für die Zeit und den Ort des Rennens und benutze Campanus-Häuserspitzen."

„Warum Campanus", fragte er entgeistert.

„Ich habe keine Ahnung. Ich kann keinen Grund erkennen, sie für irgendetwas anderes zu benutzen - obwohl Addey die Tauglichkeit der Campanus-Häuser in diesem Fall als Argument nimmt, sie auch für andere Zwecke für wirksam zu halten.[47] Sie funktionieren, also lass sie uns hier benutzen."

„In Ordnung. Damit haben wir das Horoskop. Und was dann?"

„Betrachte alles andere im Horoskop als stillstehend. Bewege die Spitze des fünften Hauses durch das Zeichen, bis sie einen Aspekt zu einem Planeten macht. Der erste aspektierte Planet zeigt das Siegerpferd."

„Ja, Meister, aber wie?"

CHECKLISTE FÜR PFERDERENNEN

- Erstelle das Horoskop für die Zeit und den Ort des Rennens.
- Benutze Campanus-Häuser.
- Betrachte die Planeten als stillstehend.
- Bewege die Spitze des fünften Hauses vorwärts (gegen den Uhrzeigersinn) bis zum ersten Aspekt.
- Wähle das Pferd aus nach: Assoziation der Namen
Häuserherrschaft
anderen akzidentiellen Punkten
Assoziation zur Natur des Pferdes

„In erster Linie über den Symbolismus des Namens. Wenn der Planet Mars ist und *Soldier Boy* rennt mit, dann ist das unser Pferd. Wenn es der Planet Merkur ist und im Starterfeld findet sich ein Pferd mit Namen *Pickpocket* (Taschendieb), dann ist es dieses. Oder Saturn ist der Planet und im Feld gibt es einen *Mr. Grumpy* (Herr Mürrisch) oder *Black Jewel* (Schwarzes Juwel). Gesegnet seien Pferde mit solch hübschen Namen wie *Uranus Collonges*. Verwünscht seien diejenigen, deren Namen wie ein bedeutungsloses Kuddelmuddel aus Buchstaben erscheinen."

---

[47] Ebd.

„Meister!" Der Junge errötete. „Ihr habt gerade...", - er senkte seine Stimme, damit uns die beiden guten Doktoren nicht hören konnten -, „ihr habt gerade Uranus erwähnt."

„Ach ja. Wir gehen jetzt zu einem Rennen, Junge, also können wir mal alle Fünfe gerade sein lassen. Du kannst Uranus, Neptun samt Pluto mit in die Trommel werfen, ja sogar Chiron, wenn du willst. Und Asteroiden. Addey hat alles Mögliche benutzt. Auch Nebenaspekte. Er hat beobachtet, dass sie funktionieren und zwar ‚auf jeden Fall inklusive der Quintilgruppe bis herunter auf 18 Grad'[48]. Dr. Erfahrung hat mir erzählt, dass sie bis zu diesem Niveau funktionieren, aber nicht jenseits davon."

„Die Auswahl über den Namen ist schön und gut, Meister, aber was ist, wenn unser Planet Mars ist und *Soldier Boy* läuft - aber auch *Red Devil* und *Invasion Force*?"

„Eine gute Frage. Achte auf andere Faktoren. Zum Beispiel, wenn dieser Mars rückläufig und der berühmte *Red Rum* einer unserer Marskandidaten wäre. Dann könnten wir *Red Rum* wählen, weil sein Name so etwas wie ‚Mord rückwärts' bedeutet.[49] Die Genauigkeit der Definition in diesen Horoskopen kann atemberaubend sein. Ich hatte mal ein Horoskop, in dem der Sieger durch den Mond im Löwen in den Grenzen von Merkur dargestellt wurde: *Sunday News and Echo*."

„Das ist ja wunderbar, Meister! *Sunday*, also Sonn-Tag, für den Löwen, *News* (Nachrichten) für Merkur und *Echo* für den Mond."

„Wir können auch unseren gesunden Menschenverstand gebrauchen und unsere Optionen über die Quoten der Pferde eingrenzen. Die 50/1-Gewinnchance mag für den Astrologen verführerisch aussehen. Aber wenn das Pferd mit einer Quote von 50/1 an den Start geht, dann kann es vermutlich nicht schneller laufen als du selbst."

„Gibt es noch andere Beziehungen neben der natürlichen Herrschaft des Planeten?"

„Sicherlich. Schau dir das Haus oder die Häuser an, die der Planet beherrscht. Diese können entweder die natürlichen Herrschaftsbereiche des Planeten ergänzen und uns erlauben, uns für eine von mehreren Möglichkeiten zu entscheiden. Oder sie treten ganz an deren Stelle."

„Hört sich kompliziert an."

„Nicht wirklich. Denke dran, dass du, wenn du es machst, immer die Rennkarte mit den Namen des kompletten Starterfelds vor Augen hast. Du holst dir den Siegernamen nicht einfach aus der Luft. Du hast eine begrenzte Zahl von Namen und einer davon sollte passen. Wenn wir die Häuserherrschaften nehmen, dann könnte der Herr von 12 für *Dungeon Master* (Kerkermeister) stehen. Der Herr von 5 für *Party Girl*. Und schau dir auch an, was mit dem Planeten

---

[48] Ebd.

[49] *Red Rum* ergibt rückwärts geschrieben *Murder* (Mord). (Anm. d. Üb.)

sonst noch alles passiert. Ein Planet in Verbrennung stand mal für *Surfeit of Sun* (Übermaß an Sonne) als Sieger. Eine Opposition zu Saturn könnte auf *Against the Clock* (gegen die Uhr) hinweisen und eine geringe Geschwindigkeit des Planeten auf *Slowcoach* (langsamer Wagen)."

„Wie sieht es mit den Pferden aus, deren Namen unverständlich sind?"

„Ha, ja! Kenntnisse in Arabisch könnten von Vorteil sein. Oder auch in Klingonisch[50]. Manchmal allerdings können wir uns nur geschlagen geben. Aber es könnte trotzdem Wege geben, diese Hindernisse zu umgehen. Die Sonne kann auf den Favoriten hindeuten, egal wie sein Name lautet. Des Weiteren werden die Rennunterlagen kurze Beschreibungen der Pferde enthalten. Es wäre zum Beispiel offensichtlich, dass ein ungewöhnlich altes Pferd oder das einzige schwarze im Feld durch Saturn repräsentiert werden würde. Und ein sehr großes Pferd durch Jupiter. Uranus andererseits würde uns auf ein ‚irgendwie exzentrisches' Siegerpferd hinweisen und - mein Lieblingsfall: Merkur hat mal auf *Mutashim* verwiesen, ein Pferd, dessen Name mich verwirrte, das aber, wie die Zeitungen behaupteten, ‚etwas von einem Denker' hatte. Die Grundregel scheint zu sein: Wenn es eine direkte Planet-Pferd-Verbindung gibt, nimm diese. Gibt es keine, schau dich nach anderen Möglichkeiten um."

„Aber was, wenn ich überhaupt keine Verbindung finden kann?"

„Als erstes, schau nochmal. Es kann gut sein, dass du etwas übersehen hast. Wenn du aber wirklich keine Verbindung zwischen dem ersten aspektierten Planeten und einem Pferd finden kannst, dann versuche es mal mit dem nächsten, durch die Spitze des fünften Hauses aspektierten Planeten. Das ist dann fast so, als würde der erste Planet den Gewinner zeigen, gäbe es nur ein Pferd mit seiner Natur im Feld. Da es dort aber nicht zu finden ist, gehen wir einfach zur nächsten Wahl über."

„Wir scheinen hier mit furchtbar vielen Wahlmöglichkeiten zu arbeiten, Meister, wenn wir all diese astralen Trümmer und sogar geringfügige Aspekte benutzen."

„Ja. Ich würde allerdings zur Beschränkung bei der Zahl der einbezogenen Himmelskörper raten. Wenn du in dein Heimatland zurückkehrst, wirst du ohne Zweifel einen Computer benutzen mit - jung und eifrig, wie du bist - einer schicken Software, die dir den ganzen Bildschirm mit Asteroiden und ähnlichem Kram zupflastert. Du wirst beobachtet haben, dass wir hier oben in diesem hochgebirgigen Zufluchtsort nicht über eine solche Ausrüstung verfügen. Sedna hat sich die Ephemeriden von einigen wenigen der nützlicheren Asteroiden eingeprägt. Aber die große Mehrzahl von ihnen wird dir nur den Blick aufs Wesentliche verstellen. Vielleicht verpasst du den einen außergewöhnlichen Sieger, wenn du sie nicht benutzt. Aber du wirst ganz sicherlich sehr viele Sieger verpassen, wenn du sie benutzt und dich auf irgendeinen Asteroiden stürzt,

[50] Die Klingonen sind ein temperamentvolles Volk aus der Fernsehserie *Star Trek*. (Anm. d. Üb.)

während einer der echten Planeten sich die Lunge aus dem Hals schreit, um deine Aufmerksamkeit zu erringen."

„Sind die Asteroiden dann überhaupt sinnvoll, Meister?"

„Ich habe erlebt, dass Vesta, die Göttin des Herdes, mal auf einen Sieger namens *Hobbs* (Kochfelder, aber auch Kobolde) hingewiesen hat. Und Lancelot zum Beispiel mal auf *Sir Tasker*. Lancelot ist der Nützlichste von allen, weil es so viele Pferde mit Ritternamen gibt. Wenn du eine ausführliche Studie zu diesem Thema machen möchtest, dann beziehe sie ruhig alle mal mit ein und schau, wie sie funktionieren. Persönlich ziehe ich Einfachheit und Schnelligkeit dem letzten Detail vor. Wenn du die Methode jetzt anwenden willst, dann beschränke dich erst mal auf die Hauptplaneten. Und ohnehin, wie viel Arbeit willst du denn in diese Horoskope stecken?"

„Und dann auch noch diese ganzen Aspekte!"

„Es gibt eine Hierarchie, sowohl bei den Planeten als auch bei den Aspekten. Als Grundregel kannst du dir merken:

- je kleiner der Aspekt, desto unwahrscheinlicher, dass er funktioniert,
- je kleiner der ‚Planet', desto unwahrscheinlicher, dass er funktioniert.

Wenn also die Spitze von 5 erst einen kleinen Aspekt macht, dann aber direkt danach ein Trigon, dann tust du gut daran, mit dem Trigon zu arbeiten. Oder der erste Aspekt fällt auf Ceres, der zweite dann ein oder zwei Grad später auf Mars, dann nimm Mars. Außer im Feld gibt es ein Pferd, dass auf den Namen *Harvest Festival* (Erntefest) hört! Verbindet sich der kleine Aspekt oder der Asteroid klar und deutlich mit einem Pferd, dann gehe mit diesem."

„Was ihr also sagt, Meister, ist, dass ich meine Besonnenheit nutzen soll, bezogen auf die Namen der Pferde, die an den Start gehen."

„Genau. Erinnere dich stets: Der Astrologe ist ein Künstler, kein Mechaniker."

„Ja, Meister. Wir sind schon fast im Dorf. Die Rennen werden sicherlich bald gestartet. Können wir zuvor noch schnell auf einige Horoskope schauen?

„Sicherlich. Diese Horoskope sind so einfach gestrickt, dass es wenig Sinn hat, sich durch eine große Zahl von ihnen hindurch zu arbeiten, oder für mich, dir Testhoroskope zu geben, damit du sie allein deuten kannst. Hier sind einige wenige von ihnen, um dir eine Vorstellung davon zu geben, wie sie funktionieren." Ich zeichnete die Horoskope auf Britneys Fell, während sie weiterlief.

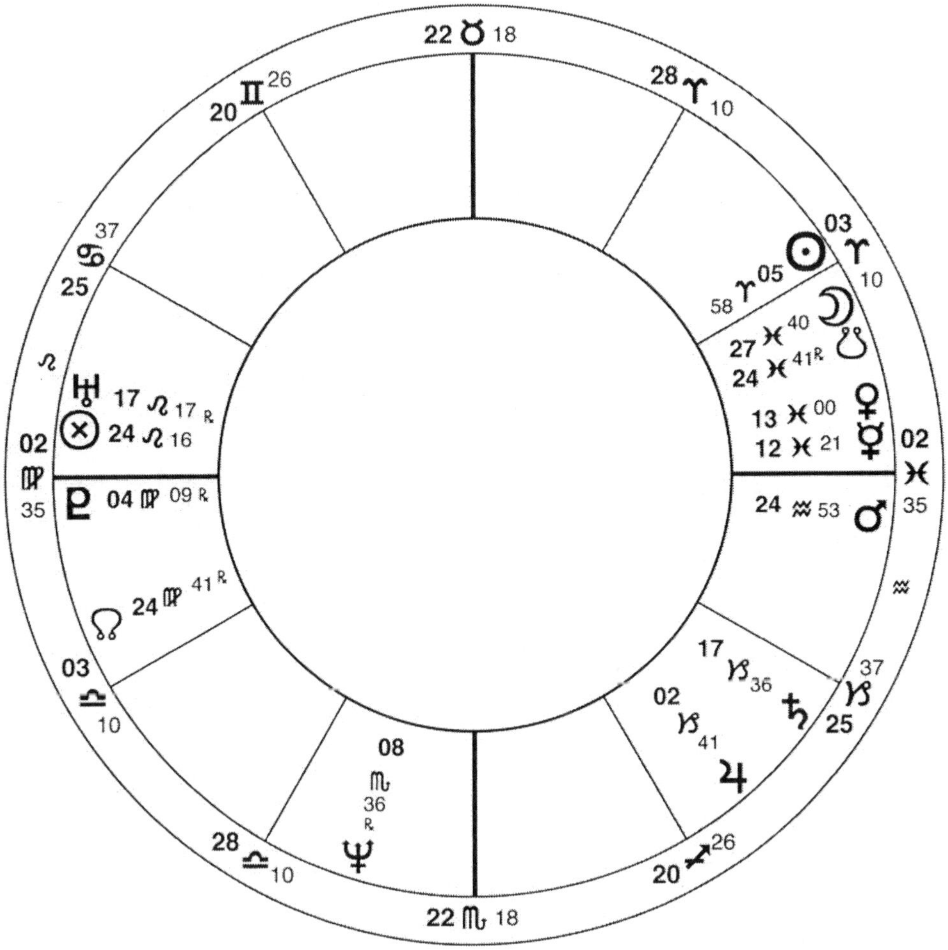

The Grand National

26. März 1960, 15.15 Uhr Greenwich Mean Time (GMT), Aintree, England

„Dies hier ist eines, dass John Addey in seinem Artikel benutzte. Es wurde für das *Grand National*[51] von 1960 erstellt, das einige Wochen, nachdem der Artikel gedruckt worden war, gelaufen wurde.

Die Spitze des fünften Hauses läuft auf einen kleinen Aspekt - 105 Grad, ein Trilin - zur Sonne zu. Das Rennen lief für den Favoriten *Merryman II,* bei einer Siegerquote von 13/2.

---

[51] Das *Grand National* (eigentlich: *Grand National Hunt Handicap Horse Race*) ist das berühmteste Hindernisrennen für Pferde in England. Es wird seit 1836 regelmäßig ausgetragen und zählt weltweit zu den Rennen mit den höchsten Wetteinsätzen und -gewinnen. (Anm. d. Üb.)

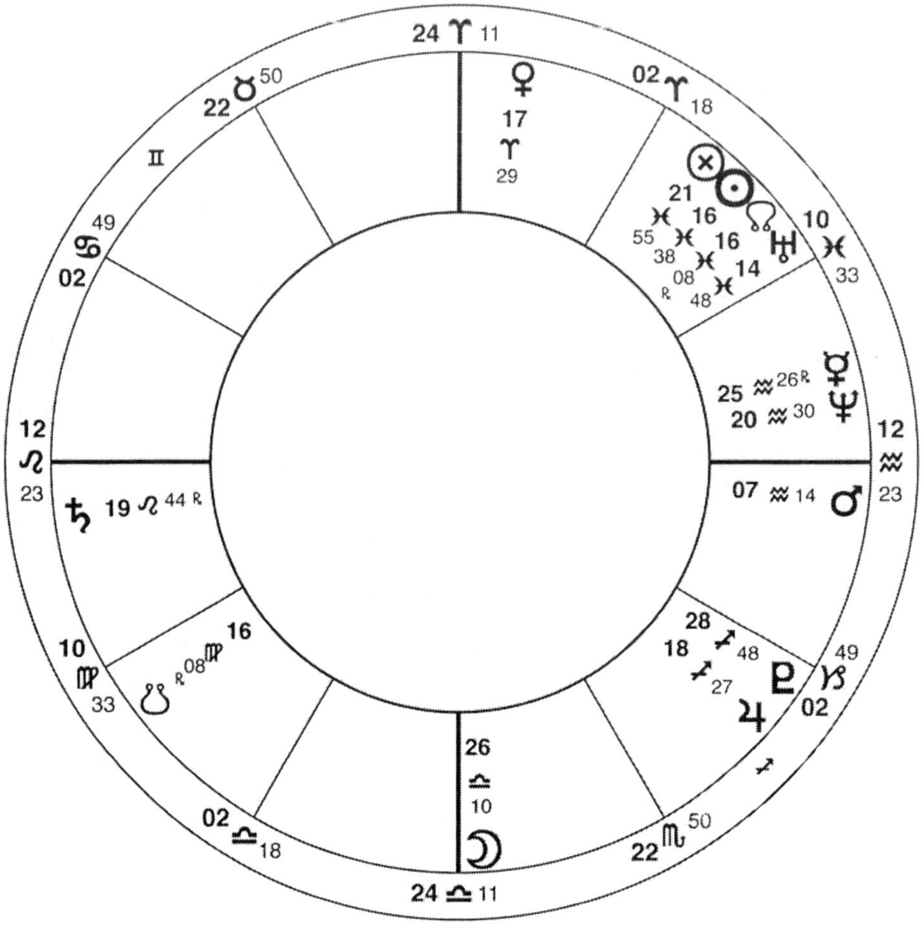

Pferderennen am 7. März 2007
14.30 Uhr Greenwich Mean Time (GMT), Lingfield, England

Hier ist noch eins. Welcher Planet zeigt den Sieger?"

„Die Spitze von 5 macht ein Quadrat zu Merkur. Also ein merkurisches Pferd."

„Ja, Merkur beherrscht das zweite Haus. Der Sieger war *Grand Lucre* (Große Geldgier), bei einer Quote von 11/2.

Nun sieh dir das hier mal an. Es zeigt, wie genau diese Horoskope sind. Schau mal, wie ähnlich es dem letzten ist."

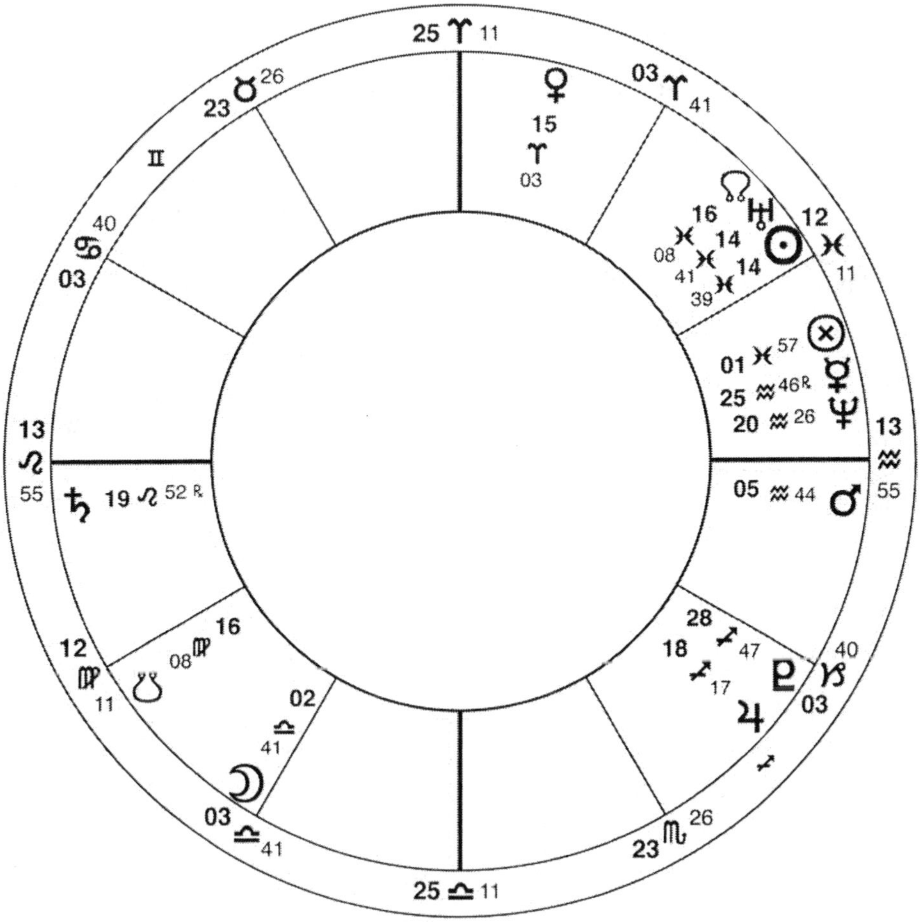

Pferderennen am 5. März 2007

14.50 Uhr Greenwich Mean Time (GMT), Wolverhampton, England

„Sie sind nahezu identisch, Meister. Merkur gewinnt erneut."

„Sieh noch einmal hin. Ich weiß, wir haben unsere kleinen Tiere in der Höhle zurückgelassen, aber das ist keine Entschuldigung, sie zu vergessen."

„Ach, Mars! Die Spitze 5 steht unmittelbar vor einem Aspekt zur Antiszie von Mars."

„Ja, der Sieger hieß *Strike Force*, bei einer Quote von 2/1."

„Aber warum hat Mars dann nicht das vorherige Rennen gewonnen?"

„Schau hin. Sieh dir genau an, wohin seine Antiszie fällt. Wie du erkennen kannst, ist sie bereits von der Hausspitze passiert worden.

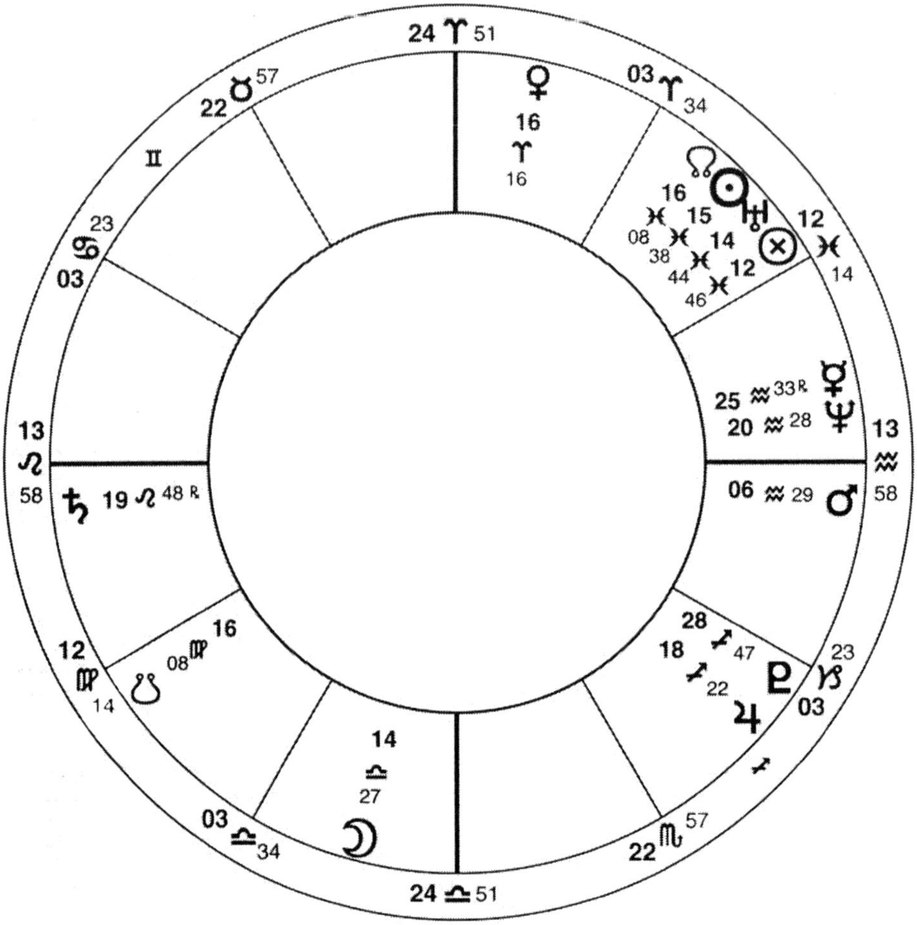

Pferderennen am 6. März 2007
14.40 Uhr Greenwich Mean Time (GMT), Southwell, England

Hier ist noch ein Horoskop, wiederum sehr ähnlich."

„Es ist wieder Mars, Meister. Konjunktion mit der Spitze 5 per Antiszie."

„Ja, Mars herrscht über das zehnte Haus. *Government* gewann mit einer Quote von 66/1.

Wir haben gerade noch Zeit für ein letztes Horoskop, bevor du mit deinen Berechnungen für die Rennen heute Nachmittag anfangen musst."

„Die Hausspitze macht ein Halbquadrat zu Neptun."

„Ja. Aber wir könnten auch einen richtigen Aspekt zu einem richtigen Planeten bevorzugen und das Sextil zu Mars nehmen, der Herr von 9 ist. In beiden Fällen erhalten wir den Gewinner: *In Dreams*, Quote 4/1.

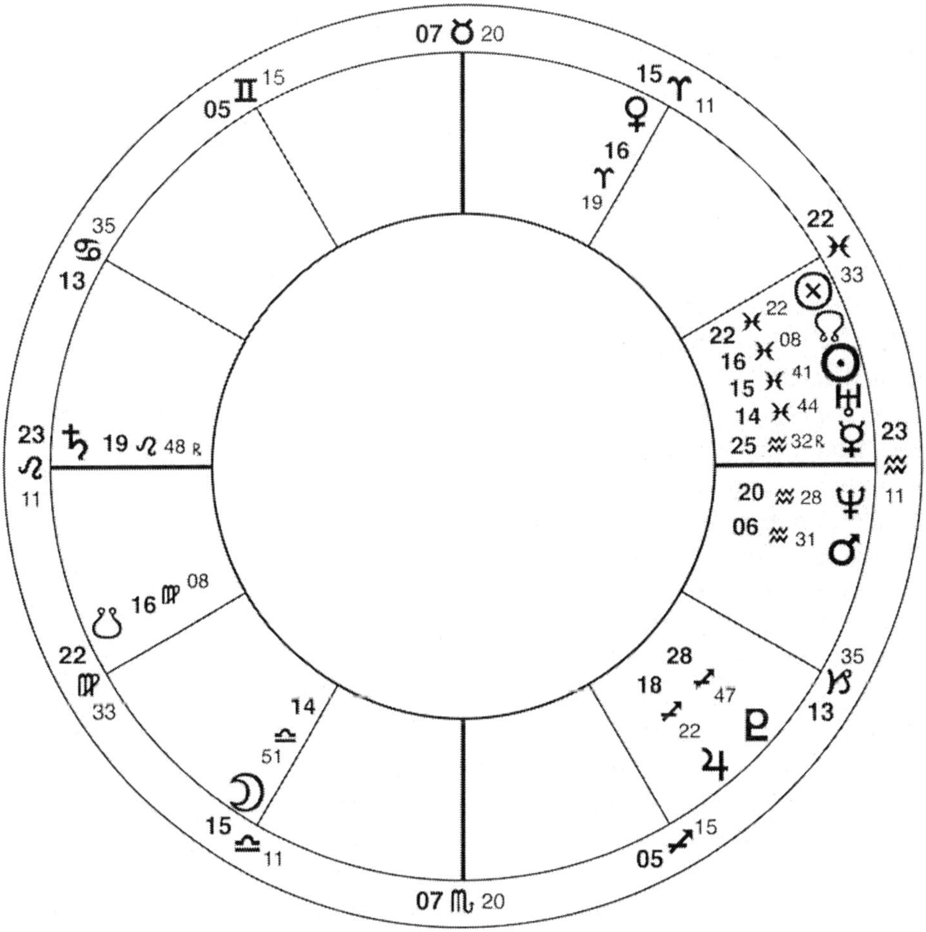

Pferderennen am 6. März 2007

15.30 Uhr Greenwich Mean Time (GMT), Newcastle, England

So erreichten wir das Dorf, wo der Bursche einen fröhlichen - und einträglichen - Nachmittag damit verbrachte, die Yak-Rennen vorauszusagen, während die guten Doktoren, Sedna und ich uns im Kwas-Zelt[52] entspannten. Britney erneuerte alte Bekanntschaften und machte neue. Als die Dämmerung hereinbrach, verabschiedeten wir uns und machten uns auf den Rückweg entlang des langen und kurvenreichen Pfades.

Nachdem ich den Jungen von seinen Gewinnen befreit hatte, um notwendige Ausgaben zu decken, stellte er mir einige Fragen:

---

[52] Altes russisches kohlensäurehaltiges Erfrischungsgetränk aus Wasser, Roggen und Mais. Enthält in der Regel geringe Mengen Alkohol und gilt daher, ähnlich wie Malzbier, als auch für Kinder geeignet. (Anm. d. Üb.)

„Wie kommt es, Meister, dass die Verbindung zwischen Planet und Pferd über den Namen gültig ist, während ihr sagt, dass die Verbindungen über das Handi-kap-Gewicht oder die Startnummer es nicht sind?"

„Der Name ist weit bedeutender, als den meisten heutzutage bewusst ist. Für den modernen Menschen scheint es so, als sei ein Name ein Kennzeichen, das mehr oder weniger willkürlich aufgeklebt wird und genauso willkürlich gewechselt werden kann. In der Überlieferung allerdings wird die ungeheure Wichtigkeit des Namens betont, denn er gehört zur Essenz dessen, dem er gegeben wurde. Damit ist das Erkennen der Essenz in etwa der Weise gemeint, in der Adam alle Tiere erblickte, sie in ihrer Essenz erkannte und ihnen danach einen Namen gab.[53] Wir sehen das zum Beispiel bei der Taufe, bei der wir einen christlichen Namen erhalten: den Namen, unter dem uns Gott kennt. Unser voller Name ist dann eine Kombination unseres essentiellen Namens - zum Beispiel Lukas oder John - und unseres zufälligen oder akzidentiellen Namens, der unsere soziale Funktion beschreibt - wie Bäcker oder Fleischer - oder einige andere Bezüge zu unserer materiellen Natur hat - wie Braun, Lang, Sohn von...."

„Also gehören die Namen auf eine viel grundsätzlichere Weise zu den Pferden als die Zufälligkeiten des Gewichts, das sie tragen müssen, oder die Startnummer, die ihnen vor dem Rennen verpasst wird. Das macht Sinn."

„Es ist die Verbindung zwischen Name und Planet, mein Junge, in der wir die wahrhaftige Nützlichkeit dieser Methode erleben. Wie du selbst sehen konntest, hast du, auch wenn du gewinnst, nicht sehr lange etwas davon. Aber das Studium der Verbindung von Planet und Name bringt anhaltenden Gewinn."

„Oh, Meister, wie kann ich den anhaltenden Gewinn erlangen?"

„Astrologie ist wie eine Sprache. Um sie gut benutzen zu können, müssen wir lernen, sie wie ein Muttersprachler zu sprechen. Unabhängig davon, welches Pferd das Rennen gewinnt, bietet diese Methode ein hervorragendes Training in astrologischer Sprachbeherrschung. Ich möchte, dass du sie übst."

„Aber wie?"

„Wenn du eine Sprache lernst, dann verbesserst du deine Sprachbeherrschung, indem du Dinge, die du siehst, in dieser Sprache benennst. Genauso können wir es mit der Astrologie machen. Wir sehen das Feuer am Eingang unserer Höhle: Mars Konjunktion Saturn. Oder Mars im vierten Haus. Aber wenn wir es tun, tendieren wir dazu, wählerisch zu sein: Wir halten uns lieber an die einfachen Aufgaben. Wenn wir uns aber durch eine Rennkarte hindurcharbeiten und die Pferdenamen in Astrologie übersetzen müssen, ist es nicht so einfach, die schwierigen davon zu unterschlagen."

„Ich kann also sogar üben, ohne ein Horoskop zu erstellen?"

---

[53] Genesis 2: 19-20.

„Ja. Und dann, als eine weitere Aufgabe, erstelle doch ein Horoskop für das Rennen und schau mal, wie viele Pferde du mit den Planeten identifizieren kannst. Das ist außerordentlich wertvoll."

„Das werde ich machen, Meister. Aber ich habe noch eine Frage: Hat diese Methode nicht genau das gleiche Problem, dass ‚es so viele Horoskope da draußen gibt'?"

„Nein, denn die Methode, den Planeten zu wählen, ist sehr viel genauer. Mit den Aspekten einer sich bewegenden Hausspitze zu arbeiten, kann in nahezu identischen Horoskopen unterschiedliche Planeten auswählen. Die große Stärke dieser Methode ist ihre Zeitempfindlichkeit. Aber das ist auch ein ebenso großer Nachteil."

„Wie das, Meister?"

„Etwa ein Viertel der Rennen starten mit so viel Verspätung, dass man sich wegen dieser Zeitempfindlichkeit die Deutung sparen kann. Aber bei den übrigen funktioniert die Methode hinreichend gut, um, konsequent angewendet, im Durchschnitt etwas besser als die Wettquoten zu liegen."

„Was ist mit den kleinen Aspekten und den Asteroiden. Wenn sie hier funktionieren, sollten wir sie nicht auch in den anderen Horoskopen verwenden?"

Auf diese Frage hatte ich gewartet. Ich rollte den Stock in meiner Hand und überlegte mir den besten Einfallswinkel. Aber dann unterließ ich es doch. Es war ein langer Tag gewesen. Die Düfte des Festes hatten ohne Zweifel das Hirn des Knaben in Mitleidenschaft gezogen. Also hoffte ich darauf, dass es sich um eine vorübergehende Trübung handelte. „Du wirst bemerkt haben, dass selbst in diesen Horoskopen jene Fremdlinge der fundierten Astrologie nur sehr wenig benutzt werden. Wir kratzen hier am Boden des astrologischen Fasses herum. Abgesehen davon, dass wir Horoskope erstellen könnten, um herauszufinden, welcher Regentropfen als erster auf den Boden aufschlagen wird, gibt es wenig, das banaler wäre als zu bestimmen, welches Pferd eines von vielen Rennen an einem bestimmten Nachmittag gewinnen wird. Diese Partikel kosmischen Strandguts gibt es da oben. Um jedes Horoskop herum gibt es kleinere Resonanzen, genauso wie um jedes Feld. Wenn diese winzigen Punkte in diesem einen Fall eine gewisse Berechtigung haben herauszukommen und mitzuspielen, heißt das noch lange nicht, sie hätten auch in anderen Horoskopen eine Bedeutung, und seien diese nur für etwas weniger banale Dinge erstellt."

Wir waren nun an der Höhle der Doktoren angekommen. Als wir uns die Hände zum Abschied reichten, griff Dr. Erfahrung noch einmal in seinen Fundus, um dem Jungen noch etwas mit auf den Weg zu geben: „Es gibt hier ein Geheimnis und das ist die Trefferquote, mit der diese Methode Dampfschiffe identifiziert."

Der Knabe blickte mich an. Er war zu schüchtern, um den Doktor zu fragen, was er damit meinte. „Bei Pferden, die jede Menge Wettinteresse auf sich ziehen, fallen die Quoten sehr schnell", flüsterte ich ihm zu.

„Ich habe oft beobachtet", fuhr der Doktor fort, „dass diese Methode ein Pferd ergab, das sich von einem Außenseiter zu einem Favoriten oder Beinahefavoriten entwickelte und dann im Rennen nicht zu sehen war. Es ist möglich, dass die Wettbüros des Landes voller Astrologen sind, die diese Methode benutzen, dass sich also alle hinter demselben Gaul versammeln. Aber das ist unwahrscheinlich. Ich überlege deshalb, ob die Methode nicht etwas anderes als den Sieger ermittelt - ich weiß nicht wirklich was - und dieses Etwas fällt in einer erheblichen Zahl der Fälle mit dem Sieger des Rennens zusammen. Vielleicht liegt die Antwort in der Anwendung des fünften Hauses, ein Haus, das wir für keinen anderen sportlichen Zweck sonst benutzen würden."

„Ihr habt uns etwas zum Nachdenken gegeben, mein lieber Doktor", sagte ich und ergriff seine Hand. Ich konnte sehen, dass es ihm leid tat, sich von dem Knaben zu verabschieden - genauso wie Dr. Vernunft. Der Junge selbst hatte Tränen in den Augen, von wo aus sie wie Sterne funkelten, sobald das Mondlicht auf sie fiel. Ich sagte nichts. Aber ich wusste, dass dieser Abschied nicht von langer Dauer sein würde. Seine Zeit mit mir neigte sich ihrem Ende zu. Ein Thema hatten wir noch zu bearbeiten. Dann würde er abreisen, weil ich nichts weiter hatte, das ich ihn hätte lehren können. Und dann würde er wieder hier vorbeikommen und Dr. Vernunft und Dr. Erfahrung als Hauslehrer und lustige Kumpanen mit sich nehmen, wenn er in die Welt zurückkehrt. Welch bessere Begleitung hätte er haben können?

ZWISCHENSPIEL:

DAS BESTE RENNPFERD ALLER ZEITEN

Ein Pferd, das mit einer Quote von 1/70 an den Start ging? Ein Pferd, das in den 18 Rennen seiner Karriere ungeschlagen blieb und in acht davon die gesamte Konkurrenz deklassierte? Das sieht nach einem erfolgreichen Pferd aus. Aber es war noch erfolgreicher mit seiner Nachkommenschaft. Wie sein Biograph, Nicholas Clee, schreibt:

95 Prozent aller Vollblüter führen ihre Abstammung in der männlichen Linie auf ihn zurück, und viele der verbleibenden fünf Prozent haben ihn in der Ahnentafel. Jedes Pferd, das 2006 im Derby[54] *lief, war ein Nachkomme in der männlichen Linie von ihm.... Das Gleiche galt für jedes Pferd, das im selben Jahr im französischen Derby lief und für jedes Pferd, welches im Kentucky Derby lief.*[55]

Nicht nur Galopprennpferde, auch Hindernislegenden wie *Desert Orchid* und *Arkle* führen ihre Linie auf ihn zurück. Beeindruckend. Aber es kommt noch besser, denn sein Züchter, der als *'Butcher von Culloden'* [56] bekannt gewordene Duke of Cumberland, hatte den Anstand, diesem Pferd einen würdigen astrologischen Namen zu geben. Wenn nur mehr Züchter diesem Beispiel folgen würden. Der Legende nach wurde der Hengst genau während einer Sonnenfinsternis geboren. Also wurde er *Eclipse* genannt.

Castor war einer der Dioskuren-Zwillinge und berühmt als „Bändiger von Pferden". Es passt also vollkommen, dass wir in diesem Horoskop den hellen Fixstern *Castor* auf dem Aszendenten stehend finden. Der Hengst zähmte jedes ferd, dem er begegnete. Jedes Geburtshoroskop zeigt sowohl die Natur der geborenen Person - oder des geborenen Pferdes - als auch das Leben, durch das

---

[54] Das englische Galopper-Derby. (Anm. d. Üb.)

[55] *The Observer Sports Monthly*, März 2007, S. 44-51.

[56] Der Duke of Cumberland führte am 16. April 1746 die englischen Truppen in der Schlacht von Culloden in Schottland. Wegen der gnadenlosen Verfolgung seiner bereits geschlagenen Gegner (die für die Rückkehr der Stuarts auf den englischen und schottischen Königsthron fochten) im Anschluss an die Schlacht, erhielt er den Beinamen „Butcher" oder Schlächter von Culloden. (Anm. d. Üb.)

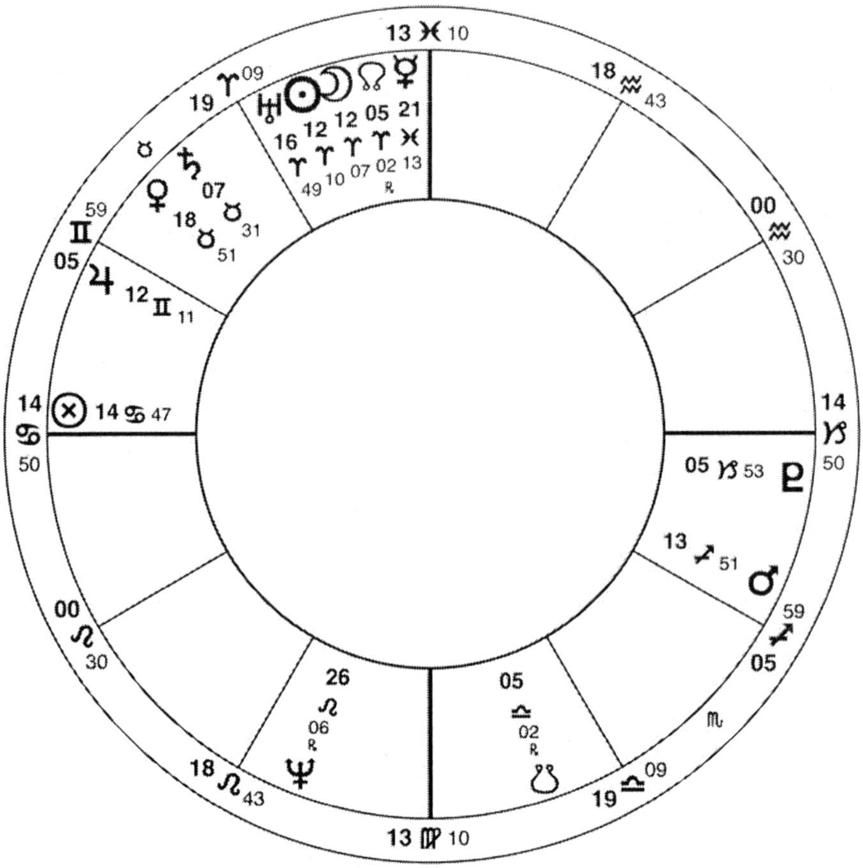

„Eclipse“
1. April 1764, 10.17 Uhr Ortszeit (LMT), Windsor, England

sich die Person bewegt. Wenn wir mehr auf das Leben als auf die Persönlichkeit schauen, dann wird die Person - oder das Pferd - durch den Herrscher des Aszendenten dargestellt. In diesem Horoskop ist das der Mond. Der Hengst wurde unter einer Sonnenfinsternis geboren: Der Mond verdeckt und überstrahlt das Licht der Sonne. Das ist ein machtvolles Zeugnis von Dominanz. Die verfinsterte Sonne steht in Widder, wo sie erhöht ist: Dieses Pferd beherrscht sogar die Allerbesten.

Eclipses Kinder und seine weiteren Nachkommen werden durch das fünfte Haus und dessen Herrscherin Venus repräsentiert. Venus in großen Würden in ihrem eigenen Zeichen: gute Nachkommenschaft. In großen Würden in einem fixen Zeichen: anhaltend gute Nachkommenschaft.

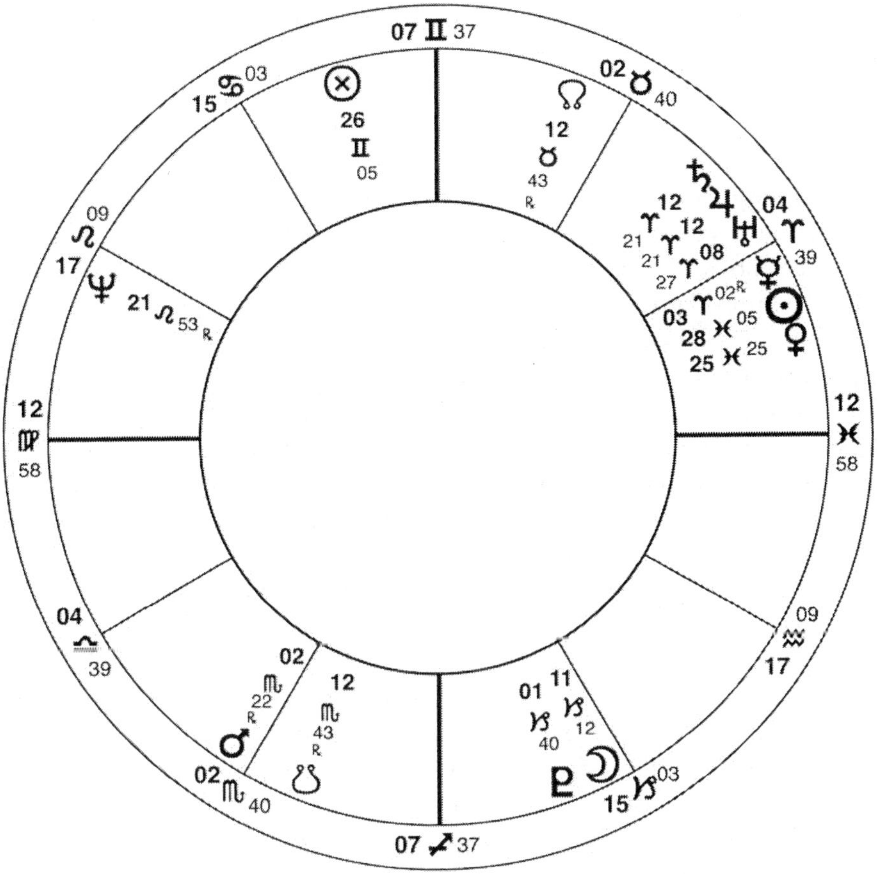

Große Konjunktion

18. März 1762, 16.41 Uhr Greenwich Mean Time (GMT), Windsor, England

Dennoch gibt es ein Rätsel. Das Kennzeichen für ein gutes Rennpferd ist seine Schnelligkeit. Aber es gibt hier keine Geschwindigkeit. Der Mond, der *Eclipse* selbst darstellt, bewegt sich langsam. Nichts in diesem Horoskop hat ein besonderes Tempo. Wie kommt es dann, dass er so schnell rannte? So schnell, dass sein Besitzer mit seiner berühmt gewordenen Wette „Eclipse zuerst, der Rest im Niemandsland" absahnen konnte: Alle anderen Pferde wurden mit einem so großen Abstand geschlagen, dass sich keines von ihnen für das nächste Rennen qualifizieren konnte.

Die Lösung des Rätsels liegt in der andauernden Dominanz dieses Pferdes verborgen. Napoleon mag ein riesiges Reich beherrscht haben, aber 95 Prozent aller heutigen Herrscher sind *nicht* mit ihm blutsverwandt! Ragt ein Geborener in irgendeiner Weise aus der Menge heraus, würden wir uns in der Regel die letzte vorgeburtliche Finsternis anschauen, um zu sehen, woher seine Stärke kommt.

Das eigene Horoskop gewissermaßen in der Steckdose des Finsternishoroskops stecken zu haben ist, als ob man mit der Hauptstromleitung kurzgeschlossen ist: purer Starkstrom.

Aber *Eclipse* wurde unter einer Finsternis geboren, also gibt es kein weiteres Finsternishoroskop, in das wir die Stromkabel stecken könnten. Wir müssen noch einen Schritt weiter nach oben in der astrologischen Skala gehen und uns das Horoskop der vorhergegangenen Großen Konjunktion anschauen. Diese Konjunktionen von Jupiter und Saturn ereignen sich nur alle zwanzig Jahre und haben deshalb weit mehr Energie anzubieten als Finsternisse, welche im Vergleich dazu unbedeutend sind.

Die Jupiter-Saturn-Konjunktion fand auf 12° Widder statt. *Eclipses* Finsternis ereignete sich genau auf dem gleichen Grad. Es gibt keine stärkere Verbindung: Wenn die Tatsache, an ein Finsternishoroskop angeschlossen zu sein, wirkt, als hätte man eine Standleitung zum Starkstromnetz, dann wirkt dies hier, als hätte man eine Direktverbindung zu einem Kernreaktor. Energie ohne Ende! Energie, aber Geschwindigkeit? Finsternis und Konjunktion ereignen sich im Zeichen Widder, einem kardinalen Feuerzeichen, das sich sehr schnell bewegt. Aber das ist nicht so außergewöhnlich und *Eclipses* Geschwindigkeit war ganz gewiss außergewöhnlich.

Zur Zeit der großen Konjunktion hatten sowohl Jupiter als auch Saturn ihren Fuß voll auf dem Gaspedal. Jupiter bewegte sich mit mehr als vierzehn Bogenminuten und Saturn mit mehr als sieben Bogenminuten pro Tag. Beide hatten eine Geschwindigkeit, die sie nur selten erreichen. Indem es diese Konjunktion so genau traf, schloss sich *Eclipses* Geburtshoroskop direkt an deren Kombination aus Kraft und Geschwindigkeit an und versetzte das Pferd in die Lage, seine Rivalen um unzählige Längen hinter sich zu lassen. Es waren Abstände, die weit jenseits dessen lagen, was wir heute gewöhnlich auf den Rennbahnen erleben können.

4

Eine Frage des finanziellen Gewinns

Am nächsten Morgen - wir hatten unser schlichtes Frühstück: mit vom Dorf heraufziehenden Kochdüften garniertes Bergwasser, noch kaum beendet - konnte er nicht mehr an sich halten: „Nehmen wir an, Meister, der Klient fragt nicht danach, wer gewinnt oder verliert, sondern ausschließlich nach seinem finanziellen Gewinn. Wie gehen wir da ran?"

„Mit der Stundenastrologie, mein Junge, das effizienteste astrologische Instrument für die meisten Dinge. Dies ist eine Achthaus-Frage."

„Aber ist nicht Glücksspiel eine Angelegenheit des fünften Hauses, Meister?"

Ich deutete auf jenes abgenutzte Buch, das er aus seiner Satteltasche gezogen hatte, als er hier oben angekommen war, und er reichte es mir. „Ich dachte, du hättest *The Horary Textbook* studiert", sagte ich, gab ihm einen Klaps damit auf den Kopf und überlegte mir dabei, ob das wohl die einzige Methode ist, um die Informationen des Buches in sein Hirn hineinzubekommen. „Aber mal ernsthaft: Wenn jemand sich am Glücksspiel beteiligt, was ist sein Ziel?"

„Zu gewinnen."

„Ja, aber wir können auch gewinnen, ohne Geld zu setzen. Liegt die Hauptbefriedigung in dem Gefühl, Recht zu haben?"

„Nein, Meister, man will Geld gewinnen."

„Und hat das fünfte Haus irgendwas mit Geld zu tun?"

„Nur, wenn es sich um das Geld meines Vaters dreht, das fünfte ist das zweite vom vierten Haus."

„Was hier keine Rolle spielt. Eine Glücksspielfrage ist eine Angelegenheit des finanziellen Gewinns. Wenn du wettest, dann setzt du auf dein Köpfchen gegen das eines Anderen. Diese Person ist dein Gegner: siebentes Haus. Du willst sein Geld: zweites vom siebenten, also das achte Haus." Er sah nicht überzeugt aus. Also fuhr ich fort: „Im Kern sagst du, wenn du eine Wette platzierst, dass dein Gegenüber falsch liegt. Vielleicht ist es ein Freund, der auf Kopf gesetzt hat und du sagst, es wird Zahl sein. Oder es ist ein Buchmacher, der etwas auf 4/1 taxiert hat, während du denkst, dass der wahre Preis nur bei 2/1 liegt."

„Bei Kopf oder Zahl ist es klar. Aber bei 4/1 und 2/1 kann ich euch nicht folgen."

„Du denkst, dass *Golden Socks* eine bessere Chance hat zu gewinnen, als es in der Quote des Buchmachers ausgedrückt ist. Es kann gut sein, dass das Pferd nicht gewinnt. Aber wenn deine Einschätzung durchweg besser ist als die des Buchmachers, dann wirst du, über die Zeit gesehen, einen finanziellen Gewinn davontragen."

„Also ist der Buchmacher mein Gegner und ich will sein Geld. Aber was ist, wenn ich mit meinen Freunden Poker spiele? Sie sind das elfte Haus und ihr Geld das zweite vom elften."

Damit verdiente er sich einen Schlag. „Nein! Du magst ja dick mit ihnen befreundet sein, aber innerhalb des Kontextes sind sie deine Gegner. Freunde nehmen sich nicht gegenseitig ihr Geld ab." Als er sich seinen Kopf fertig gerieben hatte, fragte ich ihn: „Was also wollen wir im Horoskop sehen?"

„Einen zulaufenden Aspekt zwischen dem Herrn von 8 sowie dem Herrn von 1, dem Mond oder dem Herrn von 2."

Der Schlag hatte ihm offensichtlich gut getan, also gab ich ihm noch einen als Belohnung. „Ja, wir brauchen einen Aspekt zwischen dem Fragesteller - also dem Herrn von 1 oder dem Mond - und dem Geld seines Gegenspielers, dem Herren von 8. Oder einen Aspekt, der den Herrn von 8 mit dem Bankkonto des Fragestellers, dem Herrn von 2, verbindet. Jede dieser Möglichkeiten ist genauso wirksam."

„Spielt es eine Rolle, Meister, welcher Planet auf welchen zuläuft? Ob also der Planet des Fragestellers auf den Herrn von 8 oder der Herr von 8 auf den Planeten des Fragestellers zuläuft?"

„Überhaupt nicht. In der Stundenastrologie gilt die allgemeine Regel:

Wenn der Planet von A auf jenen von B zuläuft, heißt das nicht, dass A auf B zuläuft.

Es kann genauso gut zeigen, dass B auf A zuläuft. Das stimmt, ob es sich nun um Omi handelt, die zum Tee kommt, oder das Geld des Buchmachers, das in meine Tasche wandert. Der Zusammenhang sagt uns, wer zu wem geht. Wenn die Frage von einer Wette ausgeht: Mein Geld fließt zum Buchmacher. Was bleibt, ist die Alternative: Entweder bleibt mein Geld bei ihm oder sein Geld kommt zu mir. Wenn es einen Aspekt gibt, kommt sein Geld zu mir. Die Nulloption - was passiert, wenn es kein Zeugnis gibt? - lautet: Mein Geld bleibt bei ihm."

„Also, wenn ich durch Venus repräsentiert werde und sein Geld durch Saturn und Venus läuft auf Saturn zu, dann werde ich gewinnen."

„Ja."

„Und wenn ich durch Saturn dargestellt werde und sein Geld von Venus und Venus läuft auf Saturn zu, dann werde ich auch gewinnen."

„Ja."

„Und der Mond auf dem Weg zum Herrn von 8 zeigt ebenfalls einen Gewinn für mich."

„Ja: Der Mond ist Co-Signifikator des Fragestellers - es sei denn, er steht für den Buchmacher oder dessen Geld, was der Fall ist, wenn die Spitze des siebenten oder achten Hauses in Krebs liegt. Dann stände der Mond für den Buchmacher (Spitze 7) oder sein Geld (Spitze 8)."

„Der Aspekt zwischen meinem Planeten und dem Herrn von 8 muss applikativ, also zulaufend, sein?"

„Ja. Separative Aspekte sind schon Vergangenheit, sie zeigen Dinge, die bereits passiert sind. Für uns haben sie hier keinen Nutzen, denn wir wollen wissen, was passieren *wird*. Deshalb brauchen wir einen applikativen oder zulaufenden Aspekt. Achte trotzdem auf Übertragungen oder Sammlungen des Lichts. Auch das kann uns zum Gewinn verhelfen."

„Und auf Verhinderungen, Meister!"[57]

„Ja, mein Junge." Er versuchte so sehr mir zu gefallen, dass ich ihm einen anerkennenden Klaps auf den Kopf gab."

„Spielt es eine Rolle, welcher Art der Aspekt ist?"

„In der Tat!

Die Art des Aspekts ist wichtig:

Konjunktionen, Sextile und Trigone sind gut.
Quadrate zeigen, dass sich das Ereignis verzögert oder unter Schwierigkeiten eintritt.
Oppositionen zeigen Erfolg, aber er lohnt sich nicht.

In diesem Zusammenhang sind Quadrate meist kein großes Problem. Wenn du mit einem Einzelnen wettest, könnte es sein, dass du ihm erst ein bisschen auf die Pelle rücken musst, bevor er zahlt. Wenn du ein Zocker bist, könnte das Quadrat darauf hinweisen, dass der Buchmacher den Gewinn verspätet auszahlt oder die Wette anzweifelt. Normalerweise aber lässt dieser Kontext nicht viel Raum für Probleme.

Eine Opposition ist allerdings weitaus ernster. Oppositionen bestätigen das Ereignis, zeigen uns aber, wie es später in seine Einzelteile zerfällt (Ja, du wirst ihn heiraten, aber es wird nicht von Dauer sein). Oder man kommt nur mit Bedauern zueinander (Ja, du wirst ihn heiraten, aber du wirst dir wünschen, dass du es nicht getan hättest). Oder man kommt zusammen, aber unter solchen Mühen, dass sie sich eigentlich nicht lohnen. Die letzte der Möglichkeiten ist in

[57] Für die Erklärung dieser Termini vgl. *The Horary Textbook*, Kapitel 9.

unserem Zusammenhang die wahrscheinlichste: Na gut, du wirst gewinnen, aber wie hoch auch immer der Ertrag ist, er wird die Anstrengung nicht rechtfertigen."

„Ich erinnere mich an den Absatz aus *The Horary Textbook*[58]:

Ich habe mal eine stundenastrologische Frage zu einer Wette auf ein Fußballspiel gestellt. Das Horoskop zeigte, wie der Herr von 2 auf die Opposition zum Herrn von 1 zulief. Das machte keinen Sinn. Wie konnte mein Geld zu mir selbst kommen? Entweder verschwindet mein Geld oder das Geld des Buchmachers kommt zu mir. Vor Neugier berstend, platzierte ich die Wette. Das Spiel wurde bei Halbzeit abgebrochen und alle Wetteinsätze wurden zurückgezahlt. Mein Geld kam zu mir zurück - per Opposition, denn ich hatte den Ärger, mir mein Geld wieder abholen zu müssen."

„So ist es. Und des Weiteren:

Beachte die essentiellen und akzidentiellen Würden des Herrn von 8.

Denk mal in Ruhe über die folgenden Zeugnisse nach. Was sagen sie uns über den Erfolg der Wette? Die Antworten findest du in Anhang 3 (S.215-216):

1. Der Herr von 1 läuft auf ein Quadrat zum Herrn von 8 zu.
2. Der Herr von 8 läuft auf ein Trigon zum Herrn von 1 zu.
3. Der Herr von 8 steht in Cazimi und läuft auf ein Quadrat zum Herrn von 1 zu.
4. Der Herr von 2 läuft auf ein Trigon zum Herrn von 8 zu, der im Fall steht.
5. Der Mond läuft auf ein Sextil zum Herrn von 8 zu, der auf dem nördlichen Mondknoten steht.
6. Der Herr von 1 läuft auf eine Opposition zum Herrn von 8 zu, der erhöht ist.

Wie du siehst, geben uns diese Überlegungen Informationen über die Höhe des Erfolges, den wir erwarten können."

„Ob wir einen großen oder kleinen Gewinn haben."

„Genau. In manchen Kontexten macht das wenig oder keinen Unterschied: Wir gewinnen oder wir verlieren, ohne dass es einen Bereich zur Feinabstimmung gibt. Aber manchmal kann das sehr nützlich sein. *Klein* oder *groß* beziehen sich auf die Summe, um die es geht. Nehmen wir mal ein Rugbyspiel. Die werden im Allgemeinen von den Favoriten gewonnen. Deshalb bieten die Buchmacher zwei Preise an: Ein Preis mit einer sehr hohen Quote für die Möglichkeit, dass die Außenseiter gewinnen, und einen ‚Handikap-Preis' mit einer sehr viel niedrigeren Quote. Im Handikap-Preis wird den Außenseitern ein imaginärer Startvorsprung von X Punkten gegeben."

[58] Ebd. S. 160.

„Dann können die Außenseiter das Spiel verlieren, aber der Spieler, der auf sie setzt, könnte trotzdem seine Wette gewinnen, wenn sie mit weniger als X Punkten verlieren."

„Richtig. Wenn du also auf die Außenseiter setzen willst und das Horoskop sagt dir, dass du viel gewinnen wirst, dann könntest du ganz normal auf die hohe Quote setzen. Sagt das Horoskop hingegen, dass du gewinnen wirst, aber nicht so viel, dann würdest du auf den Handikap-Preis mit der geringeren Quote setzen.

Schau dir mal dieses Horoskop an. Die Frage war: *Werde ich gewinnen, wenn ich im Grand National auf Hedgehunter setze?* Was siehst du?

„Als Erstes suche ich meine Signifikatoren:

- Herr von 1 ist Merkur.
- Herr von 2 ist Venus.
- Krebs ist nicht auf der Spitze von 7 oder 8, also steht der Mond auch für den Fragesteller.
- Herr von 8 ist Mars.
- Dann schaue ich nach einem Aspekt.
- Hei, Venus läuft auf ein Trigon zu Mars zu!"

„Und wie sieht es mit Merkur aus?"

„Merkur ist rückläufig. Also läuft er rückwärts auf ein Quadrat mit Mars zu." Er sah, wie meine Finger den Stock umschlossen. Also beeilte er sich hinzuzufügen: „Obwohl ich meine Ephemeriden konsultieren muss, um sicher zu gehen, dass der Aspekt auch wirklich perfekt wird." Meine Finger entspannten sich. „Also haben wir zwei Aspekte. Heißt das, dass wir zweimal gewinnen?" Meine Finger spannten sich wieder an. Aber diesmal reichte ein grimmiger Blick.

„Was ist mit dem Void-of-course-Mond, Meister?"

„Er hat keinerlei Bedeutung. Ein Mond im Leerlauf kann immer von einem anderen starken Zeugnis überstimmt werden und hier haben wir solche Zeugnisse im Übermaß."

„Der Fragesteller gewinnt also?"

„Ja, aber schau mal nach dem Herrn von 8. Was sagt er uns über die Wette? Was sollten wir dem Fragesteller raten?"

„Mars steht nahe dem MC, ist also akzidentiell ziemlich stark. Essentiell hat er allerdings nur das Gesicht als Würde. Das ist fast nichts. Es gibt keinen großen Gewinn."

„Was sagen wir also dem Fragesteller?"

„Setze nicht auf ein Pferd mit hoher Quote."

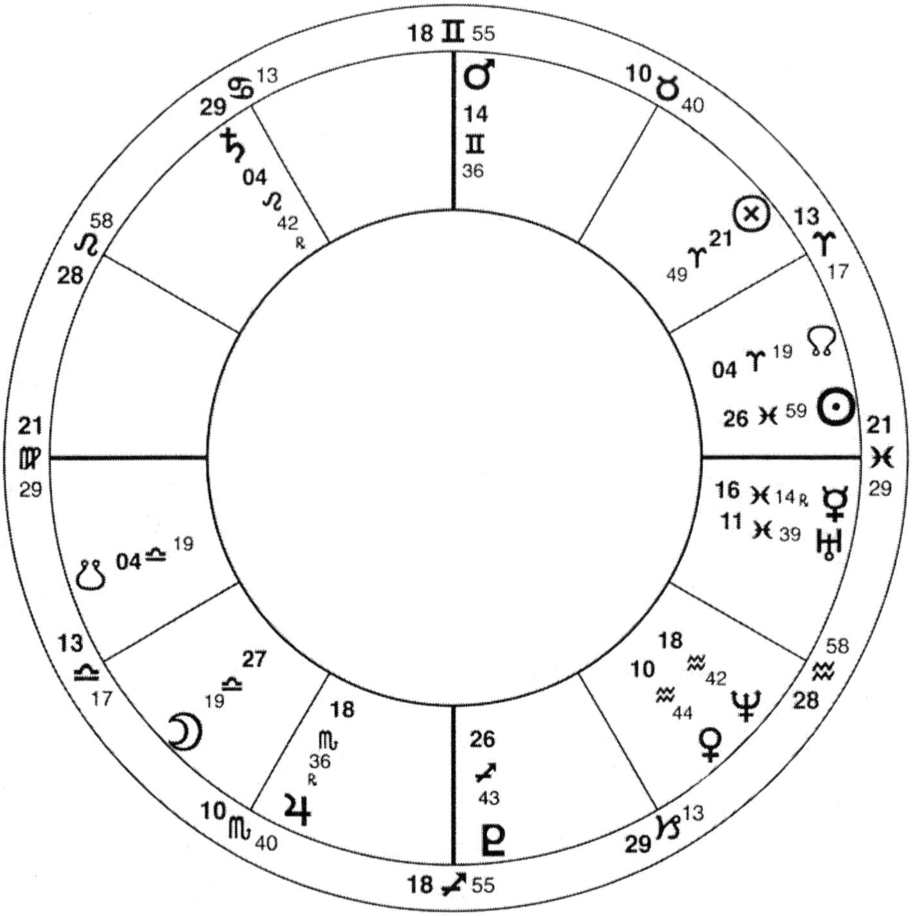

Werde ich gewinnen, wenn ich auf Hedgehunter setze?
17. März 2006, 17.42 Uhr Greenwich Mean Time (GMT), Nailsea, England

Diesmal musste ich den Stock einsetzen und zerbrach ihn sogar während seiner Anwendung. Sedna hopste in die Höhle, um mir einen anderen zu holen. „Nein, Junge! Wir wissen bereits, auf welches Pferd er setzen wird. Das ist Teil der Frage. Was uns hier gesagt wird ist, dass er gewinnen wird, dass aber die Auszahlung nicht besonders hoch sein wird. Also...?"

„Ah! Wir sagen ihm, dass er nicht alles auf Sieg setzen soll, sondern auf ‚Sieg oder Platz'."

„Was ein guter Rat gewesen wäre: *Hedgehunter* gewann nicht, lief aber auf Platz."

Nachdem ich ihm ein wenig Zeit gegeben hatte, darüber nachzudenken, stellte ich ihm zwei Fragen zur Verbrennung. Die Antworten finden Sie in Anhang 3 (S.216):

1. „Angenommen ich wette mit meinem Geschäftspartner um den Ausgang eines Fußballspiels zwischen unseren Lieblingsmannschaften. Anschließend erstelle ich ein Horoskop, um zu sehen, ob ich die Wette gewinne. Der Herrscher von 8 ist verbrannt. Bin ich froh oder traurig darüber? Und warum?
2. Und wie sieht es aus, wenn der Herrscher von 7 verbrannt ist? Und warum?"

Er hatte diesen „Ich denke über etwas nach, bitte frage mich, was es ist"-Ausdruck auf seinem Gesicht. Also tat ich ihm den Gefallen. „Nochmal zurück zum *Hedgehunter*-Horoskop", begann er, „hätten wir es nicht auch als: *Wird das Pferd gewinnen?* deuten können?"

Ich ließ mich erst mal auf seine Frage ein: „Angenommen, wir hätten es getan. Was wäre das Erste, das deine Aufmerksamkeit erregt hätte?"

„Ich müsste mit dem zwölften Haus anfangen, dem Haus der Tiere, die größer sind als Ziegen."

„Was ist an dem Grad, auf dem die Hausspitze hier liegt, so besonders? Was befindet sich dort?"

„In diesem Horoskop nichts, Meister." Er war in Verlegenheit.

„28°, 29° Löwe. Einen wichtigen Planeten oder eine wichtige Hausspitze dort zu finden, müsste bei dir Alarmglocken schrillen lassen. Und warum? Weil, was immer dort ist: Es befindet sich auf Regulus, einem der hellsten Fixsterne und einer der wenigen, die einen wesentlichen Beitrag zur Deutung eines Stundenhoroskops leisten können. Das ist *Cor Leonis*, das Herz des Löwen, ein mächtiges Zeugnis für Erfolg."

„Aber er hat nicht gewonnen."

„Nein. Regulus gibt uns einen guten Start, aber das ist auf keinen Fall die ganze Deutung. Gibt es einen zulaufenden Aspekt zwischen dem Herrn von 12, dem Signifikator des Pferdes, und dem Herrn von 10, dem Signifikator des Sieges?"

„Sonne und Merkur. Nein, sie bewegen sich in entgegengesetzten Richtungen."

„Steht der Herr von 12 kurz vor einem Aspekt zur Spitze von 10?"

„Nein."

„Und selbst wenn er dort stünde, würden wir uns einige weitere Zeugnisse wünschen, die das Ganze untermauern. Ein Planet auf einer Hausspitze kann nicht mehr zeigen als das, was im Hirn des Fragestellers vor sich geht. In diesem Fall: den Gedanken, dass das Pferd gewinnt. Aber mit Unterstützung, wie hier durch Regulus, kann dies ein Zeugnis für das Ereignis werden. Nun, was ist mit dem Mond?"

„Ihr habt gesagt, dass der Void-of-course-Mond hier keine Rolle spielt." Verzweifelt gab ich Sedna den Stock, den er mir aus der Höhle geholt hatte, mit der Bitte zurück, mir einen stabileren zu bringen, und zwar schnell. „Pass auf, Junge! Ich habe gesagt, dass er in unserer vorherigen Deutung keine Rolle spielt, weil der Void-of-course-Mond immer von anderen starken Zeugnissen überstimmt werden kann. Und dort hatten wir zwei solcher Zeugnisse. Hier aber haben wir keines."

Im hoffnungslosen Bemühen, sich selbst zu erlösen, rannte er in die Höhle und kam zurück, noch bevor Sedna genügend Zeit gehabt hatte, ein passendes Korrekturinstrument auszusuchen. Er hielt ein kleines, pelziges Ding in seinen Armen. „Per Antiszie steht die Sonne auf dem südlichen Mondknoten. Das ist ein dickes Minus."

Er hatte mich zufriedengestellt, also winkte ich Sedna fort. „Gut gesagt, mein Junge. Wenn wir die Frage *Wird das Pferd gewinnen?* deuteten, wäre das ein wichtiges Zeugnis. Aber es gibt sogar ein noch wichtigeres Zeugnis - und das ist der Umstand, dass diese Frage gar nicht gestellt worden war. Ich habe mir das nur mit dir angeschaut, weil es einige Punkte gibt, die es wert waren, besprochen zu werden. Als reine Übung. Wir müssen uns darüber sehr im Klaren sein:

Beantworte nur die gestellte Frage.

Widerstehe der Versuchung, das Horoskop aus allen möglichen Richtungen zu lesen, in der Hoffnung, irgendwo über eine Antwort zu stolpern, die dir gefällt. Was wir hier gemacht haben, ist die Deutung einer hypothetischen Frage. Hätte sie einen Sieg unseres Pferdes ergeben, wäre dies ein Sieg in einem hypothetischen Rennen gewesen - mit der Folge, dass nur hypothetische Buchmacher einen hypothetischen Gewinn auszahlen würden. Das würde unseren nicht hypothetischen Fragesteller vermutlich nicht befriedigen."

„Nehmen wir an, es handelte sich um mein eigenes Pferd, Meister. Und nehmen wir weiter an, ich würde überlegen, ob ich ein Preisgeld gewänne, wenn ich es reiten würde." Britney schnaubte. „Oder mein eigener Yak", fügte er hinzu, wobei er sich klugerweise aus der Reichweite ihrer Hinterbeine entfernte.

„In den meisten Fällen wäre das eine *Wird mein Pferd gewinnen?*-Frage und die haben wir schon durchgesprochen. Aber es könnte sein, dass eine Frage über den allgemeinen finanziellen Nutzen gestellt wird, den man mit dem Pferd erzielen kann. Der würde uns durch das zweite Haus des Pferdes - das Geld des Pferdes - gezeigt werden."

„Das zweite vom zwölften. Aber das ist das erste Haus. Wie gehen wir damit um?"

„Das hängt von der Frage ab. Ist es eine gezielte Frage bezüglich des Geldes aus einem Rennen oder ist es eine allgemeine Frage über den finanziellen Profit, den ich durch den Kauf des Pferdes erziele? Wäre es eine gezielte Frage, würden wir sie so beantworten, wie wir es besprochen haben. Wir würden einen Aspekt zwischen dem Herrn von 1 - das wäre in diesem Fall der finanzielle Gewinn, denn das erste ist das zweite vom zwölften Haus - sehen wollen..."

„...also ist der Herr von 1 nicht der Fragesteller", warf er ein.

„Nein. Wir haben hier einen Widerstreit der Aufgaben: Der Herr von 1 könnte entweder der Fragesteller oder das Ding, nach dem er fragt, sein. In solchen Fällen geben wir dem Planeten, um den es geht, immer der Angelegenheit, auf der in dieser Frage der Fokus liegt."

„Also steht der Herr von 1 hier für den finanziellen Gewinn, denn der Profit ist der Fokus der Frage."

„Genau, mein Junge. Gut. Mit Ausnahme eines Krebsaszendenten, hätten wir immer noch den Mond als Signifikator für den Fragesteller. Ein Aspekt zwischen dem Herrn von 1 und dem Mond würde uns ein Ja anzeigen. Oder wir könnten den finanziellen Gewinn mit dem Bankkonto des Fragestellers, vertreten durch den Herrn von 2, in Verbindung bringen."

„Ein finanzieller Gewinn, den man aus dem Pferd zöge, würde also durch einen zulaufenden Aspekt zwischen dem Herrn von 1 sowie dem Mond oder dem Herrn von 2 angezeigt werden. Wie sieht es mit dem Herrn von 12, dem Pferd, aus?"

„Unwichtig. Wir sprechen gerade über Geld, nicht über Pferde. Wenn ich aber - dies im Hinterkopf - Jupiter oder Venus in starken Würden oder den nördlichen Mondknoten im zwölften Haus fände, wäre das ein allgemeiner Hinweis darauf, das gute Dinge durch das Pferd geschehen. Doch das wäre kein entscheidendes Zeugnis."

„Und wenn es einen Aspekt gibt, können wir die Höhe des Gewinns durch den Zustand des Herrn von 1 abschätzen, genauso wie wir es vorhin mit dem Herrn von 8 gemacht haben."

„Ja. Aber wonach würden wir in allgemeinen Fragen des finanziellen Gewinns suchen, etwa bei: *Werde ich finanziell profitieren, wenn ich Golden Socks kaufe?*"

Er sah merkwürdig inspiriert aus. Ich fixierte den Stock mit festem Griff - nur zur Vorsicht. Denn möglicherweise war er dabei, ein durch die dünne Luft hier oben ausgelöstes Bergfieber auszubrüten, was bei Möchtegernastrologen zu unziemlichem Überenthusiasmus führen kann. „Das müsste wie eine Frage: *Werde ich von meinem Wissen profitieren?* sein!", rief er aus und schaute sehr zufrieden mit sich drein.[59]

Auch ich war sehr zufrieden mit ihm und zeigt dies, indem ich den Griff um meinen Stock lockerte. „Gut gemacht, mein Junge. Nochmals, der finanzielle Gewinn ist das zweite Haus des Pferdes, welches das erste des Radix' ist. Nur

[59] vgl. ebd. S. 216-218.

brauchen wir diesmal keinen Aspekt. Wir können allein nach dem Zustand des Herrn von 1 und des ersten Hauses deuten."

„Aber mal angenommen, wir haben einen Aspekt im Horoskop, vielleicht zwischen den Herren von 1 und 2?"

„Dann müssten wir die Natur des Aspekts in Betracht ziehen. Ist es ein Trigon, ein Sextil oder eine Konjunktion, dann kommt der wie auch immer geartete Profit sehr leicht zum Fragesteller. Bei einem Quadrat wird es Verzögerungen oder Schwierigkeiten geben. Das könnte zum Beispiel darauf hinweisen, dass erst mal einige magere Jahre zu überstehen sind, bevor das Pferd Preisgelder einläuft. Haben wir aber eine Opposition, wird der finanzielle Gewinn, wie hoch er auch immer ausfallen mag, den Einsatz nicht wert sein. Vielleicht gewinnt das Pferd Tausende von Pfund, aber du musst auch Tausende an den Tierarzt zahlen.
Lass uns mal ein paar Horoskope studieren, in denen es um den finanziellen Gewinn geht." Sedna flog, um neue Kreide zu holen, während es sich Britney bequem machte. Als Sedna zurückkam, schnarchte sie bereits und ihre Hufe und Nüstern zuckten, während sie tat, was immer Yaks tun, wenn sie träumen. „Versuche dich mal an dem hier. Die Frage lautet: *Werde ich finanziell profitieren?*"

Er begann in der methodischen Weise, welche die sichere Basis für eine profunde astrologische Deutung ist. „Der Herr von 8 ist Saturn. Für den Fragesteller haben wir den Herrn von 1, also den Mond, und den Herrn von 2, die Sonne. Wir würden dem Fragesteller ohnehin den Mond geben, aber hier hat er ihn schon."

„Richtig. Können wir nun einen der Planeten des Fragestellers mit Saturn in Verbindung bringen?"

„Der Mond läuft auf eine Konjunktion mit Saturn zu."

„Ja, aber...?"

Er dachte einen Moment nach. „Aber er macht erst ein Sextil zur Sonne. Das könnte eine Verhinderung sein."

„Ja, aber...? Denke daran, dass es sich bei Mond-Saturn um eine Konjunktion handelt."

„Aber ein Aspekt wird mit seiner Verhinderung oft scheitern, wenn er gegen eine Konjunktion antritt."[60]

„Ja. Die Verhinderung ist hier besonders unwahrscheinlich, weil es sich bei dem sich einmischenden Planeten um den Herrn von 2 handelt. Und dennoch könnte die Verhinderung klappen. Zum Beispiel könnten die Finanzen des Fragestellers in einem solch schlechten Zustand sein, dass er die Wette nicht platzieren kann. Da würde die Verhinderung Sinn ergeben. Aber normalerweise können wir davon ausgehen, dass der Fragesteller und sein Geld am gleichen Strang ziehen. Schau dir die drei Planeten trotzdem nochmal an. Was macht der Mond mit den beiden anderen?"

---

[60] Für weitere Erklärungen vgl. ebd. S. 95-97

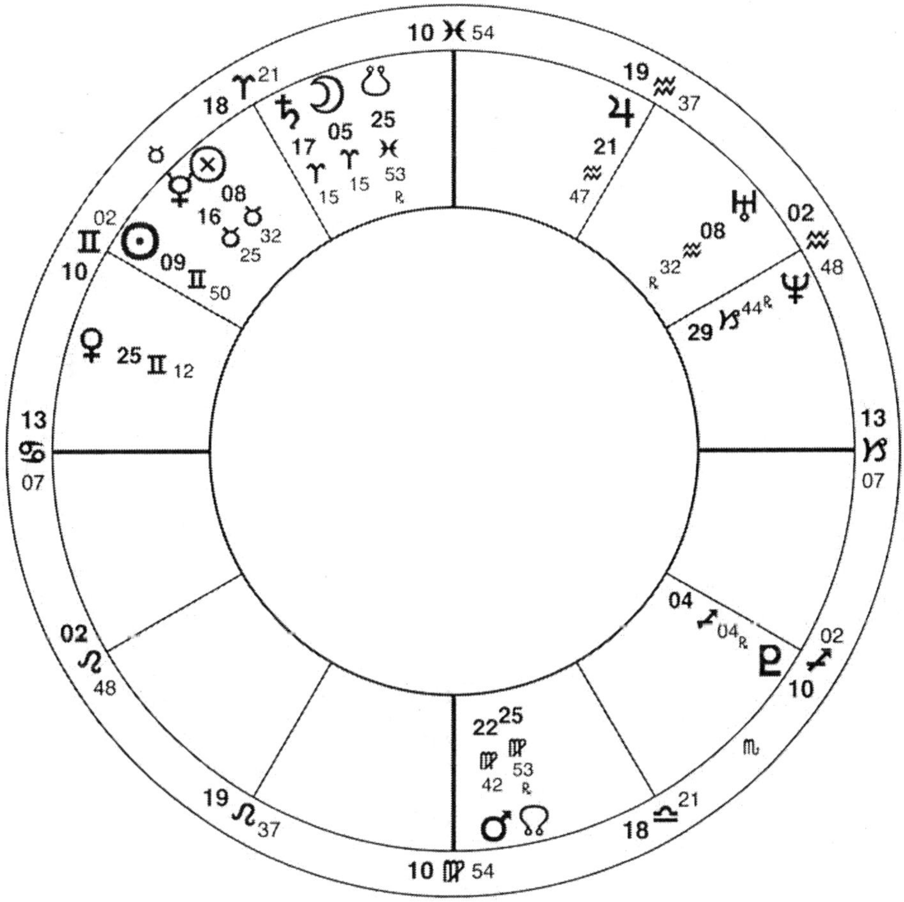

Werde ich finanziell profitieren?
31. Mai 1997, 7.15 Uhr Britischer Sommerzeit (BST), London

„Er läuft zuerst auf ein Sextil zur Sonne und dann auf eine Konjunktion mit Saturn zu. Ach, Meister, das ist eine Übertragung des Lichts! Der Mond trägt das Licht von der Sonne, also vom Bankkonto des Fragestellers, zu Saturn, zur Beute."

„Gut gesehen, mein Junge. Unser Fragesteller gewinnt also. Viel?"

„Da muss ich mir die Verfassung des Herrn von 8 anschauen, Meister. Der steht im Fall. Akzidentiell ist er in Ordnung, aber essentiell sehr schwach. Es wird ein kleiner Gewinn sein."

„Ja. Aber wenn wir uns die tatsächliche Situation vergegenwärtigen, dann existiert der Gewinn eines Wetters in der Regel nur in seiner Vorstellung. Insofern ist selbst ein kleiner Gewinn nicht zu verachten."

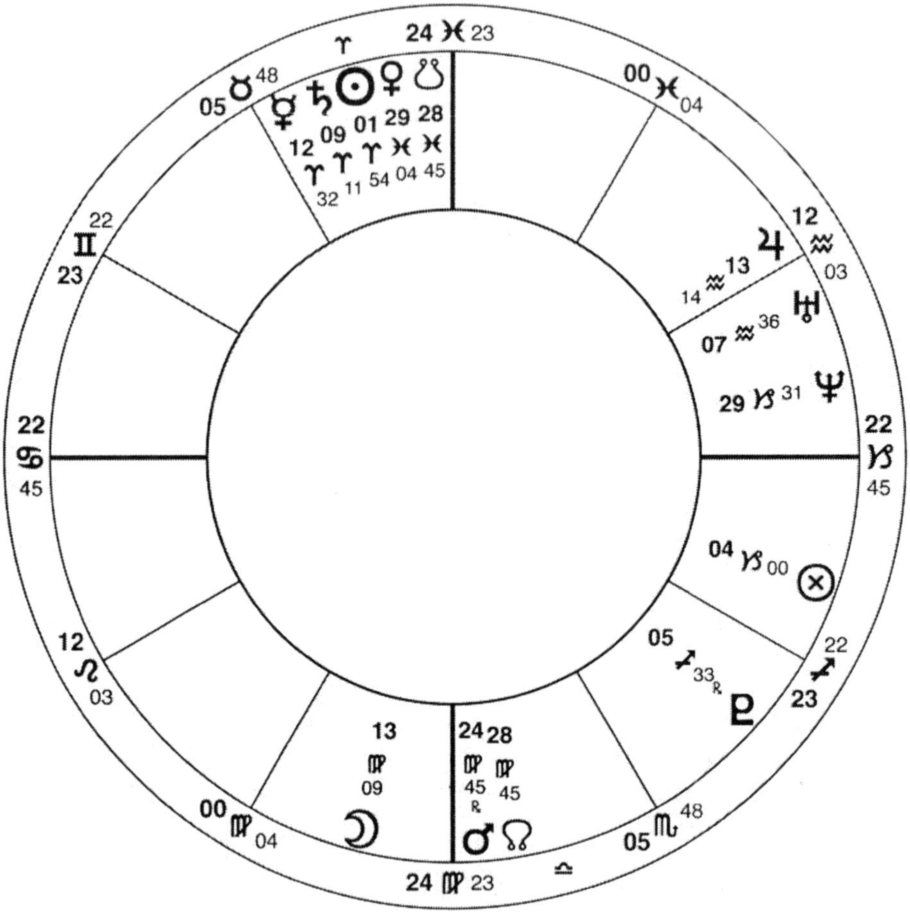

Werde ich finanziell profitieren?
22. März 1997, 11.40 Uhr Greenwich Mean Time (GMT), London

„Können wir noch eins machen, Meister", fragte er mit überschäumendem Eifer.

„Aber natürlich." Ich radierte die Kreidezeichnung vorsichtig aus, um die Schläferin nicht aufzuwecken, und zeichnete ein neues Horoskop. „Dieselbe Frage: *Werde ich finanziell profitieren?*"

"Saturn ist wieder der Herr von 8. Und erneut in seinem Fall. Was immer also passiert, unser Fragesteller wird heute nicht reich werden."

„Gut."

„Für unseren Fragesteller haben wir, wie vorhin, den Mond als Herrn von 1 und die Sonne als Herrin von 2."

„Ja, und gibt es einen Aspekt?"

„Das ist ja einfach, Meister. Ja, der Herr von 2 läuft auf eine Konjunktion mit dem Herrn von 8 zu. Der Fragesteller wird gewinnen - der Herr von 8 wieder in seinem Fall -, also wie vorhin: nicht viel."

„Gut."

Er kratzte sich am Kopf, worauf Sedna von meiner Schulter hopste, um sich an den kleinen Tieren, die auf dem Boden saßen, gütlich zu tun. Ich konnte erkennen, wie der Knabe nachdachte.

„Aber Meister, der Herr von 8 ist verbrannt. Das heißt sicherlich, dass das Geld des Buchmachers sich in Luft aufgelöst hat. Also selbst wenn unser Fragesteller gewinnt, wird er nichts ausbezahlt bekommen."

„Du hast insofern Recht, als Saturn verbrannt ist. Aber manchmal müssen wir bei der Verbrennung ein Auge zudrücken." Sedna unterbrach ihr Mahl, erschüttert von einem heftigem Rabenlachen über solch ein nachlässiges astrologisches Wortspiel. „Wenn die Sonne der Planet ist, von dem wir eine Konjunktion mit dem verbrannten Planeten wünschen, müssen wir die Verbrennung übergehen. Ansonsten bekämen wir niemals eine Konjunktion mit der Sonne zustande. Tatsächlich ist sie hier sogar ein positives Zeichen, weil das Geld des Buchmachers - Saturn - von der verführerischen Kraft des Geldes unseres Fragestellers - der Sonne – überwältigt wird. Aber Saturn ist und bleibt im Fall, so dass es keine große Auszahlung geben wird."

Er zog seine Antiszie aus ihrem Versteck hervor, das sie unter Britneys Hals gefunden hatte. „Meister", begann er, indem er dem pelzigen Ding das Ohr kraulte, „ich sehe gerade, dass die Antiszie der Sonne auf dem nördlichen Mondknoten liegt. Das müsste doch für die Geldbörse unseres Fragestellers von Vorteil sein."

Ich zog ihn voll Entzücken zu mir heran, um ihn gleich wieder freizugeben. Denn das erstickte Husten der Antiszie, die er noch immer in seinen Armen hielt, signalisierte mir, dass die arme Kreatur dabei war, in unserer Umarmung zerquetscht zu werden. „Ja, mein Junge. Der Herr von 2 auf dem nördlichen Mondknoten begünstigt die Geldbörse unseres Fragestellers. Wenn es sonst nichts weiter in dem Horoskop gäbe, könnte uns das allein schon ein Ja anzeigen, wenngleich ein vorsichtiges. Auch wenn uns hier andere Dinge zu unserem wesentlichen Urteil führen, ist es von Bedeutung. Es ist ein Plus für das Portemonnaie des Fragestellers und gleicht damit eine ganze Menge des negativen Zeugnisses des Herrn von 8 in seinem Fall aus."

„Also fällt der Gewinn am Ende doch nicht so kärglich aus?"

„Genau. Wir haben weiterhin das Zeugnis von Saturn in seinem Fall, das wir nicht einfach wegwischen können. Aber die Antiszie der Sonne auf dem nördlichen Mondknoten liegt auf der anderen Waagschale. Kein großer Gewinn also, aber ein ganz erklecklicher."

„Meister, der Herr von 2 steht in seiner Erhöhung. Das müsste heißen, unser Fragesteller ist reich."

Ich erwog, ihn zu korrigieren. Aber an diesem Punkt seiner Unterweisung reichte mein bloßer Blick zum Stock bereits aus, um ihm meine Ansicht vollkommen klar zu machen. Das war auch insofern gut, als mein Vorrat an Stöcken zur

Neige ging und seine Mastercard ihren Kreditrahmen bis zum Anschlag ausgeschöpft hatte. „Hat dich jemand gefragt, wie viel Geld der Fragesteller hat?"

Er schaute angemessen beschämt drein. „Nein, Meister."

„Dann unterlasse es, diese Frage zu beantworten! Diese Regel gilt überall in der Astrologie:

Bleibe bei der Sache.

Worum es uns hier geht, ist die Höhe seines Gewinns. Mit dem Zustand des Herrn von 2 müssen wir uns nur befassen, wenn er dem Gewinner Probleme bereitet, zum Beispiel indem er schwach ist oder den erwünschten Aspekt verhindert. Wir können davon ausgehen, dass der Fragesteller weiß, wie es um seine Finanzen steht."

Sedna flüsterte - soweit Raben überhaupt flüstern können - in mein Ohr. „Ja, du hast Recht", sagte ich ihm. „Unter Umständen kann die Stärke des Herrn von 2 wichtig sein. Und zwar in Kartenspielen, in denen ein Spieler mit viel Geld im Vorteil ist. Wenn es hier darum ginge, dann wäre der Herr von 2 in seiner Erhöhung und gleichzeitig die Herren von 7 und 8 verbrennend ein starkes positives Zeugnis. Sagen wir mal, ich wäre der Fragesteller. Die Erhöhung meines Geldes hieße, es sähe besser aus als es tatsächlich ist. Aber es ist auf jeden Fall stark. Das wäre hervorragend in einem Spiel, wo mit Bluffs gearbeitet wird."

„Und euer Gegner, der Herr von 7, erhöht euer Geld auch noch..."

„...was übertrieben wäre. Mein Gegner kauft mir meinen Bluff ab."

„Ach Meister, das ist aber cool", kicherte er. Bis Sedna den Knaben an seinen Kopf pickte, um ihn wieder in einen Zustand angemessenen Ernstes zurückzubringen. Sedna flatterte zurück auf meine Schulter und ich streichelte den Raben zur Belohnung.

„Schau dir mal das hier an", fuhr ich fort und zeichnete ein weiteres Horoskop auf das Fell der schlafenden Britney. „Die gleiche Frage: *Werde ich finanziell profitieren?*"

„Der Mond trennt sich gerade von Mars", begann er, worauf ich ihn zügelte.

„Einfach so locker drauflos in ein Horoskop hineinzuspringen, kannst du dir vielleicht in ein paar Jahren erlauben. Bis dahin gehe immer methodisch an die Deutung heran. Wenn du das nicht machst, wirst du nie soweit kommen, direkt in das Horoskop springen zu können. Wie fangen wir an?"

„Wir bestimmen unsere Signifikatoren, Meister", antwortete er mit einem Anflug der resignierten Anspannung eines Schuljungen, dessen Fußballtraining gerade gestrichen und durch Zusatzübungen in Mathe ersetzt wurde. „Die Herren von 1 und 2, Merkur und Venus, stehen für unseren Fragesteller. Der Herr von 8, Mars, ist das Geld, das wir zu gewinnen hoffen. Und zusätzlich steht noch der Mond für unseren Fragesteller."

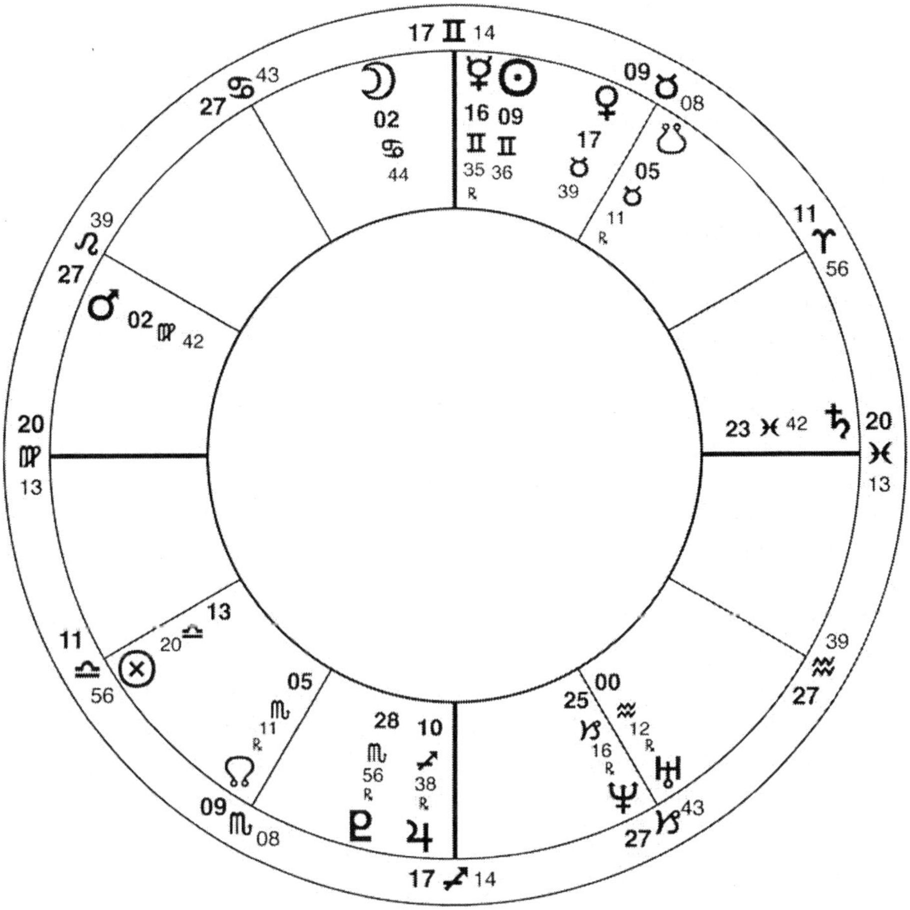

Werde ich finanziell profitieren?
31. Mai 1995, 13.31 Uhr Britischer Sommerzeit (BST), London

„Ja. Nun kannst du anfangen, sie zusammenzubringen."

„Der Mond löst sich gerade aus dem Sextil zu Mars, Meister. Das ist für uns ohne Bedeutung. Mars und Venus schauen sich gegenseitig an..."

„...womit du was meinst?", unterbrach ich ihn.

„Sie befinden sich in Zeichen, die im Aspekt zueinander stehen. Jungfrau und Stier bilden ein Trigon, also blicken sich alle Planeten in Jungfrau und Stier gegenseitig an."

„Das wollte ich nur mal überprüfen. Mach weiter."

„Aber Venus bewegt sich schneller als Mars. Manchmal kann Mars sie dennoch einholen, wenn Venus ungewöhnlich langsam läuft, aber er wird nie 15 Grad zur Venus aufholen."

„Vielleicht wird Venus rückläufig und wandert zurück, um Mars zu treffen?"

Sein Gesichtsausdruck signalisierte mir: ‚So leicht kriegt ihr mich nicht.' „Venus steht hinter der Sonne in der Abfolge der Zeichen. Dort kann sie unmöglich rückläufig werden. Das wird sie nur, wenn sie der Sonne vorausläuft." Ich musste also schwierigere Fragen für ihn finden.

„Wie sieht es mit Merkur aus", fuhr ich fort.

„Merkur ist rückläufig, wird also seinen Aspekt zu Mars perfekt machen."

„Aber?"

„Aber bevor er das macht, wird er eine Konjunktion mit der Sonne und eine Opposition zu Jupiter vollenden. Beide wirken hier als Verhinderung des Aspekts zu Mars."

„Also haben wir keinen Aspekt. Unser Fragesteller kann nicht gewinnen."

„Ich habe noch nicht geprüft, ob es eine Übertragung oder Sammlung des Lichts gibt, Meister." Ich war immer mehr von dem Burschen angetan. „Der Mond trennt sich von Mars und läuft auf Venus zu. Dazwischen gibt es keinen verhindernden Aspekt, also ist es eine Übertragung des Lichts. Unser Fragesteller gewinnt."

Ha! Da hatte ich ihn. „Nein, der Fragesteller verliert. Was weist uns deiner Meinung nach darauf hin?"

Er kratzte sich eine ganze Weile lang gedankenverloren am Kinn. Seine Augen bohrten sich mit solcher Intensität in das Horoskop, dass ich mich wunderte, dass er damit nicht Britney aufweckte. Aber es brauchte schon einiges, um sie aus ihrem Schlaf zu reißen. „Venus befindet sich im Exil von Mars", wagte er sich schließlich hervor.

„Gut!

Auch Rezeptionen sind wichtig.

Man läuft schnell Gefahr, sie in diesen Horoskopen zu viel zu benutzen. In Junge-trifft-Mädchen-Horoskopen sind wir zum Beispiel oft hauptsächlich mit den Einstellungen der Protagonisten zueinander beschäftigt. Dort sind Rezeptionen von äußerster Wichtigkeit. In Horoskopen wie diesem hier macht es keinen Sinn, die Einstellungen der beteiligten Personen zu analysieren. Vor allem nicht, wenn es sich dabei um das Geld des Buchmachers handelt! In den meisten Horoskopen, in denen es um den finanziellen Gewinn geht, reicht ein kurzer Blick auf die Rezeptionen aus, bevor man sie beiseite lässt. Hier reicht ein kurzer Blick, um zu erkennen, dass die Rezeptionen außergewöhnlich ungünstig sind. Mars steht im Fall von Venus, Venus im Exil von Mars. Und zusätzlich ist der Mond, der die beiden verbindet, auch noch im Fall von Mars. Das ist eine Schrecken erregende Kombination."

„Und Mars ist schwach."

„Ja, er steht peregrin im zwölften Haus. Es ist nur wenig Geld zu erwarten, selbst unter den günstigsten Umständen. Kombiniere das mit den fürchterlichen Rezeptionen und wir erkennen, dass es nichts geben wird. Der Fragesteller verliert."

„Diese Horoskope sind aber nicht immer so einfach, Meister."

„Wären sie das, dann wäre Britney eine große Astrologin. Und wenn sie so einfach wären, wo bliebe dann der Spaß? Wir kämpfen mit diesem aus Nebel und Schatten geformten Riesen, der das innere Uhrwerk des Kosmos verschleiert. Er ist ein würdiger Gegner. Manchmal wird die Lösung uns ohne jede Mühe in den Schoß fallen. Manchmal wird sie jede Unze unserer Kraft erfordern. Und manchmal schlägt der Riese uns, trotz all unseres Heldenmuts und unserer Erfahrung. Schau dir auch noch den Herrn des Aszendenten an."

„Merkur. Ach, der ist ja verbrannt! Aber verbrannt im eigenen Zeichen. Ich dachte, das wäre keine Schwächung."[61]

„Eine Verbrennung in einer der Hauptwürden eines Planeten ist selbst im schlimmsten Fall nicht so verheerend wie sie normalerweise wäre. Sie funktioniert ziemlich genauso wie eine gegenseitige Rezeption zwischen dem Planeten und der Sonne. Aber wenn es auch keine so starke Schwächung ist, beinhaltet sie dennoch weiterhin den Gedanken des Nicht-Sehen-Können oder der Unsichtbarkeit. Deshalb möchten wir auch weiterhin den Herrn von 1 nicht verbrannt finden, auch wenn er im eigenen Zeichen steht. Denn das besagt, dass der Fragesteller nicht sehen kann. Als Grundregel merke dir, dass dies ein starkes Zeugnis dafür ist, dass die vom Fragesteller intendierte Handlungsstrategie nicht sehr klug ist. In diesem Fall also ist es unklug, die Wette zu platzieren.

Schnall dich an, hier kommt noch eins: *Werde ich finanziell profitieren, wenn ich die Wette platziere?"*

Jetzt hatte er seine Lektion gelernt und begann methodisch. „Der Fragesteller hat Saturn, Mars und den Mond. Das Geld des Buchmachers ist Venus. Der Mond läuft geradewegs auf Venus zu: Der Fragesteller gewinnt! Zumindest ist das ein starkes Zeugnis dafür, dass er gewinnt." Er hatte seine Lektion wirklich gelernt.

„Was passiert sonst noch zwischen unseren Signifikatoren?"

„Mars steht unmittelbar vor der Opposition zu Saturn. Aber das ist der Herr von 2, das Geld des Fragestellers, auf dem Weg zum Herrn von 1, der Fragesteller selbst. Das deutet nicht auf einen Gewinn hin: Der Fragesteller will nicht sein eigenes Geld zurück haben. Und selbst wenn, ist das eine Opposition, also wäre er nicht glücklich mit der Angelegenheit. Das ist mir ein Rätsel, Meister. Was ist denn passiert?"

[61] Vgl. ebd. S. 60

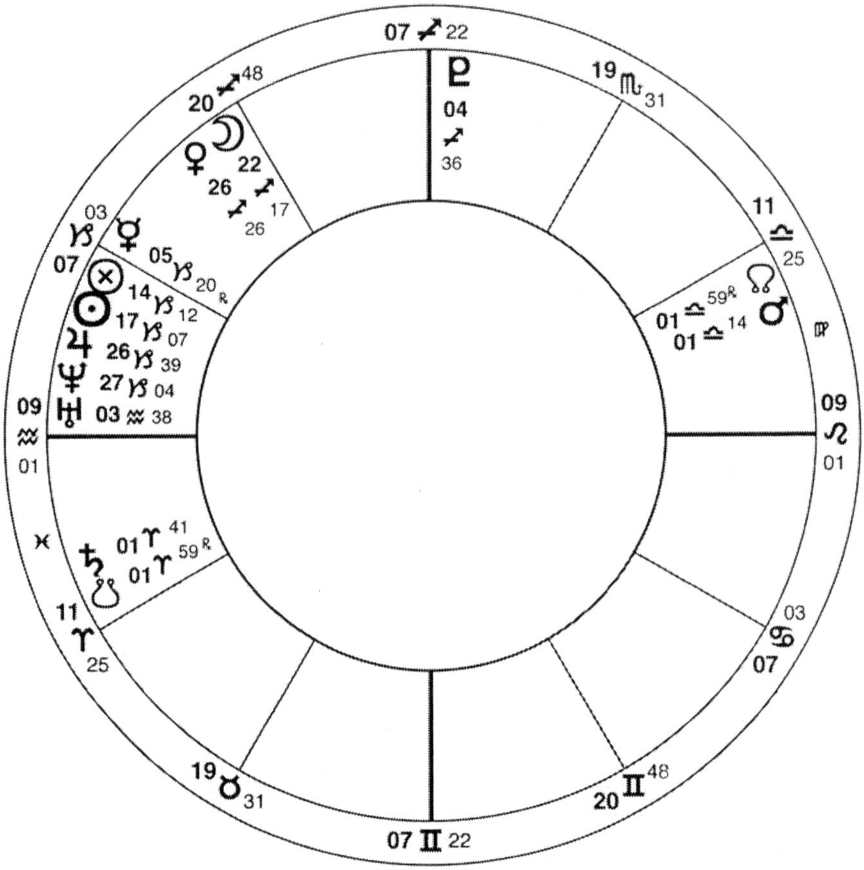

Werde ich finanziell profitieren?
7. Januar 1997, 9.15 Uhr Greenwich Mean Time (GMT), London

„Das war eine Wette auf ein Fußballspiel. Die Begegnung wurde wegen schlechten Wetters abgesagt. Alle Wetteinsätze wurden zurückgezahlt."

„Also kam das Geld unseres Fragestellers tatsächlich zu ihm zurück. Aber mit Bedauern, denn das war nicht das, was er sich erhofft hatte, sondern in erster Linie Aufwand ohne Ertrag."

Mein Eindruck war, dass Britney noch eine Weile schlafen würde. Also zeichnete ich ein weiteres Horoskop auf ihr Fell. „Wieder die gleiche Frage: *Werde ich finanziell profitieren?"*

Er machte sich zum Schlagabtausch bereit. „Der Fragesteller bekommt Jupiter und Saturn, die Herren von 1 und 2. Das Geld ist der Herr von 8, also der Mond. Demzufolge können wir den Mond diesmal nicht als Co-Signifikator für den Fragesteller benutzen, denn er hat eine noch wichtigere Aufgabe, nämlich für das zu stehen, wonach gefragt wird."

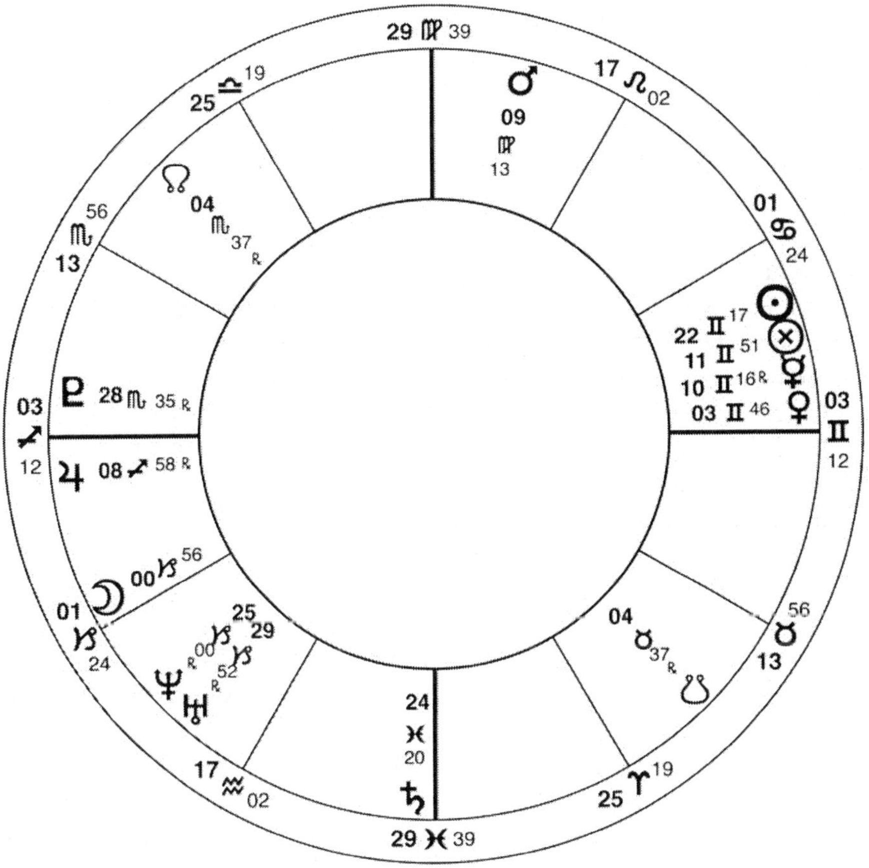

Werde ich finanziell profitieren?

13. Juni 1995, 19.33 Uhr Britischer Sommerzeit (BST), London

„Gut. Irgendwelche Aspekte?“

„Nein. Der Mond macht keinen Aspekt zu Jupiter. Er wird am Ende sein Sextil mit Saturn erreichen, aber der Aspekt wird durch den vorhergehenden Aspekt zu Mars verhindert. Der Mond steht direkt vor der Spitze von 2. Was machen wir damit? Ich nehme nicht an, dass das ein Ja bedeutet, oder?“

„Da liegst du richtig, Junge. Lautete die Frage anders, zum Beispiel: *Wann wird der Scheck eintreffen?*, dann wäre diese Konjunktion zur Spitze 2 nützlich. Wenn der Mond für den Scheck stünde und wir wüssten, dass er einträfe - entweder weil es uns gesagt wurde oder durch andere Belege im Horoskop überzeugt -, dann könnten wir die Annäherung des Mondes an die Hausspitze für die Zeitbestimmung nutzen. Sie kann uns das *Wann* einer Frage beantworten, aber nicht das *Ob*.“

„Und was uns hier beschäftigt, ist allein das *Ob*. Also ist es kein Zeugnis dafür, dass der Fragesteller gewinnt.“

„Genau."

„Das war wieder mal einfach, Meister. Können wir noch eins machen?"

„Noch ein letztes. Danach wird es Zeit für dich, Holz zu schlagen und Wasser zu schöpfen. Und außerdem wird es Britney nach ihrem Tee dürsten." Sedna war bereits eingenickt. An Intelligenz mangelt es diesem Tier nicht, wohl aber an Aufmerksamkeit und Ausdauer für das Studium der Astrologie.

„Noch einmal: *Werde ich finanziell profitieren?*"

„Der Fragesteller hat Mars, Merkur und den Mond. Das Geld wird durch Jupiter dargestellt. Ach Meister, das ist ein wunderbar starker Jupiter. Wenn es einen Gewinn gibt, dann ist es diesmal ein wirklich großer!"

„Und wird es einen Gewinn geben? Haben wir irgendwelche Aspekte?"

„Ja, ja, Meister! Der Mond steht unmittelbar vor einem Trigon zu Jupiter. Und da ist noch einer: Merkur läuft auf ein Sextil zu Jupiter zu."

„Bist du dir bei letzterem ganz sicher?"

„Ich muss mal drüber nachdenken, Meister. Mond-Jupiter ist absolut klar. Und dieser hier... hmm. Merkur ist verbrannt. Wäre er Herr von 1, hätten wir ein großes Problem."

„Ja, der Herr von 1 verbrannt ist generell ein Zeugnis, das uns sagt: ‚Tu's nicht!' Aber hier ist es der Herr von 2, der verbrannt ist. Was machst du damit?"

„Verbrennung ist destruktiv. Es könnte uns sagen, dass der Fragesteller nicht genug Geld hat, um die Wette zu platzieren."

„Sehr gut! Das ist in der Tat möglich - obwohl wir die Entscheidung dem Fragesteller überlassen können: Das brauchen wir in unserer Deutung nicht zu berücksichtigen."

„Nicht, Meister?"

„Nein! Es ist nicht unsere Aufgabe, den Fragesteller wie ein kleines Kind an die Hand zu nehmen. Wenn er die Wette nicht platziert - aus welchem Grund auch immer -, wird er natürlich nicht gewinnen. Die Deutung setzt voraus, dass er sie platziert hat. Wie sieht es mit Jupiters Annäherung an das Quadrat zu Saturn aus?"

Er versuchte ängstlich mich auszuspähen und meine Gedanken zu lesen. Nach einem oder zwei Momenten musste er die gesuchte Seite gefunden haben, denn seine Finger wanderten an seine Stirn, wo sie durch den Schmutz, der an ihnen klebte, die Umrisse des Brandzeichens sichtbar machten, das ich ihm vor ein paar Tagen aufgedrückt hatte. „Ich muss meine Ephemeriden konsultieren, Meister."

„Gut! Damit hast du dir eine Tracht Prügel erspart." Ich stupste Sedna mit dem Ende meines Stockes zurück in die Wachheit. Er blickte auf das Horoskop, durchblätterte schnell sein Gedächtnis und krächzte: Merkur zuerst, Merkur zuerst."

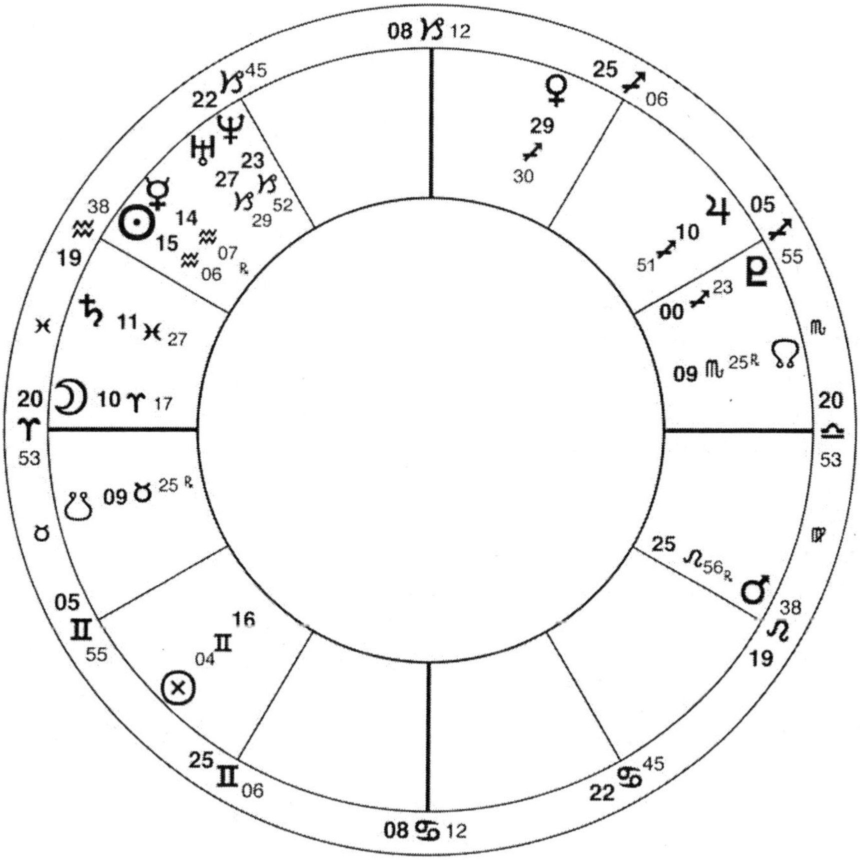

Werde ich finanziell profitieren?
4. Februar 1995, 9.40 Uhr Greenwich Mean Time (GMT), London

„Mit mehr Übung wirst du irgendwann in der Lage sein, solche Dinge zu erkennen, ohne Sedna zu nerven. Merkur ist so nah an der Sonne, dass er sich schnell bewegen *muss*. Er wird die etwa drei Grad zu Jupiter schneller zurücklegen, als dieser den halben Grad zu Saturn, sogar wenn Jupiter mit seiner maximalen Geschwindigkeit unterwegs wäre. Aber selbst wenn der Merkur-Jupiter-Aspekt verhindert werden würde, hätten wir immer noch das klare Zeugnis von Mond und Jupiter. Der Fragesteller gewinnt, und zwar kräftig. Und nun ab zu deinen häuslichen Pflichten."

Er ging davon. Die Geschwindigkeit seines Gehens deutete entweder auf eine Abneigung gegen körperliche Arbeit hin oder darauf, dass sein Hirn das wiederkäute, was er gerade gelernt hatte. Oder auch beides. Britney erhob sich schlaftrunken auf ihre Füße und schüttelte ein Bein, das unter der Last ihres Körpers eingeschlafen war. Mit Sedna neben mir herhoppelnd, gingen wir gemeinsam zur Höhle zurück: Meine Begleiter, um sich zu stärken, und ich, um meine Augen zu schließen und über die Harmonie der himmlischen Sphären zu sinnieren. Ein Kauen an meinem Ohr weckte mich aus dem Schlaf. Noch bevor sich meine Augen öffneten, umschloss meine Hand etwas Kleines, Pelziges. Der dumme Junge hatte eine der Antiszien aus ihrem Stall entwischen lassen, als er sie fütter-te. Ich küsste ihre Nase und tat sie dorthin zurück, wo sie hingehörte.

Mein Gemüt war schnell wieder beruhigt durch das, was ich am Eingang der Höhle sah: Ein herzhaft loderndes Feuer, einen fröhlich vor sich hin blubbernden Kochtopf und den Burschen, wie er unter Sednas genauer Anleitung unser Abendmahl zubereitete. Das Essen sollte bald fertig sein. Es war gerade noch genug Zeit, um einen Schluck unseres ortsüblichen Gebräus aus fermentierter Yakmilch zu nehmen, das ich tags zuvor auf dem Dorffest erstanden hatte. Ein wenig kräftig in der Nase und lebendig im Gaumen, aber es tat seine Dienste.

Während des Essens fragte er: „Nun, Meister, wenn ich einfach nur Geld machen möchte, brauche ich mich nicht darum zu kümmern, wer gewinnt, nicht wahr? Ob ich nun die Astrologie zurate ziehe oder die Hintergrundinformationen über die Pferde studiere. Ich kann einfach immer wieder fragen: *Werde ich heute finanziell profitieren?*"

Hatte er in der Zwischenzeit meine Kwas-Vorräte geplündert? „Nein, mein Junge, das kannst du nicht. Beleidige nicht die Astrologie, indem du sie wie einen Automaten behandelst, in den man unablässig Geldmünzen hineinwirft. Die Stundenastrologie kann man nicht mechanisch benutzen - das habe ich dir bereits gesagt."

„Ja, Meister", gestand er betreten.

„Wir können so was nicht häufiger tun, als wir fragen können: *Wird die 1 in der Lotterie gezogen werden? Wird die 2 in der Lotterie gezogen werden? usw.*, bis wir unseren Tippschein ausgefüllt haben. Wenn du auf diese Weise etwas erreichen willst, hast du einige Arbeit vor dir. Bekomme ein Ja in deiner *Werde ich heute gewinnen*-Frage, stecke eine Nadel irgendwo in deine Rennkarte und erwarte Erfolg - und du wirst sehr wahrscheinlich enttäuscht werden. Ein bisschen Anstrengung ist schon erforderlich, um sich klar zu werden, auf welches Pferd man setzen will."

„Ich verstehe, Meister. Aber wenn ich ein Stundenhoroskop erstelle, in dem nach dem finanziellen Gewinn gefragt wird, dann geht es immer nur darum: Ist der Herr von 8 in Verbindung mit dem Herrn von 1, dem Herrn von 2 oder dem Mond?"

„Unter den Voraussetzungen, die wir besprochen haben: Ja, das ist es, mehr oder weniger. Es gibt einige wenige Möglichkeiten zur Feinabstimmung, aber die spielen eine untergeordnete Rolle. Ich habe dir bereits gesagt, dass es mit der Astrologie so ist, als ob man sich eine Sprache aneignet. Du hast nun die wesentlichen Konjugationen gelernt. Aber es gibt einige unregelmäßige Verben, die ihre eigenen Regeln haben. Doch für das, womit wir uns hier beschäftigen, brauchst du diese nicht wirklich."

„Warum nicht, Meister? Sollte ich nicht nach Wissen streben?"

„Aber natürlich. Mir geht es einfach nur darum festzustellen, dass der praktische Zweck dieser stundenastrologischen Fragen mit dem, was wir bislang besprochen haben, erfüllt werden kann. Gedulde dich einen Moment und dann werde ich dir einige andere Wege zeigen, wie man ein Ja in einem Horoskop finden kann. Aber zuvor merke dir dies: Auch wenn es noch andere Wege gibt, die dir ein Ja zeigen können, ist es weiser, auf die Wette zu verzichten, wenn du kein klares Ja durch die Hauptsignifikatoren erhältst. Normalerweise hat man beim Wetten die Alternative: zu gewinnen oder zu verlieren. Wenn wir das in eine Wahl zwischen gewinnen und nichts tun umwandeln können, sind wir am Ziel. Selbst wenn wir gelegentlich einen Gewinn verpassen."

„Aber ich will perfekt sein, Meister!"

„Du bist noch so jung, Bursche." Britney nickte mit der Weisheit ihrer Erfahrung. „Das ist ein schönes Vorhaben, aber eins, das dich dazu verdammt, enttäuscht zu werden. Es wird immer ein paar Horoskope geben, die jenseits deiner Möglichkeiten liegen. Du liebe Güte! Gott bewahre uns davor, dass Astrologen unfehlbar sind. Selbst wenn du die Konjugationen und alle unregelmäßigen Verben gelernt hast, wirst du in jeder Sprache eigenwillige Marotten finden, merkwürdige Varianten gebunden an Raum und Zeit: Alles Beispiele der herrlich opulenten Komplexität dessen, was wir Schöpfung nennen. Dass das so ist, ist etwas sehr Schönes. Lass uns nicht darüber klagen, dass die Welt nicht auf einfache, auch für unseren kleinen Verstand lesbare Formulare reduziert werden kann."

Er hatte nun genügend Geduld bewiesen, so dass ich Britney heranwinken und sie fragen konnte, ob es ihr etwas ausmachte, uns weiter zur Verfügung zu stehen. Sie brummte etwas von *„overtime"* (Nachspielzeit), ein Wort, das direkt aus dem Englischen ins Yakkische übernommen worden zu sein scheint, um gleichwohl herüberzutrotten und sich an meiner Seite niederzulegen.

Ich zeichnete ein neues Horoskop auf ihr Fell. „Und noch einmal: *Werde ich finanziell profitieren?"*

„Der Fragesteller hat die Venus, sie ist Herrin von 1, Mars, den Herrn von 2, sowie den Mond. Der Herr von 8 ist..., ach, Meister, das ist ja die Venus. Was machen wir nun?"

„Einen anderen Signifikator für das Geld finden:

Der Mond kann für den finanziellen Gewinn stehen.
Wenn der Herr von 8 bereits beschäftigt ist,
benutze den Herrn des nächsten Zeichens der Reihenfolge nach.

Wenn wir den Mond auf diese Weise benutzen, ist das so ähnlich wie in Fragehoroskopen nach verlorenen Objekten. Dort kann der Mond sowohl den Fragesteller als auch das gesuchte Objekt darstellen, manchmal sogar beide in unterschiedlichen Etappen der Deutung."[62]

---

[62] Vgl. ebd. S. 147-148.

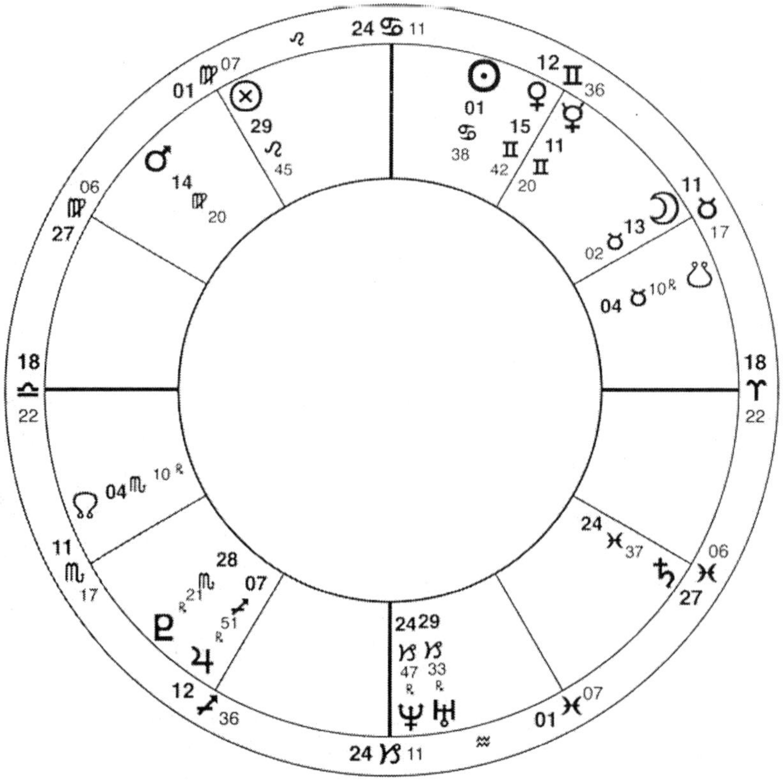

Werde ich finanziell profitieren?

23. Juni 1995, 14.40 Uhr Britischer Sommerzeit (BST), London

„Der Reihenfolge nach ist das nächste Zeichen von der Spitze 8 aus gesehen der Zwilling. Also kann ich Merkur anstelle des Herrn von 8 nehmen. Merkur läuft auf ein Quadrat zu Mars zu. Der Fragesteller gewinnt!"

„Obwohl der Mond als Erster zu Mars kommt. Glaubst du, dass dies eine Verhinderung ist?"

„Wahrscheinlich nicht, Meister, denn ihr habt mir gerade gesagt, dass ich den Mond für den finanziellen Profit nehmen kann. Also zeigt die Applikation des Mondes zu Mars einen Gewinn, nicht die Verhinderung des Gewinns. Und außerdem sind Mond und Merkur beide stark: Es wird ein beträchtlicher Gewinn sein."

„Ja. Wir werden hier besonders ermutigt den Mond zu benutzen - obwohl beide Optionen gültig sind -, weil er so nah an der Spitze 8 steht. Es ist ein weit verbreiteter Fehler in der Stundenastrologie zu glauben, dass ein Planet in einem Haus den Gegenstand des Hauses darstellt. Aber es gibt eine Möglichkeit, in der man das machen kann: Und zwar dann, wenn der Hausherrscher, wie hier, bereits in Gebrauch ist und der Planet im Haus sehr nahe der Spitze steht. Dann ist es zulässig, ihn als Signifikator mit einzubeziehen.

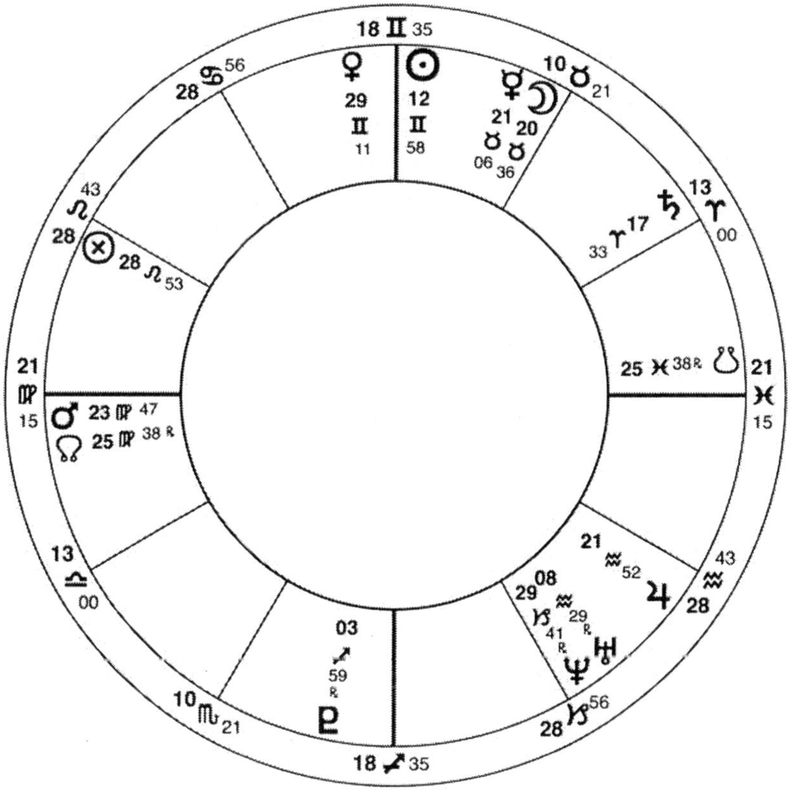

Werde ich finanziell profitieren?
3. Juni 1997, 13.23 Uhr Britischer Sommerzeit (BST), London

Hier ist noch eins. *Werde ich finanziell profitieren?"*

„Der Fragesteller bekommt Merkur, Venus und den Mond. Ich sollte allerdings besser sagen, *vielleicht* den Mond. Der Herr von 8 ist Mars. Mars steht gerade innerhalb des ersten Hauses. Das muss ein gutes Zeichen sein."

„Ja, es ist nicht entscheidend, aber sicherlich ermutigend. Wir würden trotzdem weiterhin gerne einen Aspekt sehen."

„Merkur läuft auf ein Trigon mit Mars zu. Der Fragesteller gewinnt."

„Na? Schau dir nochmal die Aspekte an. Was passiert?"

„Ach, ich sehe, was ihr meint. Merkur bildet erst ein Quadrat zu Jupiter, bevor er ins Trigon zu Mars läuft. Das ist eine Verhinderung."

„Ja. Aber was passiert hier noch?"

„Der Mond geht geradewegs auf Merkur zu. Ich kann den Mond so interpretieren, dass er für das Geld steht. Also gewinnt der Fragesteller! Und der Mond steht stark, also gewinnt er eine Menge."

„Der Fragesteller gewinnt, richtig. Aber wir müssen noch andere Dinge in Erwägung ziehen, wenn wir die Höhe des Gewinns bestimmen wollen. Mars, der Hauptsignifikator für das Geld ist peregrin. Und außerdem gibt es da eine gravierende Schädigung des achten Hauses: Dort befindet sich ein schwer ramponierter Saturn. Legen wir den starken Mond mit auf die Waage, dann wird der Gewinn okay sein, aber alles andere als fantastisch."

„Hätten wir hier auch Saturn als Repräsentanten für das Geld nehmen kön-nen, wenn der Herr von 8 schon anderweitig beschäftigt gewesen wäre?"

„Nein, Saturn steht mehr als vier Grad von der Hausspitze entfernt. Das ist viel zu weit weg. Beschränke dich beim Gebrauch von Planeten auf der Spitze eines Hauses als Ersatz für den Hausherrscher auf, sagen wir, ein oder zwei Grad."

Britneys Murren wurde inzwischen immer lauter und ihre Ausdruckweise dabei immer farbiger. Um sie zu besänftigen verkündete ich deshalb, dass das folgende Horoskop das letzte dieses Abends sein würde.

„Die gleiche Frage: *Werde ich finanziell profitieren?"*

„An den Spitzen des ersten und zweiten Hauses steht dasselbe Zeichen, Meister. Nehme ich dann den Herrscher des nächsten Zeichens als Herrn von 2?"

„Ein guter Gedanke, mein Junge. Ja, du kannst Venus, die Herrscherin in der Waage, als Herrn von 2 mit einbeziehen."

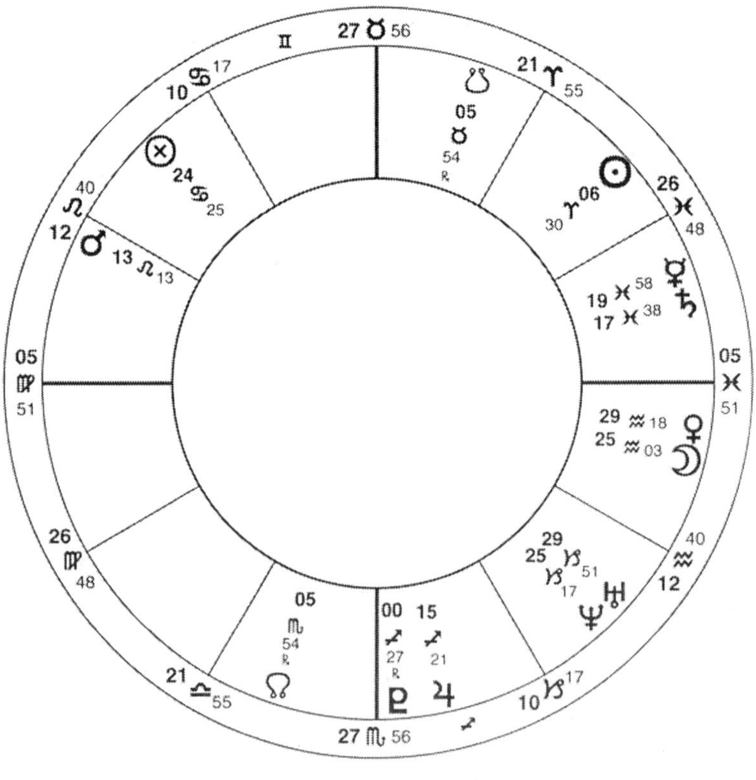

Werde ich finanziell profitieren?
27. März 1995, 16.25 Uhr Britischer Sommerzeit (BST), London

„Was ist mit Mars als Herrn von 8?"

„Das ist hier nicht unbedingt nötig, denn der Buchmacher selbst - der Herr von 7 - ist auf dieser Seite der Bühne nur eine Schattenfigur. Er ist nicht Teil der Handlung. Aber nichtsdestotrotz ist er auf der Bühne. Wenn dich das Horoskop dazu zwingt, beziehe einfach den Herrscher des nächsten Zeichens als Signifikator für das Geld mit ein. Aber Mars macht hier nichts von Interesse."

„Wenn ich also Venus als Herrin von 2 und den Mond als Signifikator des Geldes benutzen kann, bedeutet für uns die Bewegung des Mondes auf Venus zu, dass es einen Gewinn geben wird."

„Und so geschah es. Sehr gut. Aber nun hat unsere gute Britney wirklich genug, und für dich ist es Zeit schlafen zu gehen. Mach zuvor noch das Gehege der Antiszien sauber und dann Abmarsch ins Bett. Und nimm diese hier noch mit", fügte ich hinzu und überreichte ihm eine Handvoll Palmblätter mit darauf gezeichneten Horoskopen. Für alle Horoskope gilt die gleiche Frage: *Werde ich finanziell profitieren?* Die Deutungen findest du in Anhang 4 (S. 222-224)."

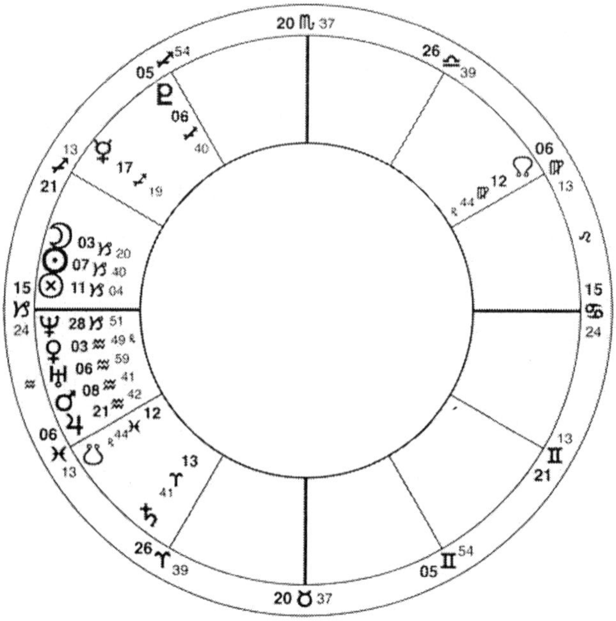

Test-Horoskop 13: *Werde ich finanziell profitieren?*
29. Dezember 1997, 8.42 Uhr Greenwich Mean Time (GMT), London

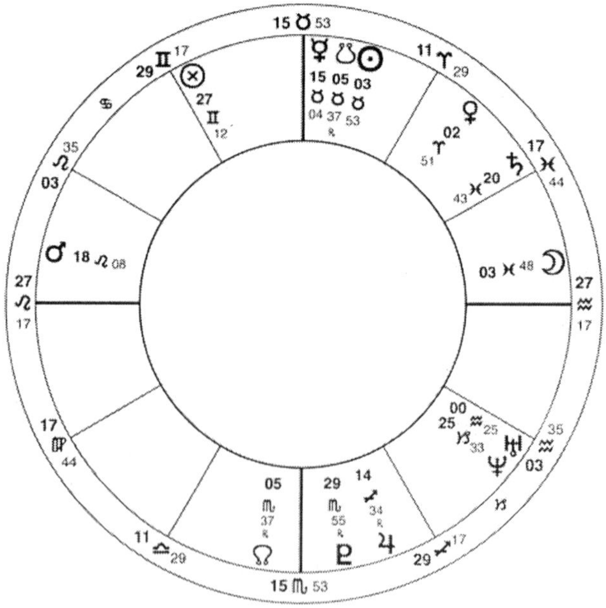

Test-Horoskop 14: *Werde ich finanziell profitieren?*
24. April 1995, 13.46 Uhr Britischer Sommerzeit (BST), London

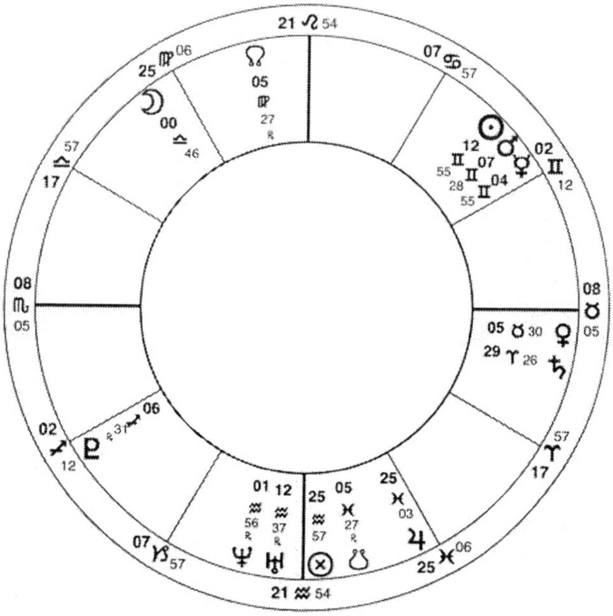

Test-Horoskop 15: *Werde ich finanziell profitieren?*
3. Juni 1998, 17.50 Uhr Britischer Sommerzeit (BST), London

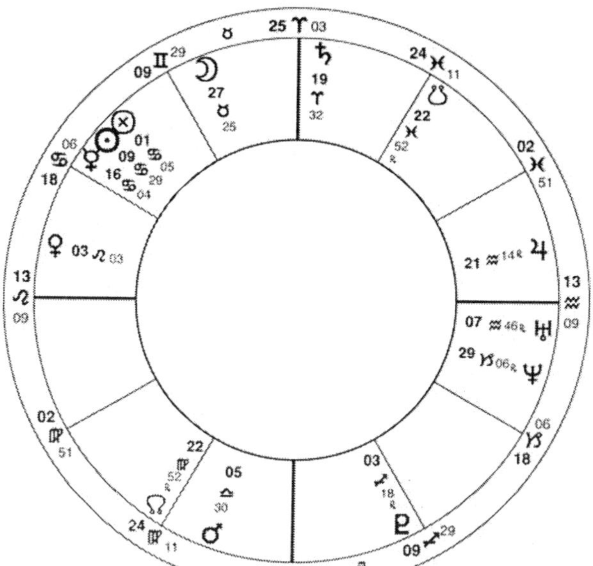

Test-Horoskop 16: *Werde ich finanziell profitieren?*
1. Juli 1997, 7.56 Uhr Britischer Sommerzeit (BST), London

2.

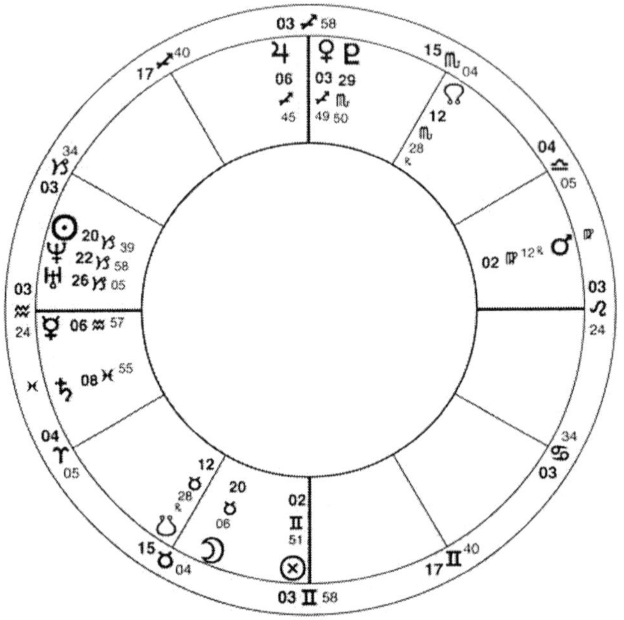

Test-Horoskop 17: *Werde ich finanziell profitieren?*
11. Januar 1995, 8.47 Uhr Greenwich Mean Time (GMT), London

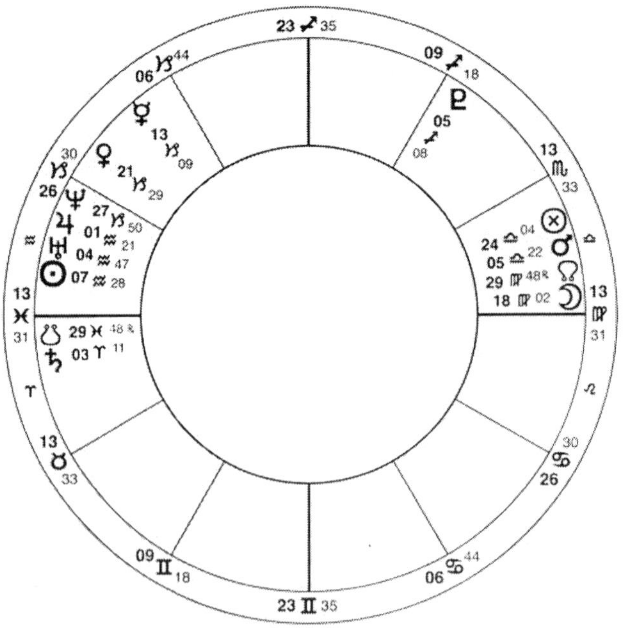

Test-Horoskop 18: *Werde ich finanziell profitieren?*
27. Januar 1997, 9.06 Uhr Greenwich Mean Time (GMT), London

Er eilte davon, während ich dasaß und Britneys Ohr kraulte, um sie zu trösten. Nach einer Weile schlängelte sich ihre Zunge aus ihrem Maul, um meine Wange zu lecken. Das kurze Lecken reichte kaum dazu, mir vollständige Vergebung zu signalisieren, aber immerhin gab es mir zu verstehen, dass sie sich bemühte.

„Seine Zeit hier oben ist so gut wie abgelaufen", flüsterte ich ihr ins Ohr, „und damit unsere Arbeit. Er hat genug gelernt, um uns wieder verlassen zu können. Kein Lehrer wird ihm jetzt die Arbeit mit der Astrologie selbst ersparen können. Morgen wird er sich verabschieden. Und ich werde dich nicht mehr benötigen, bis er uns verlässt." Diesmal war ihr Lecken warm und voller Hingabe. Zärtlich und feucht ging es über mein Gesicht von einem Ohr zum anderen. Sedna kam vom Rande des verlöschenden Feuers auf meine Schulter geflogen, wo er etwas aus meinen Haaren pickte. So saßen wir zusammen und beobachteten die Asche, während wir darüber nachdachten, was aus dem Burschen wohl werden würde, wenn er seiner Wege ginge.

Warum seid ihr denn nicht reich?

Über unserem kargen Frühstück hockend, brach er am nächsten Tag das morgendliche Schweigen, um schüchtern zu fragen: „Meister, wenn ihr doch den Ausgang dieser Ereignisse vorhersagen könnt, warum seid ihr dann nicht reich?"

Ich stand auf und ließ meinen Arm einen großen Bogen beschreiben, um seine Augen über das umliegende Gebirgspanorama zu führen. „Reich, mein Junge? Ich bin der reichste Mann der Welt." Ich konnte sehen, wie ihn die Erhabenheit, die ihm hier scheinbar zu Füßen lag, berührte - so hoch wie unser Aussichtspunkt lag. Und ich wusste, wie sehr es ihn betrübte, diesen Platz zu verlassen. Aber eines Tages würde er zurückkehren und zwischen diesen atemberaubenden Gipfeln seine eigene Höhle finden.

„Diese Frage", fuhr ich fort, „ist die Standardantwort derjenigen, die nicht den Gedanken in Erwägung ziehen wollen, dass diese Methode funktionieren könnte. Genauso wie die Frage: *Warum habt ihr dann nicht die Lottozahlen vorhergesagt?* von denen gestellt wird, die Astrologie unbedacht als Ganzes ablehnen. Zunächst scheint es ein vernünftiges Argument zu sein. Denke zum Beispiel nur mal an Sepharial, der sogenannte ‚Schlüssel' erfand, mit denen man auf der Rennbahn gewinnen sollte, und der dennoch in Armut starb. Beweist das, dass seine ‚Schlüssel' nichts wert waren? Nicht im Geringsten. Sie waren tatsächlich nutzlos, aber die Armut ihres Schöpfers war kein Beweis dafür. Ich habe kein Interesse am Wetten. Ich habe nie verstanden, wo der Reiz darin liegt."

„Aber Meister", unterbrach er mich, „einige würden sagen, dass es auf den Spaß gar nicht ankommt. Schließlich könntet ihr euch ein gutes Leben damit verdienen - wenn diese Methoden funktionieren."

„Vielleicht. Aber das wäre kein leicht verdientes Geld. Die Muse der Astrologie begünstigt nur diejenigen, die sich ihr voll und ganz hingeben. Auch wenn man diese Methoden in ein paar Seiten erklären kann, braucht es doch eine beständige Praxis über lange Zeiträume, um in ihnen Meisterschaft zu erlangen. Das ist nichts, dem ich mein Arbeitsleben widmen möchte. Deshalb unterrichte ich dich: Hier hast du die Methoden. Nun geh hin und mache dich an die Arbeit!

Vor allem gibt es da die Frage des Fokus'. Das ist die Stelle, an welcher der Spaß dazukommt oder - wenn du Spaß nicht als das geeignete Wort empfindest - an der das Interesse an der Sache um ihrer selbst willen wichtig wird. Das verwirrt die, denen es nur ums Geld geht - macht aber, wie ich beobachtet habe, für die, deren Hauptinteresse dem Sport gilt, vollkommen Sinn. Ich habe diese Frage mal mit einer regelmäßigen Klientin diskutiert, die früher eine große Tennisspielerin war. Sie erzählte mir, dass das Geheimnis, wie man im Tennis gewinnt, darin liegt, sich vollkommen darauf zu konzentrieren, den Ball zu treffen. Sobald sich der Fokus davon wegbewegt - etwa darauf, den Punkt zu machen, das Spiel zu gewinnen oder, der Himmel möge uns davor bewahren!, den Siegerpokal in die Höhe zu heben -, bist du verloren. Genauso ist es mit der Astrologie. Ich habe ausnahmslos beobachtet, dass, sobald mein Interesse sich von der Erforschung der Techniken weg und hin zum schnellen Geldmachen verschob, meine Fähigkeit zur Vorhersage sich in Luft auflöste. Lege den Fokus auf die Astrologie und du wirst auch einiges Geld damit verdienen. Lege ihn auf das Geld und du wirst leer ausgehen."

„Fokus. Das macht Sinn, Meister."

„Du bist noch jung, Knabe. Ich bin sicher, dass du Freude an dem hast, was Geld dir geben kann. Aber widme dich ganz Urania und sie wird dir bei weitem größere Geschenke machen. Es gibt Plätze, wo die Karawane auf dem Weg zu ihrem Palast Rast macht. Töricht der, der diesen Rastplatz so sehr mag, dass er sich dort ein Haus baut und seine Reise nicht fortsetzt."

„Aber wo ist Uranias Palast, Meister? Wo ist das Ziel? Ach, ich möchte es so gerne erreichen!"

„Ach, mein Junge, es gibt kein Ziel! Oder zumindest keines, das Urania dir weisen kann. Ihr Palast ist eine Fata Morgana, die sich fortwährend verschiebt, je weiter wir uns vorwagen. Ohnehin wohnt Urania nicht in diesem Phantompalast. Suche unbeirrbar nach der Karawane, in der du reist, und du wirst sie dort mit dir reisend finden. Wir fahren mit ihr, nicht zu ihr. Dies ist eine lebenslange Beziehung. Vielleicht wirst du, wenn du in dein Land zurückgekehrt sein wirst, eines Tages eine lebenslange Beziehung mit einer Frau eingehen. Gibt es dafür ein Ziel? Wenn du dereinst - möge Gott es dir gewähren - einmal fünfzig Jahre ehelicher Glückseligkeit vollendet haben wirst, hast du dann das Ende erreicht? Wirst du irgendwelche äußere Ziele erreicht haben, auf dass du sie abhaken und sagen kannst: Ich hab's vollbracht? Nein. Es gibt kein Ziel. Es ist die Veränderung deiner selbst und von allem anderen, die dir die fünfzig Jahre geben werden. Die Reise selbst, das ist das Ziel. Genauso ist es mit Urania. Es ist deine Beziehung zu ihr, die dir wahres Gold geben kann. Einfach nur nach dem Geld grapschen? Lass mich dir eine Geschichte erzählen, mein Junge:

Es war einmal eine Prinzessin in Arabien. Sie war schön wie eine Nacht in der Wüste, so freigiebig wie die Regenwolken, die ihr gesamtes Selbst herschenken, um die ausgedörrte Erde zu segnen, und um so vieles reicher als jede Märchenkönigin, von der du jemals gehört hast. Eines Tages, als sie so aus ihrem Palastfenster schaute, erblickte sie zufällig einen jungen Burschen, ungefähr in ihrem Alter, wie er inmitten der Menge auf dem Bazar seinem Geschäft als Taschendieb nachging. Sie sah, wie seine flinken Finger bald hier, bald dort ein- und nie ohne eine Trophäe wieder auftauchten. Die Prinzessin schnippte mit den Fingern. So schnell wie ein Gedanke fliegt, erschien der Hauptmann ihrer Garde an ihrer Seite. Sie deutete auf den Dieb und Momente später sah sie, wie er in die Luft gehoben und in den Palast gebracht wurde.

Die Wachmänner warfen den Burschen ihr zu Füßen auf den Boden. Der Henker zuckte in Erwartung, etwas zu tun zu bekommen. Doch nein. Der Junge schaute in ihre Augen und vom selben Moment an war sie keine Prinzessin mehr, sondern seine Sklavin. Sie schickte die Wachen fort und bat den Burschen, sie zu heiraten. Und natürlich stimmte er sofort zu.

Er ward in feinste Seide gekleidet, als man die Hochzeit vorbereitete. In ihren getrennten Gemächern träumte er von ihrer Schönheit und sie davon, wie sie ihm all die Reichtümer, die ihr Königreich besitzt, zeigen würde. Doch in der Hochzeitsnacht, als seine Lippen noch kaum den Kelch dieser Schönheit gekostet hatten, warf der Mond sein Schlaglicht durch das Fenster auf ihren leuchtenden Armreif, der auf einem kleinen Tischchen in ihrer Hochzeitskammer lag. Das Grün des Smaragdes, das tiefe Rot des Rubins, das kalte, leidenschaftlich lodernde Feuer der Diamanten blinkten und funkelten in der Nacht. Er hatte die Schönste aller Frauen mit geschlossenen Augen auf ihn wartend im Hochzeitsbett vor sich liegen - und doch waren seine Augen gebannt vom Funkeln dieser Edelsteine. Und sein Herz folgte den Augen bald. Mit einem kurzen Abschiedskuss auf ihre Augenbraue schnappte er sich den Armreif, stopfte ihn in seine Tasche, kletterte durch das Fenster und ritt in die Nacht davon.

Am nächsten Morgen erwachte die Prinzessin - der wohlwollende Geister bei der Geburt ausschließlich Glück beschert hatten - neben einem anderen, besseren und ihr vollkommen ergebenen Ehemann an ihrer Seite, auf den sie nun all ihren Wohlstand und ihre Schönheit herabregnen ließ. Der Junge wiederum, von seiner wilden Flucht vor Durst fast ausgetrocknet, taumelte in eine Taverne am Straßenrand. Mit seinen neuen Reichtümern fuchtelnd, bestellte er Champagner. So selten war solch Ansinnen in dieser Straßenschänke, dass der Besitzer sein Geld sehen wollte. Der Junge griff in seine Tasche, brachte aber nichts weiter zu Tage als einen trockenen Zweig eines Weinstocks, dessen Trauben, durch mangelnde Pflege welk, vor seinen Augen zu Staub zerfielen."

Britney, Sedna und der Bursche saßen in Schweigen, während das Bild langsam aus ihren Köpfen entschwand. „Ich will eure Warnung beherzigen, Meister", versprach er. „Die Prinzessin wird in mir einen guten Ehemann finden! Ich werde mich nicht durch ein paar farbenprächtige Juwelen ablenken lassen."

„Sieh zu, dass dir das nicht passiert, mein Junge."

Er erhob sich auf seine Füße. Es war Zeit für ihn zu gehen. Er beugte sich vor und küsste Britney auf ihre Stirn - entweder ein Zeichen von großer Zuneigung oder von törichtem Mut. Sedna hopste in die Höhle, um die Kreditkarte des Jungen zu holen, die inzwischen durch reichlichen Gebrauch ganz blass geworden war. Ein grimmiger Rabenblick überzeugte den Knaben, dass Sedna ein kurzes Streichen über seine Federn vollkommen zum Abschied genügte.

Worauf sich der Junge unbeholfen mir zuwandte. „Du siehst diesen Stock, mein Sohn", fragte ich ihn. Er nahm ihn ehrfürchtig aus meinen Händen, denn es war fürwahr ein überaus schöner Stock. Er las laut die Gravur des Herstellers vor: *„Gabbitas and Thring, Lieferant vornehmer Schlagwerkzeuge für den Adel"*.

„Bewundere das vollendete Handwerk, das sich in diesem Stock verewigt hat: Stromlinienförmig und lasergelenkt, aus Kohlefaser gefertigt und mit Wolframauflagerungen versehen: leicht, biegsam, und doch fest genug, um noch in das trägeste Hirn Verstehen hineinzuzwingen." Er drehte den Stock in seiner Hand. „Nimm ihn mit dir, mein Sohn. Ich bin schon alt und eines Tages wirst du selbst Schüler haben. Gebrauche ihn gut."

Tränen stiegen in seine Augen hoch und zitterten kurz vor dem Fallen, wie bei einem Turmspringer, der höher geklettert war als es sein Mut erlaubte. „Nun geh, mein Junge", sagte ich, um ihm weitere Verlegenheit zu ersparen. Und als er Anstalten machte etwas zu sagen, wanderte mein Finger an meine Lippen: „Geh, du wirst es gut machen."

Also schulterte er seinen neuen Stock, warf die Satteltasche über seine Rosinante, bestieg sie und machte sich ohne jeden Blick zurück auf, hinein ins 21. Jahrhundert. Sedna auf meiner Schulter und Britney bereits wieder tief im Schlaf an meiner Seite, sah ich ihm nach, wie er seinen gewundenen Pfad den Berg hinunter fand. Als er an dem Punkt angekommen war, da er meinem Blick entschwinden würde, rief ich ihm nach - und meine Stimme wurde von Echo zu Echo aufgenommen und zurückgeworfen, bis das Ganze wie ein einziger großer Halleluja-Chor zwischen den Gipfeln der Berge klang:

ÜBE

ÜBE

ÜBE

ÜBE

ÜBE

ÜBE

ÜBE

ÜBE

ÜBE

ÜBE

ÜBE

ÜBE

ÜBE

ÜBE

ÜBE

ANHANG 1

Wie man eine Antiszie berechnet

Stellen Sie sich eine zwischen den beiden Sonnenwendpunkten (0° Steinbock und 0° Krebs) gezogene Linie vor. Und stellen Sie sich vor, dies sei ein Spiegel. Die Antiszie (oder der Spiegelpunkt) eines Grades - und von allem, was sich auf diesem Grad befindet - ist diese Position, wie man sie in dem Spiegel sieht. Demzufolge hat etwas, was auf 2° auf der einen Seite dieser Linie liegt (zum Beispiel auf 2° Krebs oder auch: zwei Grad vorwärts von 0° Krebs aus gesehen), seine Antiszie auf 2° auf der anderen Seite dieser Linie (28° Zwilling: zwei Grad rückwärts von 0° Krebs aus gesehen).

Die Spiegelung an den Sonnenwendpunkten zeigt, dass der Gedanke in der Wirklichkeit verwurzelt ist - und nichts, was sich jemand mal eben aus den Fingern gesogen hat. Es besteht eine direkte Verbindung zwischen den Graden mit der gleichen Entfernung auf beiden Seiten der Sonnenwendpunkte. Schlagen Sie Ihre Ephemeriden für die Sommersonnenwende eines beliebigen Jahres auf (die Sonne steht auf 0° Krebs). Wählen Sie eine Zahl zwischen 1 und 180. Zählen Sie diese Zahl von Tagen vorwärts durch das Jahr und notieren Sie sich den Grad, auf dem die Sonne an diesem Tag steht. Nun tun Sie das Gleiche in die andere Richtung und zählen die gleiche Zahl von Tagen rückwärts durch das Jahr. Der Grad, auf dem die Sonne an diesem Tag steht, ist die Antiszie - oder der Spiegelpunkt - des Grades, den Sie sich soeben notiert haben. Das bedeutet, dass an beiden Tagen die Zeitspanne zwischen Sonnenauf- und -untergang genau die gleiche ist.

Jedes Zeichen spiegelt sich in einem anderen:

P	spiegelt sich in	U	V	spiegelt sich in	[
Q		T	W		Z
R		S	X		Y
S		R	Y		X
T		Q	Z		W
U		P	[		V

Alles, was sich in Widder befindet, hat also seine Antiszie in Jungfrau, alles in Stier seine Antiszie in Löwe. Prägen Sie sich diese Tabelle ein.

Sobald Sie wissen, in welchem Zeichen die Antiszie von etwas liegt, müssen Sie ihren Grad in diesem Zeichen finden. Dabei gilt die Formel: Ausgangsgrad + Antiszie = 30. Der Ausgangsgrad, auf dem der Planet körperlich steht, plus der Grad der Antiszie ergeben 30. Um die Antiszie zu finden, müssen wir den Ausgangsgrad von 30 abziehen. Schauen Sie nochmal auf das Beispiel oben: Ist ein Planet zwei Grad in Vorwärtsrichtung von 0° Krebs entfernt, steht er also körperlich auf 2° Krebs, dann wird seine Antiszie um zwei Grad in Rückwärtsrichtung von 0° Krebs entfernt liegen, also auf 28° Zwilling: 28 + 2 = 30.

Machen Sie sich keine Sorgen! Wie schlecht Sie auch Ihre Fähigkeiten im Rechnen einschätzen mögen, das hier ist nicht kompliziert. Jedes Zeichen besteht aus 30 Grad. Jeder Grad besteht aus 60 Bogenminuten: 60 Minuten = 1 Grad.

Anstatt zu denken: Jedes Zeichen besteht aus 30 Grad, sagen sie in diesem Fall besser: Es besteht aus 29 Grad und 60 Minuten. Das bedeutet dasselbe (denn 60 Minuten sind das Gleiche wie 1 Grad), aber dieser kleine Trick vereinfacht die Berechnung.

Gehen Sie dieses Beispiel durch:

- Sagen wir mal: Mars steht auf 22°35′ Stier. Was ist seine Antiszie?
- Wenn sich Mars in Stier befindet, muss seine Antiszie in Löwe liegen (siehe die Tabelle oben).
- Auf welchem Grad in Löwe?
- Mars ist auf 22°35′ Stier.
- Ziehen Sie das von 30 Grad ab.
- Aber, um es einfacher zu machen, sagen Sie lieber: von 29°60′ Grad.

$$\begin{array}{lr} & 29°60' \\ - & \underline{22°35'} \\ & 7°25' \end{array}$$

- Die Antiszie von Mars auf 22°35′ Stier liegt auf 7°25′ Löwe.
- Das können wir nun überprüfen, denn Ausgangsgrad + Antiszie müssen sich auf 30 addieren.

$$\begin{array}{lr} & 7°25' \\ + & \underline{22°35'} \\ & 29°60' \end{array} \quad \text{(was = 30°00′ ist)}$$

Lassen Sie uns noch ein Beispiel berechnen:

- Was ist die Antiszie von 14°35′ Widder?
- Aus der Tabelle oben wissen wir: Alles in Widder hat seine Antiszie in Jungfrau.

- Welcher Grad in Jungfrau?
- Ziehen Sie 14°35′ von 29°60′ ab:

$$\begin{array}{r} 29°60' \\ -\quad 14°35' \\ \hline 15°25' \end{array}$$

- Die Antiszie von 14°35′ Widder liegt auf 15°25′ Jungfrau.

Der übliche Fehler liegt hier darin, den Ausgangsgrad + Antiszie = 31 Grad zu addieren. Deshalb rate ich Ihnen, solange Sie noch nicht mit der Berechnung vertraut sind, diese immer mit der Gegenrechnung zu überprüfen: Das heißt, Sie addieren die Antiszie, die Sie ermittelt haben, zum Ausgangsgrad, um sicherzugehen, dass am Ende 30 herauskommt. Wenn Sie meinem Vorschlag folgen und statt 30°00′ mit 29°60′ rechnen, werden Sie diesen Fehler nicht machen.

Auch wenn es zunächst nach harter Arbeit aussehen mag, glauben Sie mir, so ist es nicht. Sehr bald werden Sie daran gewöhnt sein, Ihren Blick über das Horoskop schweifen zu lassen um zu sehen, ob die Antiszie irgendeines Signifikators etwas von Interesse macht. Mit einer kleinen Anstrengung am Anfang werden Sie bald feststellen, dass die Überprüfung der Antiszien fast automatisch erfolgt. Sie müssen dazu nicht die ganze Berechnung machen. Es reicht erst mal aus zu denken: Der Herr von 1 auf 19° Zwilling. Gibt es irgendetwas um 11° Steinbock herum? Wenn nicht, vergessen Sie es gleich. Wenn ja, können Sie die Antiszie - von manchen auch Spiegelpunkt genannt - genau berechnen.

ANHANG 2

Wie man Arabische Punkte berechnet

All unsere Gradmessungen (6° Widder, 17° Krebs etc.) sind Messungen der himmlischen Länge. Sie sagen uns, wo sich ein Punkt auf der Ekliptik befindet. Ein Planet auf 12° Stier befindet sich im zweiten 30-Grad-Abschnitt des Tierkreises (den wir Stier nennen), und zwar um zwölf Grad innerhalb dieses 30°-Grad-Abschnitts.

Wenn wir die Entfernung zwischen zwei Planeten messen - indem wir die zwischen ihnen liegenden Grade zählen -, dann messen wir diesen Abstand in himmlischen Längen. Aber wenn wir dabei sagen: Der Abstand zwischen ihnen beträgt drei Zeichen und 17 Grad, wirkt das etwas unbeholfen und lädt ein, Fehler zu machen. Es ist viel einfacher in *absoluten Längen* zu arbeiten. Das ist der Abstand, den etwas von 0° Widder aus gemessen hat, aber ausgedrückt in einer einzigen Gradzahl und nicht als soundso viele Zeichen und soundso viele Grade. Unser Beispielplanet auf 12° Stier steht auf der absoluten Länge von 42°. Um ihn zu erreichen, müssen wir, wenn wir auf 0° Widder starten, die 30 Grad Widder durchlaufen und dann noch zwölf Grad durch das Zeichen Stier: alles zusammen 42 Grad.

Die absolute Länge von 0° durch alle Zeichen ist:

P	0°	V	180°
Q	30°	W	210°
R	60°	X	240°
S	90°	Y	270°
T	120°	Z	300°
U	150°	[	330°

Prägen Sie sich diese Tabelle ein.

Ein Planet auf 14° Löwe hat demzufolge die absolute Länge von 120° (0° Löwe) + 14° = 134°. Ein Planet auf 8° Fische die von 330° (0° Fische) + 8° = 338°.

Die Arabischen Punkte werden nach folgendem Schema berechnet: Man nimmt die Distanz zwischen dem Planeten 1 und dem Planeten 2 und addiert sie zum Aszendenten (oder einem anderen Horoskoppunkt) hinzu.

Vereinfacht ausgedrückt: AC + Planet 2 - Planet 1.

Nehmen wir an, wir wollen die *Position des Glückspunkts* in einem Horoskop berechnen, in dem die Sonne auf 17°34′ Löwe, der Mond auf 4°52′ Waage und der Aszendent auf 22°36′ Jungfrau stehen.

Die Formel für den Glückspunkt lautet: AC + Mond - Sonne.

AC liegt bei 22°36′ Jungfrau.
0° Jungfrau entsprechen 150°, + 22°36′ = 172°36′
Mond steht auf 4°52′ Waage.
0° Waage entsprechen 180°, + 4°52′ = 184°52′
Sonne steht auf 17°34′ Löwe.
0° Löwe entsprechen 120°, + 17°34′ = 137°34′

AC + Mond:		172°36′
	+	184°52′
		356°88′

Beachten Sie die Zahl in der Bogenminutenspalte: 88 Minuten. Es gibt nur 60 Minuten pro Grad, aber lassen Sie diese Kleinigkeit hier mal beiseite. Wenn Sie es hier unterlassen, Minuten in Grad umzuwandeln (also die 88 Minuten stehen lassen), stellen Sie sicher, dass Sie den dritten Teil der Formel ohne Probleme rechnen können. Behandeln Sie zunächst beide Spalten der Positionsangaben (Grad und Minuten) als getrennte Summen, selbst wenn das mal zu einer Zahl größer 100 in der Minutenspalte führen sollte. Das wird Sie vor den üblichen Fehlern bei der Berechnung bewahren:

AC + Mond:		356°88′
- Sonne:	-	137°34′
		219°54′

- Der Glückspunkt liegt also auf 219°54′ absoluter Länge.
- Schauen Sie auf die Tabelle der absoluten Längen, um die größte Gradzahl zu finden, die niedriger ist als 219°54′.
- Das ist 210°, was 0° Skorpion entspricht.
- Also liegt der Glückspunkt im Zeichen Skorpion.

- Ziehen Sie 210° von der absoluten Länge von 219°54′ ab:

219°54′
- 210°00′
9°54′

- Der Glückspunkt liegt auf 9°54′ Skorpion.

Wichtig: Sie können zu jeder Zeit in dieser Berechnung 360°00′ hinzuzählen oder abziehen, wenn das die Berechnung erleichtert. Wenn Sie bemerken, dass die Zahl, die Sie abziehen sollen, größer ist als die Summe, die sie durch die Addition der beiden anderen erhalten haben, dann addieren Sie einfach 360°00′ zur addierten Summe hinzu. Wenn die Zahl, die sie am Ende der Berechnung erhalten, größer als 360°00′ ist, ziehen Sie einfach 360°00′ ab. Erhalten Sie am Ende eine Minutenzahl, die größer als 59′ ist, dann ziehen Sie 60′ davon ab und addieren 1° zur Gradzahl.

Lassen Sie uns noch ein Beispiel machen. Nehmen wir an, wir wollen den *Punkt für Rücktritt und Entlassung* berechnen. Die Formel lautet: Saturn + Jupiter - Sonne. Nehmen wir weiter an, dass Saturn auf 17°54′ Widder, Jupiter auf 4°58′ Stier und die Sonne auf 20°17′ Schütze stehen.

Saturn + Jupiter: 17° 54′
+ 34° 58′
51°112′ beachten Sie die Minutenspalte

51°112′
- Sonne: - 260° 17′ das können wir nicht machen, also addieren wir 360°00′ hinzu

51°112′
+ 360° 00′
411°112′ nun können wir die Gradzahl der Sonne abziehen

411°112′
- 260° 17′
151° 95′

- Dieser Punkt liegt auf 151°95′ absoluter Länge.
- Hier handelt es sich allerdings um Grad und Minuten, nicht um Grad und Zehntel hinter dem Komma. Also müssen wir die Spalte der Minuten anpassen: 95 Minuten = 1 Grad und 35 Minuten.

- Also sind 151°95′ = 152°35′.
- Was ist die höchste Gradzahl in unserer Tabelle, die niedriger ist als diese?
- 150°. Also liegt der Punkt in der Jungfrau.

$$\begin{array}{r} 152°35' \\ -\quad 150°00' \\ \hline 2°35' \end{array}$$

- Der Punkt liegt bei 2°35′ Jungfrau.

Ein wenig Praxis wird Ihnen zeigen, dass diese Berechnung viel einfacher ist, als sie zunächst aussehen mag. Ich habe viele Schüler gehabt, die sich zu ihrer Rechenschwäche bekannt haben, und alle haben es ohne allzu viel Quälerei gelernt.

ANHANG 3

Antworten auf gestellte Fragen

Von Seite 147

Wir wollen, dass das Pferd sich schnell bewegt, also sollte sich sein Signifikator schnell bewegen. Ein stationärer oder rückläufiger Signifikator wäre ein starkes negatives Zeugnis.

Von Seite 174

1. Der Herr von 1 läuft auf das Quadrat zum Herrn von 8 zu. Die Tatsache, dass es einen applikativen Aspekt zwischen den Herren von 8 und 1 gibt, sagt uns, dass der Fragesteller gewinnen wird. Wir haben keine Informationen über den Zustand des Herrn von 8, also können wir nicht sagen, ob der Gewinn groß oder klein sein wird. Quadrate weisen auf Ereignisse hin, die mit Schwierigkeiten oder Verzögerung eintreten. Es könnte deshalb einige Schwierigkeiten oder Verzögerungen geben, bevor der Fragesteller sein Geld bekommt. Normalerweise lässt der Kontext der Frage keinen Raum dafür, also kann die Tatsache, dass es sich bei dem Aspekt um ein Quadrat handelt in der Regel ignoriert werden.

2. Der Herr von 8 läuft auf ein Trigon mit dem Herrn von 1 zu. Die Antwort ist folglich die gleiche, außer dass es sich bei dem Aspekt diesmal um ein Trigon handelt, was einen reibungslosen Ablauf des Ereignisses erwarten lässt: Es wird keine Schwierigkeiten und Verzögerungen bei der Auszahlung des Gewinns geben. Merken Sie sich, dass ein Trigon-Aspekt *nicht* bedeutet, dass der Gewinn in irgendeiner Weise größer ist.

3. Der Herr von 8 steht in Cazimi und läuft auf ein Quadrat zum Herrn von 1 zu. Wieder haben wir einen Aspekt zwischen den Herren von 8 und 1, also wird der Fragesteller gewinnen. Diesmal haben wir Informationen zum Zustand des

Herrn von 8: Er steht in Cazimi - was eine extreme Stärkung darstellt. Also wird es diesmal einen großen Gewinn geben (in Relation zum Einsatz). Der Aspekt ist ein Quadrat, weshalb es einige Verzögerungen oder Schwierigkeiten geben kann, das Geld zu erhalten - wenn der Kontext das zulässt. Merken Sie sich hier, dass das Quadrat *nicht* bedeutet, dass der Gewinn geringer ausfällt.

4. Der Herr von 2 läuft auf ein Trigon zum Herrn von 8 zu, der in seinem Fall steht. Wir haben einen applikativen Aspekt, diesmal zwischen den Herren von 8 und 2, also wird der Fragesteller gewinnen. Der Aspekt ist ein Trigon, es wird also keine Verzögerungen oder Schwierigkeiten bei der Auszahlung geben. Aber der Herr von 8 ist schwer beschädigt, es wird also nur einen kleinen Gewinn geben.

5. Der Mond läuft auf ein Sextil zum Herrn von 8 zu, der auf dem nördlichen Mondknoten steht. Der Mond (der Fragesteller) läuft auf den Herrn von 8 (das Geld des Buchmachers) zu: Der Fragesteller wird gewinnen. Der Herr von 8 steht auf dem nördlichen Mondknoten, eine große Stärkung: Der Gewinn wird groß sein. Der Aspekt ist ein Sextil: Es gibt keine Verzögerungen in der Auszahlung.

6. Der Herr von 1 läuft auf die Opposition zum Herrn von 8 zu, der in seiner Erhöhung steht. Der Aspekt zeigt, dass es einen Gewinn gibt. Die Stärke des Herrn von 8, dass es ein hoher sein wird. Doch der Aspekt ist eine Opposition, also wird der Gewinn in irgendeiner Form den Einsatz nicht wert sein. Vielleicht verbringe ich den ganzen Nachmittag beim Buchmacher und komme dann nach Hause, meine Taschen voller Geld, nur um festzustellen, dass die Queen sich just an diesem Nachmittag entschieden hatte, mir einen Besuch abzustatten. Also habe ich sie verpasst.

Von Seite 177

1. Wenn der Herrscher des achten Hauses verbrannt steht, bin ich traurig. Der Herr von 8 steht für das Geld des Anderen. Und das ist schwer angeschlagen. Also wird der Andere, selbst wenn ich die Wette gegen ihn gewänne, nicht in der Lage sein, mich auszuzahlen. Denken Sie *nicht*: Sein Geld ist in Mitleidenschaft gezogen worden, also werde ich die Wette gewinnen. Das Geld selbst ist in Mitleidenschaft gezogen worden, nicht die Beziehung des Geldes zu seinem Besitzer.

2. Wenn der Herrscher des siebenten Hauses verbrannt steht, bin ich glücklich. Diesmal ist es nicht das Geld, sondern der Andere selbst, der angeschlagen ist: Ich werde gewinnen.

ANHANG 4

Deutungen der Test-Horoskope

KAPITEL 1

Test-Horoskop 1 (S.71):

Die Mannschaft des Fragestellers hat das erste Haus, ihre Gegner das siebente. Mars (Herr von 7) ist prächtig platziert, nahe am MC und in seiner Erhöhung. Venus (Herrin von 1) ist auch im zehnten Haus, aber nicht nur weiter von der Spitze entfernt, sondern auch in einem anderen Zeichen als die Hausspitze. Die Gegner müssen gewinnen. Und das taten sie, vernichtend.

Test-Horoskop 2 (S.71):

Der Fragesteller wollte wissen, ob Sri Lanka den Cricket World Cup gewinnen würde. Da der Fragesteller keine Vorliebe für Sri Lanka hegt, wird dieser Mannschaft das siebente Haus zugewiesen.
Der Mond (Herr von 7) läuft auf ein Trigon zu Mars (Herr von 10), dem Signifikator für Sieg, zu. Ja, Sri Lanka müsste gewinnen. Und genau das trat ein.
Die Rezeption zwischen Mond und Mars - jeder steht im Exil des anderen - ist nicht hilfreich. Aber es gibt starke unterstützende Zeugnisse: Der Mond steht in seiner Erhöhung, auf einer Eckhausspitze und hat jede Menge Licht. Da kann selbst die negative Rezeption den Ausgang nicht verhageln.

Test-Horoskop 3 (S.72):

England spielte gegen Frankreich. Der Fragesteller unterstützte England.
Die Sonne (Herr von 1) steht für England. Sie steht auf dem südlichen Mondknoten. England wird verlieren. Es würde eine Menge brauchen, um dieses mächtige negative Zeugnis zu überstimmen.

Saturn (Herr von 7) ist in einem etwas stärkeren Haus als die Sonne - was den Gegner begünstigt -, aber er erhöht die Sonne, was England stärker begünstigt. Weder dies, noch die Position der Sonne nahe - aber nicht so nahe - der Spitze von 7 reichen aus, um das Zeugnis: Sonne auf dem südlichen Mondknoten, auszugleichen. Wäre dies ein Ereignishoroskop (wie sie in Kapitel 2 besprochen werden), dann wäre das Zulaufen des Mondes auf die Opposition zum Glückspunkt ein wichtiges Zeugnis. In der Stundenastrologie ist es das nicht: Vermischen Sie nicht die Methoden.
Frankreich gewann.

Test-Horoskop 4 (S.72):

Mars (Herr von 1) steht für die Mannschaft des Fragestellers. Er befindet sich in einem fürchterlichen Zustand: Er steht in seinem Exil und im unglückseligen sechsten Haus. Das sechste ist das Haus der Freude von Mars, was ein kleines Positivum ist, aber kein weltbewegendes.
Das stärkste Positivum ist, dass die Situation von Mars, so schlecht sie auch ist, sich nicht mehr verschlechtert. Wenn die Mannschaft absteigen soll, muss sich der Zustand ihres Signifikators verschlechtern. Die Sonne steht in einem Eckhaus, was stärkend wirkt, aber sie ist in ihrem Fall und dabei unterzugehen.
Mars steht in einem fallenden Haus, die Sonne steht in ihrem Fall: ähnliche Zeugnisse. Aber Mars ist bereits in diesem Haus und die Sonne bereits in ihrem Fall. Wir schauen nach Veränderung, nicht nach dem derzeitigen Stand der Verhältnisse.
Die Sonne ist dabei unterzugehen, ein buchstäblicher Hinweis, dass etwas untergeht. Sie ist noch nicht untergegangen: Hier also haben wir unser Zeugnis der Veränderung. Es gibt einen Planeten, der im Begriff ist unterzugehen und es ist nicht Mars. Da nur eine Mannschaft absteigen wird, wird dies nicht diejenige sein, die unser Fragesteller unterstützt. Und so geschah es.

Test-Horoskop 5 (S.73):

Die Sonne (Herr von 10) steht für den Champion, Saturn (Herr von 4) für den Herausforderer. Wir könnten dem Champion auch die Sonne als natürlichen Herrscher über Könige geben. Aber er hat sie in diesem Fall bereits. Wir könnten dem Herausforderer auch den Mond geben, dem natürlichen Herrscher über die normalen Leute.
Saturn steht gerade innerhalb des zehnten Hauses: Der Herausforderer ist in der Hand des Champions. Das allein reicht fast schon für eine Deutung aus. Aber auch der Mond befindet sich im zehnten Haus und wiederholt das Zeugnis. Alles, was noch fehlt, ist ein schneller Blick zur Sonne, um sicher zu gehen, dass sie nicht in einem noch schlechteren Zustand ist - was sehr unwahrscheinlich ist.

Die Sonne steht in 9. Das ist kein starkes Haus, aber die Sonne wird ein wenig dadurch gestärkt, dass dies ihr Haus der Freude ist. Die Sonne ist nicht stark. Aber die Signifikatoren des Herausforderers sind dermaßen schlecht platziert, dass sie es auch nicht sein muss. Der Mond steht void of course, was uns zeigt, dass nichts passieren wird: Der Champion bleibt Champion. Er gewann.

Test-Horoskop 6 (S.73):

Die Sonne (Herr von 1) steht für die Mannschaft unseres Fragestellers. In ihrer sekundären Bewegung - der Bewegung des Planeten durch den Tierkreis - steht die Sonne vor dem Eintritt in das unvorteilhafte achte Haus. Das ist kein gutes Zeugnis. In der primären Bewegung - der Bewegung des Planeten über den Himmel vom Aufstieg im Osten bis zum Untergang im Westen - bewegt sich die Sonne auf ihren Untergang zu. Zu diesem Zeitpunkt in der Saison konnte die Mannschaft des Fragestellers nicht mehr absteigen (vergleichen Sie das Test-Horoskop 4), aber sie wird auf keinen Fall in der Tabelle weiter nach oben klettern. Was sie auch nicht tat.
Nehmen wir mal an, Mars und nicht die Sonne wäre Herr von 1. Mars ist sowohl essentiell als auch akzidentiell der stärkste Planet im Horoskop. Von seiner Position genau am IC, dem tiefsten Punkt im Horoskop, steht er davor, zum Aszendenten hin aufzusteigen - in seiner primären Bewegung. Wäre Mars der Signifikator des Fragestellers, wäre das ein klares Zeugnis dafür, dass die Mannschaft in der Tabelle nach oben klettern wird.

KAPITEL 2

Test-Horoskop 7 (S.132):

Der Super Bowl. Die New England Patriots waren Favoriten gegen die Philadelphia Eagles. Venus ist Herrin von 10, ein Signifikator der Favoriten. Ihre Antiszie liegt bei 24°35′ Skorpion und damit gerade innerhalb des vierten Hauses. Das spricht für die Außenseiter.
Der erste Aspekt des Mondes ist eine Opposition zu Saturn (Herr von 7). Das würde die Außenseiter begünstigen, aber der Mond macht noch einen Aspekt. Und das ist - als letzter Aspekt im zulässigen Bereich - ein Sextil zur Antiszie der Venus (Herrin von 10). Das ist ein Zeugnis für die Favoriten. Die sieben Grad, die der Mond wandern muss, um die Opposition zum Glückspunkt zu erreichen, ist für eine Beurteilung eines Spiels im American Football zu weit.
Wäre es der Herr von 1, der Mond oder der Glückspunkt gewesen, der per Antiszie an der Spitze 4 stünde, hätten vielleicht die Außenseiter gewonnen. Der

Herr von 10 an dieser Stelle ist jedoch ein weit schwächeres Zeugnis, das vom letzten Aspekt des Mondes überstimmt wird. Die Favoriten gewinnen.

Test-Horoskop 8 (S.132):

Die Westindischen Inseln waren heiße Favoriten gegen Kenia.
Venus (Herrin von 7) im ersten Haus wäre ein starkes Zeugnis für die Favoriten, aber sie ist zu weit von der Hausspitze entfernt, um zu zählen.
Mars (Herr von 1) steht unter starker Verbrennung: ein starkes Zeugnis für die Außenseiter. Und noch schlimmer: Mars' Antiszie fällt auf 19°13' Waage und damit gerade innerhalb des siebenten Hauses. Es bräuchte etwas außergewöhnlich Mächtiges, um diese Zeugnisse zu überstimmen.
Der Mond steht auf der Spitze von 4: ein starkes Zeugnis für die Außenseiter. Sein erster Aspekt geht in Richtung Jupiter, der in diesem Horoskop keine Rolle spielt und deshalb beiseite gelassen werden kann. Der letzte Aspekt des Mondes - über die in diesem Fall zulässigen 13 Grad gesehen - ist ein Quadrat zur Venus (Herrin von 7): noch ein Zeugnis für die Außenseiter.
Und obendrein fällt die Antiszie der Sonne, Dispositor über den Glückspunkt, auf 20°10' Waage - gerade innerhalb des siebenten Hauses.
Kenia gewann: eine Riesenüberraschung.

Test-Horoskop 9 (S.133):

Australien war der Favorit gegen England.
Saturn (Herr von 1) steht im siebenten Haus, aber viel zu weit von der Spitze entfernt, als dass dies hier von Bedeutung sein könnte.
Venus (Herrin von 4) läuft auf die Opposition zum Glückspunkt zu. Das stärkt die Außenseiter, ist aber nur ein kleineres Zeugnis.
Der Mond läuft erst auf ein Trigon zu Venus (Herrin von 4) zu und dann auf ein Quadrat zur Antiszie der Sonne (Herrin von 7; auf 21°20' Steinbock). Diese Zeugnisse legen nahe, dass die Außenseiter einen guten Start haben werden. Der letzte Aspekt des Mondes ist ein Trigon zum Herrn von 1 (Saturn). Da keine weiteren starken Zeugnisse vorhanden sind, gibt dies den Ausschlag: Die Favoriten gewinnen.
England startete so gut in das Spiel, dass es schien, als könnten sie es nicht mehr verlieren. Am Beginn des letzten Tages sah alles nach einem Unentschieden (*draw*) aus. Doch am Ende gewann Australien. Nie hatte eine Mannschaft, die in einem Cricket Test-Match als erste am Schlag war, es geschafft, das Spiel noch zu verlieren, nachdem sie in ihrem ersten Durchgang (*Innings*) ein solch hohes Ergebnis wie 551-6 vorgelegt hatte.

Test-Horoskop 10 (S.133):

Das Finale der Champions League. Real Madrid war der Favorit gegen Bayer Leverkusen. In diesem Horoskop passiert nicht viel. Die einzigen Zeugnisse von Bedeutung gibt uns der Mond. Als erstes läuft er auf eine Konjunktion mit der Antiszie der Venus (Herrin von 7; auf 5°45′ Krebs) zu, dann auf die Konjunktion mit der Antiszie von Mars (Herr von 1; auf 8°25′ Krebs). Das ist der letzte Aspekt, also gewinnen die Favoriten. Da es sich hier um ein Fußballspiel handelt, wird vom Mond nicht erwartet, dass er sich weiter als seine fünf bis sechs Grad Komfortzone bewegt. Dennoch ist die erste Antiszienkonjunktion nicht der letzte Aspekt.
Ein Ergebnis vorherzusagen, ist im besten Falle nicht mehr als eine gut fundierte Vermutung. Es gibt hier nur wenige Zeugnisse, also wahrscheinlich wenige Tore. Der Aspekt zur Herrin von 7 sollte den Außenseitern wenigstens ein Tor geben. Der Aspekt zu Mars erfolgt innerhalb der Fünf-Grad-Zone vom Ausgangspunkt des Mondes aus gesehen. Also sollte das Spiel ohne Verlängerung entschieden werden. Wenige Tore und wenigstens eines für die Außenseiter: 2:1 scheint ein wahrscheinliches Ergebnis zu sein. Dies war das letzte Spiel der Saison. Leser der Zeitschrift *Astrologer's Apprentice* hatten den Rat bekommen, auf ein 2:1 für Real Madrid zu setzen, noch bevor die Saison überhaupt begonnen hatte.[63]

Test-Horoskop 11 (S.134):

Das Worthington-Pokal- (Liga-Pokal-) -Finale. Manchester United war Favorit gegen den FC Liverpool. Venus (Herrin von 4) sitzt auf der Spitze von 7. Das ist nicht das Stärkste aller Zeugnisse, aber wert vermerkt zu werden.
Der Mond läuft auf ein Trigon zur Antiszie von Saturn (Herr von 7; auf 7°48′ Krebs) zu. Anschließend macht er eine Konjunktion mit der Sonne (Herrin von 1). Er muss sechs Grad laufen, um die Sonne zu erreichen, was den Favoriten einen Sieg in der Verlängerung verschaffen könnte. Aber damit die Favoriten in der Verlängerung gewinnen können, muss das Spiel erst einmal verlängert werden. Mit zwei Zeugnissen für die Außenseiter und keinem für die Favoriten, wird das nicht gelingen: Die Außenseiter werden in der regulären Spielzeit gewinnen.
Nicht viele Zeugnisse und nicht ein einziges für die Favoriten: Liverpool gewann 2:0.

Test-Horoskop 12 (S.134):

Das Finale der Fußball-Weltmeisterschaft. Alle Welt war sich nahezu sicher, dass Brasilien Frankreich schlagen würde.

---

[63] Vgl. *The Astrologer's Apprentice,* Heft 20, S. 45.

Wieder passiert nicht viel im Horoskop. Mars (Herr von 10) nähert sich der Spitze 7. Wenn er näher stünde, wäre dies ein Zeugnis für die Favoriten gewesen, aber dreieinhalb Grad Abstand sind in diesem Fall zuviel, um es zu berücksichtigen. Venus (Herrin von 4) hat ihre Antiszie auf 8°13' Krebs, gerade innerhalb des siebenten Hauses. Das ist kein großes Zeugnis, aber da es sonst nicht viel gibt in diesem Horoskop, hat es Bedeutung. Die Antiszie des Glückspunkts fällt auf 12°44' Stier, gerade innerhalb des vierten Hauses. Das ist ein mächtiges Zeugnis: Die Außenseiter müssen gewinnen.
Ich war vielleicht der einzige TV-Experte außerhalb Frankreichs, der einen französischen Sieg vorhergesagt hatte.[64] Es gibt kein Zeugnis für die Favoriten und in der Tat konnte Brasilien kein Tor erzielen. Ich erwartete, dass die Franzosen eins oder vielleicht zwei schießen würden. Sie gewannen 3:0, also war meine Vorhersage des genauen Ergebnisses nicht richtig. Die Vorhersage, dass die Favoriten das Finale verlieren würden, wurde im *Astrologer's Apprentice* veröffentlicht, und zwar sechs Monate, bevor das Turnier begann.[65]

KAPITEL 4

Test-Horoskop 13 (S.199):

Herr von 1 ist Saturn, Herr von 2 Jupiter, Herr von 8 Merkur.
Merkur läuft direkt auf ein Sextil zu Jupiter zu: Der Fragesteller gewinnt.
Merkur steht im Exil und im zwölften Haus (denken Sie an die Fünf-Grad-Regel: Ein Planet, der innerhalb von fünf Grad vor der Spitze des nächsten Hauses und im selben Zeichen wie diese steht, wird als im nächsten Haus befindlich betrachtet): Der Gewinn wird sehr gering ausfallen.

Test-Horoskop 14 (S.199):

Herrin von 1 ist die Sonne, Herr von 2 Merkur, Herr von 8 Jupiter.
Regulus auf dem Aszendenten ist ein kleines Positivum, reicht aber allein noch nicht für ein Ja aus. Da weitere entscheidende positive Zeugnisse benötigt werden, kann dies ignoriert werden.
Weder Merkur noch die Sonne blicken Jupiter an, es kann also keinen direkten Aspekt zwischen ihnen geben (Merkur und Sonne befinden sich im Zeichen Stier, Jupiter in Schütze: Diese Zeichen stehen nicht im Aspekt zueinander, also blicken sich Planeten in ihnen auch nicht gegenseitig an).

---

64 In der TV-Sendung *Frawley and the Fish* am 10. Juli 1998.

65 Vgl. Heft 7, S. 16-17.

Der Mond steht kurz vor einem Sextil zur Sonne und läuft dann weiter in ein Quadrat zu Jupiter. Der Mond überträgt so das Licht von der Sonne auf Jupiter und stellt damit die erwünschte Verbindung zwischen beiden Planeten her: Der Fragesteller gewinnt.
Jupiter steht in seinem eigenen Zeichen und in einem Eckhaus: Es wird ein guter Gewinn sein, selbst wenn er durch Jupiters Rückläufigkeit etwas an Glanz verliert.

Test-Horoskop 15 (S.200):

Herr von 1 ist Mars, Herr von 2 Jupiter, Herr von 8 Merkur.
Merkur läuft auf eine Konjunktion zu Mars zu. Zusätzlich wird der Mond zuerst Merkur und dann Mars aspektieren: eine Übertragung des Lichts.
Das sieht nach einem klaren Ja aus, aber Mars steht verbrannt. Von einigen wenigen Ausnahmen - die für Horoskope, in denen es um den finanziellen Profit geht, nicht relevant sind - abgesehen, wird keine beabsichtigte Aktion von Erfolg gekrönt sein, wenn der Hauptsignifikator des Fragestellers verbrannt ist. Der Fragesteller verliert.

Test-Horoskop 16 (S.200):

Herrin von 1 ist die Sonne, Herr von 2 Merkur, Herr von 8 Jupiter.
Sonne und Merkur sind beide in Krebs, von wo aus sie Jupiter in Wassermann nicht anblicken: Es kann keinen direkten Aspekt zwischen ihnen geben.
Merkur läuft auf ein Quadrat zu Saturn zu, Jupiter auf ein Sextil zu Saturn. Folglich sammelt Saturn das Licht von Jupiter und Merkur und stellt damit die erwünschte Verbindung her: Der Fragesteller gewinnt.
Jupiter hat nur die Grenzen als Würde und er ist rückläufig, aber in einem Eckhaus. Ein Gewinn, aber nichts, worüber man sich übermäßig aufregen wird.

Test-Horoskop 17 (S.201):

Saturn ist Herr von 1, Mars Herr von 2, Venus Herrin von 8.
Beachten Sie, dass, obwohl das Zeichen Fische im ersten Haus eingeschlossen ist, Jupiter *nicht* einer unserer Signifikatoren ist.
Venus und Mars trennen sich gerade aus ihrem Aspekt, der uns folglich nicht interessiert. Venus läuft auf ein Quadrat mit Saturn zu. Das würde einen Gewinn bedeuten, aber bevor Venus Saturn erreicht, vollendet sie die Konjunktion mit Jupiter. Das ist eine Verhinderung, die dem erwünschten Aspekt zuvorkommt. Der Fragesteller verliert.

Test-Horoskop 18 (S.201):

Herr von 1 ist Jupiter, Herrin von 2 Venus, Herr von 8 Mars.
Mars und Venus machen keinen Aspekt. Falls Sie entschieden haben sollten, dass Mars sich von Jupiter trennt, gehen Sie hin und brennen Sie sich die magischen Worte: SCHAU IN DEINEN EPHEMERIDEN NACH, ein. Auch ohne die Ephemeriden sehen wir, dass die Sonne sich ihrem separativen Trigon zu Mars nähert. Wenn Mars im Moment noch direktläufig ist, heißt dies, dass er bald rückläufig werden wird. Mars läuft zurück und macht ein Trigon zu Jupiter.
Dies würde uns ein Ja geben, aber da ist ein Haar in der Suppe. Jupiter macht sein Sextil zu Saturn, bevor er Mars erreicht. Das ist eine Verhinderung, die dem erwünschten Aspekt zuvorkommt. Mars wird seinen eigenen Aspekt zu Saturn machen, aber es ist schwierig hier für eine Sammlung des Lichts zu argumentieren, weil Mars und Jupiter anschließend ihren eigenen Aspekt machen werden: Saturn hilft hier nicht, sondern steht im Weg.
Und doch ist noch nicht alles verloren: Der Mond läuft auf ein Trigon zur Venus zu. Wenn er sonst keine andere Funktion im Horoskop hat, kann man den Mond als Signifikator für das Geld des Buchmachers nehmen - womit wir ein Ja erhalten. Der Fragesteller gewinnt.
Mars steht in einem Eckhaus, aber in seinem Exil und in Opposition zu einem geschwächten Saturn: Es gibt nur einen kleinen Gewinn.

Register

Es werden nur substantivische Verweise aufgeführt

Volkhard Röseler, der Übersetzer dieses Buches, arbeitet als Astrologe, Lektor und Heilpraktiker in Berlin. Nach dem Studium der Volkswirtschaft, Soziologie und Musikgeschichte arbeitete zunächst als Redakteur und Autor für Tageszeitungen, Fachzeitschriften und den Rundfunk. Vor zehn Jahren entdeckte er das faszinierende Feld der Astrologie für sich. Ausgehend von den modernen Lesarten der Kunst, wendet er sich in den letzten Jahren verstärkt den traditionellen Methoden zu. Neben astrologischen Beratungen, Übersetzungen und Lektoraten leitet Volkhard Röseler Familienaufstellungen nach Bert Hellinger und gibt Rebalancing-Körperbehandlungen. Für den Skandro-Verlag hat er bereits das Buch *Elektionsastrologie* von John Frawley übersetzt. Weitere Informationen im Internet unter *www.volkhard-roeseler.de* oder per Email an *kontakt@volkhard-roeseler.de*.

Weitere Bücher von John Frawley im Skandr0Verlag

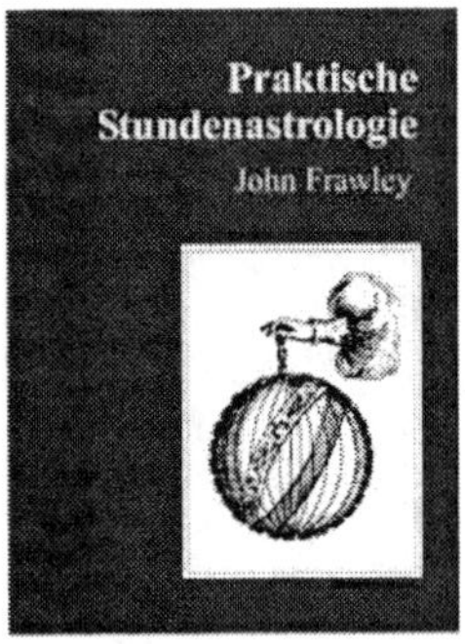

Praktische Stundenastrologie

Transkript des Seminars und Erstellung der Buchfassung Branka Stamenkovic

Taschenbuch, 114 Seiten mit 14 Abbildungen
ISBN: 978-3-9810635-1-1

Die Stundenastrologie erlebt in jüngster Zeit eine Renaissance. Einer ihrer wichtigsten Mentoren: John Frawley. Wie kein anderer führt er diese alte Kunst der Beantwortung von alltäglichen Fragen auf ihre elementaren Prinzipien zurück. In diesem Buch - dem Transkript eines Seminars, das Frawley 2002 in Belgrad gehalten hat - können die deutschsprachigen Leser den englischen Meister der Frageastrologie erstmals quasi „live" bei der Arbeit erleben. Er zeigt die Methode an von Fragen wie: Werde ich zum Studium zugelassen, wird meine Frau überleben, wie wird das Wetter oder wo ist meine Katze? Durch die systematische Anwendung der klassischen astrologischen Prinzipien erschließt sich die Antwort oft „wie auf einen Blick". Einfachheit und Klarheit sind für Frawley oberstes Gebot. Sein Charme und seine sprachliche Eleganz machen das Buch für den Einsteiger wie für den Kenner zu einem großen Lesevergnügen.

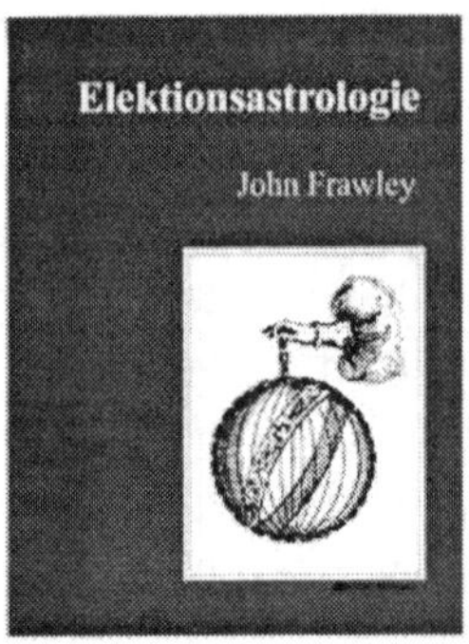

Elektionsastrologie

Transkript des Seminars und Erstellung der Buchfassung Branka Stamenkovic, übersetzt aus dem Englischen von Volkhard Röseler
Broschur, 36 Seiten
ISBN: 978-3-9810635-2-3

In diesem, ebenfalls in Serbien gehaltenen Vortrag stellt John Frawley die traditionelle astrologische Methode der Terminwahl vor. Anhand von zahlreichen

Beispielen aus der Praxis demonstriert er, wie Elektionsastrologie funktioniert. Grundlage ist die Erfahrung, dass der Geburtsmoment eines jeden Wesens wie einer jeden Angelegenheit prägend für sein bzw. ihr späteres Schicksal ist. Auf einfache und humorvolle Weise erklärt Frawley seinem Publikum, wie man den bestmöglichen Termin für ein wichtiges Vorhaben bestimmt: für die Hochzeit, die Eröffnung eines Geschäfts oder die Gründung eines Sportvereins. Dabei macht er deutlich, wie viele Kleinigkeiten zu beachten sind und dass sich die Sterne trotz aller Kunst nicht manipulieren lassen. In der hier veröffentlichten Schriftfassung kann der Leser den überaus lebendigen Austausch zwischen Frawley und seinem Publikum ungeschmälert nacherleben und genießen.

in Vorbereitung:

Geburtsastrologie

ISBN: 978-3-9810635-4-7

Auf der 2. Balkankonferenz der Astrologen gab John Frawley ein viertägiges Seminar zum Thema Geburtsastrologie. Schritt für Schritt führt er die Teilnehmer - und damit den Leser - ein in die traditionelle Deutung eines Geburtshoroskops: von der Bestimmung des Temperaments über der Grundzüge des Charakters bis zu den Versprechen und Herausforderungen, die dem Geborenen auf seinen Lebensweg mitgegeben wurden. Mit seiner direkten und spontanen Art, die astrologischen Methoden zu präsentieren, überzeugt Frawley auch die größten Skeptiker der klassischen Astrologie.

Die Bücher können direkt beim Skandr0Verlag bestellt werden im Internet unter www.skandro.com

Bücher von John Frawley im arte poetica Verlag

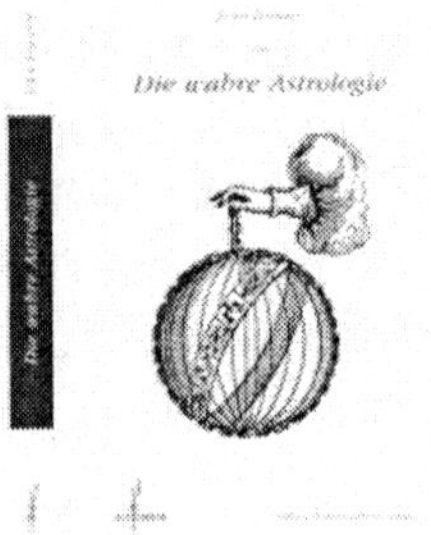

Die wahre Astrologie

Übersetzt aus dem Englischen von
Astrid von Chamier

Paperback, 288 Seiten mit Abbildungen
ISBN: 978-3-938348-17-8

Die Astrologie, die heutzutage allgegenwärtig ist, unterscheidet sich ziemlich von der Astrologie, wie sie fast ihre ganze lange Geschichte hindurch praktiziert worden ist. Die verwässerte und verdrehte Version, mit der wir vertraut sind, ist nicht das Studium, welches so viele der größten Geister unserer Kultur durch seine intellektuelle Tiefe und praktische Genauigkeit fasziniert hat.
In *Die Wahre Astrologie* bietet John Frawley eine durchdringende – und häufig urkomische – Kritik der modernen Astrologie sowie eine detaillierte Einführung in alle Hauptzweige des traditionellen Handwerks, wie der Stunden-, Elektions-, Geburts- und Mundanastrologie sowie medizinischer Astrologie, Synastrie und Astrometeorologie. Eine klare Darstellung des kosmologischen Hintergrunds fegt sowohl die Missverständnisse der modernen Astrologen als auch die der Skeptiker weg und erklärt, wie und warum traditionelle Astrologie funktioniert. Dies führt zu einer Schritt-für-Schritt-Anleitung in die Methode, verständlich für jene, die keine Vorkenntnisse zum Thema haben und doch gründlich genug, um dem Studenten oder dem Praktiker als Vademecum zu dienen.
Dieses Buch wurde mit dem *Spica Award for international book of the year 2001* ausgezeichnet.

Die wahre Astrologie angewandt

Paperback, ca. 285 Seiten mit Abbildungen
ISBN: 978-3-938348-20-8

erscheint: Herbst 2008

Diese Sammlung von Notizen und Essays behandelt in größerer Tiefe Themen, die in *Die wahre Astrologie* aufgeworfen wurden. Geschrieben von einem zeitge-

nössischen Meister der traditionellen Praxis erhellt sie beides: Technische Fragen und bedeutsame Punkte der Philosophie, die die Basis des praktischen Handwerks bilden.
So wie in *Die wahre Astrologie* zeigt der Autor sein Talent, komplexe Ideen einfach und klar darzustellen. Das geschieht mit einem funkelnden Witz, der dieses Buch genauso unterhaltsam wie lehrreich macht. Es ist gleichzeitig ein unschätzbarer Begleiter für den Studierenden oder Praktiker und eine faszinierende Einsicht für den allgemein interessierten Leser.
Für die deutsche Ausgabe hat der Autor einige Ergänzungen vorgenommen.

Die wahre Stundenastrologie. Das Lehrbuch

Paperback, ca. 400 Seiten mit Abbildungen
ISBN: 978-3-938348-23-9

erscheint: Herbst 2008

Stundenastrologie findet spezifische Antworten auf die spezifischen Fragen, die unser Leben füllen. Schnell, einfach und präzise war die Stundenastrologie jahrhundertelang die Hauptstütze astrologischer Praxis. Ob sich die Frage um Liebe, Karriere, Krankheit oder die Wettervorhersage für einen Grillabend dreht, dieser klare und verständliche Leitfaden von einem modernen Meister der Stundenastrologie zeigt Ihnen, wie man sie beantwortet.
John Frawley, Autor des preisgekrönten Buches *Die wahre Astrologie*, ist ein international anerkannter Lehrer dieser alten Kunst. Er hat in *Die wahre Stundenastrologie. Das Lehrbuch* nicht nur Jahre der astrologischen Praxis destilliert, sondern auch Jahre, in denen er Studenten mit unterschiedlichstem Hintergrundwissen unterrichtet hat. Ob Sie ein erfahrener Astrologe oder ein Anfänger sind: Dieses Buch wird Sie zu einer verlässlichen stundenastrologischen Deutung führen.

Die Bücher sind zu beziehen beim Skandro Verlag oder direkt beim arte poetica Verlag: www.arte-poetica.de

Bücher von John Frawley in englischer Sprache bei Apprentice Books

The Horary Textbook

Klar und umfassend geschrieben, ist dies das moderne Standardlehrbuch für das Studium der Stundenastrologie. Frawley beginnt mit der Behauptung, dass Stundenastrologie „schnell, einfach und effektiv" sei, um anschließend auf 250 Seiten genau das zu demonstrieren. Vergessen Sie alles, was Sie über die Stundenastrologie als angeblich trocken, veraltet und regelgebunden gehört haben: Dies ist Stundenastrologie wie sie leibt und lebt, einfach und für jedermann zugänglich. Eines der unerlässlichen Bücher für den Astrologen des 21. Jahrhunderts.

Horary Practice

Das Begleitbuch zu *The Horary Textbook.* Sie haben die Techniken gelernt: Nun unterziehen Sie Ihre astrologischen Muskeln einem strengen Training, indem Sie John Frawley Schritt für Schritt durch eine lange Reihe von Deutungen der unterschiedlichsten Fragehoroskope führt. Dies ist Ihre Gelegenheit, einem Meisterastrologen bei der Arbeit über die Schulter zu schauen und die Denkprozesse aufzusaugen, die Sie zur Meisterschaft im Handwerk der Stundenastrologie führen werden.
Die Veröffentlichung von *Horary Practice* ist für den Frühling 2009 geplant.

The Real Astrology

The Real Astrology gewann den *Spica Award* als internationales Buch des Jahres. Es bietet eine gründliche - und oft auch amüsante Kritik - der modernen Astrologie sowie eine detaillierte Einführung in das traditionelle Handwerk. Das Buch beinhaltet eine klare Darstellung des kosmologischen Hintergrunds und eine schrittweise Einführung in diese Methode - zugänglich für diejenigen ohne Vorwissen und gründlich genug, um dem Studenten der Astrologie und dem Astrologen selbst als Leitfaden zu dienen.
Philosophisch reich - und wirklich komisch - von einem Meister des Gegenstands geschrieben und angereichert mit unschätzbaren praktischen Ratschlägen. (The Mountain Astrologer)
Esprit, Philosophie und von einer bemerkenswert sorgfältigen Tiefe der Wissenschaft. Ich werde John Frawley für dieses Juwel von einem Buch ewig dankbar sein. (AFI Journal)
Eine Pflichtlektüre für alle Astrologen. (Prediction)

The Real Astrology Applied

Diese Sammlung von Anmerkungen und Essays behandelt in großer Tiefe die in der *Real Astrology* aufgeworfenen Themen. Sie beleuchtet sowohl technische als auch wichtige philosophische Fragen, welche die Grundlage für das praktische Handwerk bilden.
Ein hervorragendes Buch. Es sollte von denjenigen wieder und wieder gelesen werden, die sich Astrologen nennen wollen. (Considerations)
Sehr gut lesbar - ein wahrer Springbrunnen an Wissen und Technik -, kocht dieses Buch noch das komplizierteste astrologische Material so weit herunter, dass es wie ein Brandygläschen voll des lieblichsten bernsteinfarbenen Zaubertranks erscheint. (The Mountain Astrologer)

Conversations on Natal Astrology

„Astrologie ohne Lehrbücher". Die meisten astrologischen Analysen, behauptet John Frawley, sind zusammengestückelt aus Büchern und Fragmenten von Büchern, die man sich eingeprägt hat. Indem man ein gutes Verständnis einiger weniger Prinzipien erwirbt, ist es möglich, Horoskope mit echtem eigenen Wissen zu deuten. Klar, streng und unterhaltsam werden diese Lektionen Ihre Deutung von Geburtshoroskopen nicht nur viel einfacher, sondern auch viel genauer machen.
Die Veröffentlichung der *Conversations on Natal Astrology* ist für den Herbst 2008 geplant.

The Astrologer Apprentice

Wenn Ihnen dieses Buch gefällt, wird Ihnen auch *The Astrologer Apprentice* gefallen. Diese gelegentlich erschienene Zeitschrift blühte von 1996 bis 2005. Wie ihr Impressum verkündete, pflegte sie „die Tradition, wie sie lebt". Der Inhalt bestand aus astrologischen Untersuchungen historischer und kultureller Themen, Artikeln zum philosophischen Hintergrund, Abschnitten zur Übung - ja selbst Fußballergebnissen. Alle 22 Ausgaben sind nun im PDF-Format auf einer CD erhältlich. Die Nummern 1-4 können kostenlos im Internet heruntergeladen werden. Weitere Einzelheiten finden Sie unter: www.johnfrawley.com.

Notizen

Notizen

Notizen

Notizen

Notizen

Notizen